V&R Academic

Beiträge zu Grundfragen des Rechts

Band 19

Herausgegeben von
Stephan Meder

René Roy

Die Aufgabe des Eigentums an Grundstücken gemäß § 928 BGB

V&R unipress

MIX
Papier aus verantwortungsvollen Quellen
FSC® C083411

Bibliografische Information der Deutschen Nationalbibliothek

Die Deutsche Nationalbibliothek verzeichnet diese Publikation in der Deutschen Nationalbibliografie; detaillierte bibliografische Daten sind im Internet über http://dnb.d-nb.de abrufbar.

ISSN 2198-5405
ISBN 978-3-8471-0555-8

Weitere Ausgaben und Online-Angebote sind erhältlich unter: www.v-r.de

Printed in Germany.
Druck und Bindung: CPI buchbuecher.de GmbH, Zum Alten Berg 24, 96158 Birkach

Gedruckt auf alterungsbeständigem Papier.

Inhalt

Abkürzungsverzeichnis 9

Vorwort 13

Einleitung 15

1. Kapitel: Die historischen Grundlagen der Dereliktion – insbesondere an Grundstücken 19

I. Die Entwicklung der Dereliktion im römischen Recht 19

1. Die Dereliktion von Miteigentum im römischen Recht 25

2. Die »Aneignung« von derelinquirten Sachen im römischen Recht 27

II. Die Entwicklung der Dereliktion auf dem Territorium der heutigen Bundesrepublik Deutschland 30

III. Der heutige § 928 BGB und seine verfassungsrechtlichen Bezüge . . 40

IV. Resümee 44

2. Kapitel: Die Aufgabe des Grundstückseigentums – mögliche Rechtsobjekte, Eigentumsarten und Verfügungsbeschränkungen 45

I. Rechtsobjekte im Sinne des § 928 Abs. 1 BGB 45

1. Grundstück(e) 45

2. Reale Teilflächen 47

3. Gerechtigkeiten und grundstücksgleiche Rechte 48

4. Gebäudeeigentum und sonstige Liegenschaften in den ehemaligen Gebieten der DDR und ihre Besonderheiten 50

II. Eigentümermehrheiten sowie Einschränkungen der Verfügungsbefugnis 51

1. Miteigentum an einem Grundstück 53

2. Wohnungseigentum (WEG) 62

3. Gesamthandseigentum an einem Grundstück 63

4. Verfügungsbeschränkungen und fehlende Verfügungsbefugnis des Eigentümers 64
III. Resümee 66

3. Kapitel: Fortsetzung: Die Aufgabe des Grundstückseigentums – Der Verzicht, die Eintragung im Grundbuch und Rechtsfolgen 67
I. Der Verzicht 67
1. Entstehung, Erlöschen, Durchsetzbarkeit und Abtretbarkeit des Verzichtsrechts 70
2. Ausübung des Verzichtsrechts 72
a) Die §§ 134, 138 BGB als mögliche Grenzen des Verzichts? . . 75
b) Die Erklärung des Verzichts unter Bedingung oder unter Befristung 82
3. Wirksamkeit des Verzichts und Rechtsfolge des materiellrechtlichen Verzichts 86
II. Eintragung des Verzichts im Grundbuch 88
III. Rechtsfolgen des § 928 Abs. 1 BGB und Folgenbeseitigung eines unwirksamen Verzichts 91
IV. Resümee 97

4. Kapitel: Die Phase nach Aufgabe des Grundstückseigentums und vor Aneignung durch den Fiskus 99
I. Das aufgegebene Grundstück 99
1. Die Möglichkeit subjektloser subjektiver Rechte 102
a) Überblick über den Meinungsstand im 19. Jahrhundert . . . 102
b) Überblick über den Meinungsstand im 20. Jahrhundert . . . 106
2. Subjektloses Eigentum. Die Auslegung »aufgegebenes Grundstück« – zugleich die eigene Auffassung 112
II. Verhältnis von dinglichen Belastungen und aufgegebenem Grundstück 119
1. Grundpfandrechte 119
2. Reallasten 127
III. Durchsetzung dinglicher Ansprüche 127
1. Rechtliche Grundlagen der Vertreterbestellung (§§ 58, 787 ZPO, 1141 BGB) 127
2. Der Begriff des »Vertreters« 133
IV. Sonstige Ansprüche 137
1. Schuldrechtliche Ansprüche 137
2. Possessorische Ansprüche und sonstige Ansprüche 138
V. Resümee 140

5. Kapitel: Die Aneignung durch den Fiskus; Konkurrenzen sowie Bezüge zu anderen Rechtsgebieten 141
I. Der Tatbestand des § 928 Abs. 2 BGB 141
1. Das Aneignungsrecht – Entstehung, Erlöschen, Durchsetzbarkeit und Übertragbarkeit 141
2. Der Aneignungsberechtigte 144
3. Ausübung des Aneignungsrechts 145
4. Eintragung der Aneignung im Grundbuch 148
II. Rechtsfolgen der Aneignung 150
1. Wirkung bei fehlerbehafteten Grundlagen 150
2. Wirkung bei mängelfreien Grundlagen 152
III. Konkurrenzen: Das Verhältnis von § 928 BGB und § 875 BGB . . . 156
IV. Bezug zu anderen Rechtsgebieten 157
1. Handelsrecht und Steuerrecht 157
2. Verwaltungsrecht 158
3. Insolvenzrecht 159
V. Resümee 160

Gesamtresümee 161

Literaturverzeichnis 165

Abkürzungsverzeichnis

a.A.	andere Ansicht
AcP	Archiv für civilistische Praxis
AG	Amtsgericht
ALR	Allgemeines Landrecht für die Preußischen Staaten (1794)
Alt.	Alternative
AnwBl	Anwaltsblatt
ArchBürgR	Archiv für bürgerliches Recht
Art.	Artikel
ASOG Bln	Allgemeines Sicherheits- und Ordnungsgesetz Berlin
BayPAG	Bayerisches Polizeiaufgabengesetz
BbgPolG	Brandenburgisches Polizeigesetz
Bd.	Band
Begr.	Begründer
BFH	Bundesfinanzhof
BGB	Bürgerliches Gesetzbuch
BGH	Bundesgerichtshof
BGHZ	Entscheidungen des Bundesgerichtshofs in Zivilsachen
BIDR	Bullettino dell'instituto di diritto romano
BjagdG	Bundesjagdgesetz
BremPolG	Bremisches Polizeigesetz
bspw.	beispielsweise
BVerfG	Bundesverfassungsgericht
BverfGE	Entscheidungen des Bundesverfassungsgerichts
BW	Baden-Württemberg
BWVPr	Baden-Württembergische Verwaltungspraxis
bzw.	beziehungsweise
C.	Codex
CMC	Codex Maximilianeus Bavaricus Civilis (1756)
D.	Digesten
d.h.	das heißt
ders.	derselbe
dies.	dieselben
EGBGB	Einführungsgesetz zum BGB
ErbbauRG	Erbbraurechtsgesetz
ErbbauVO	Erbbauverordnung
etc.	et cetera
f.	folgende

FamFG	Gesetz über das Verfahren in Familiensachen und in den Angelegenheiten der freiwilligen Gerichtsbarkeit
ff.	fortfolgende
Fn.	Fußnote
FS	Festschrift
GBO	Grundbuchordnung
GG	Grundgesetz
GmbHG	Gesetz betreffend die Gesellschaften mit beschränkter Haftung
HamSOG	Hamburger Gesetz zum Schutz der öffentlichen Sicherheit und Ordnung
HGB	Handelsgesetzbuch
Hrsg.	Herausgeber
HSOG	Hessisches Gesetz über die öffentliche Sicherheit und Ordnung
InsO	Insolvenzordnung
Inst.	Institutionen
JA	Juristische Arbeitsblätter
JR	Juristische Rundschau
JURA	Juristische Ausbildung
JuS	Juristische Schulung
JZ	Juristische Zeitung
KG	Kammergericht
LG	Landgericht
LVwG	Landesverwaltungsgesetz Land Schleswig-Holstein
m.w.N.	mit weiteren Nachweisen
Nds. SOG	Niedersächsisches Sicherheits- und Ordnungsgesetz
NJ	Neue Justiz
NJW	Neue juristische Wochenschrift
NJW-RR	NJW-Rechtsprechungs-Report Zivilrecht
NRW	Nordrhein-Westfalen
NRWPolG	Polizeigesetz des Landes Nordrhein-Westfalen
OLG	Oberlandesgericht
PK	Praxiskommentar
PolG BW	Polizeigesetz Baden-Württemberg
RG	Reichsgericht
RGZ	Entscheidungen des Reichsgerichts in Zivilsachen
RhPfPOG	Polizei- und Ordnungsbehördengesetz Pheinland-Pfalz
Rn.	Randnummer
SächsPolG	Polizeigesetz des Freistaates Sachsen
SOG LSA	Gesetz über die öffentliche Sicherheit und Ordnung des Landes Sachsen-Anhalt
SOG M–V	Sicherheits- und Ordnungsgesetz Mecklenburg-Vorpommern
SpolG	Saarländisches Polizeigesetz
SZ	Zeitschrift der Savigny-Stiftung für Rechtsgeschichte, Romanistische Abteilung
TH-PAG	Thüringer Gesetz über die Aufgaben und Befugnisse der Polizei
u.a.	unter anderem
VBlBW	Verwaltungsblätter für Baden-Württemberg
VermG	Vermögensgesetz
VersPr	Versicherungspraxis
vgl.	vergleiche
WEG	Wohnungseigentumsgesetz
z.B.	zum Beispiel
ZGB	Zivilgesetzbuch

ZInsO	Zeitschrift für das gesamte Insolvenzrecht
ZPO	Zivilprozessordnung

Vorwort

Die Aufgabe des Eigentums an Grundstücken ist ein Rechtsinstitut mit tiefen Wurzeln in unserem Rechtsverständnis. Gleichwohl führt sie – insbesondere in Zeiten eines Immobilienbooms – in praktischer Hinsicht eher ein Schattendasein. Da auch die Wissenschaft dem Thema in letzter Zeit wenig Aufmerksamkeit geschenkt hat, ist es Ziel dieser Untersuchung, das Thema historisch zu betrachten und die einschlägigen Normen vor dem Hintergrund der aktuellen Rechtsprechung zu analysieren. Die Rechtsprechung und Literatur in den Fußnoten entsprechen dem Stand Dezember 2015.

Aufrichtigen Dank schulde ich Herrn Professor Dr. Stephan Meder, der mir stets ein Ansprechpartner war und den Fortgang dieser Arbeit in hervorragender Weise unterstützt hat. Auch danke ich ihm dafür, dass er meine Arbeit in seine Buchreihe »Beiträge zu den Grundfragen des Rechts« aufgenommen hat. Herrn Prof. Dr. Stefan Huber LLM. als Zweigutachter sei an dieser Stelle insbesondere für die zügige Erstellung des Zweitgutachtens und seine wertvollen Hinweise von Herzen gedankt.

Meinem beruflichen Mentor, Herrn Dr. Dr. Werner Schreiber, dem ich ohnehin schon viel zu verdanken habe, schulde ich an dieser Stelle einen besonderen Dank für seine wertvollen Anregungen. Ebenso möchte ich mich bei meinen Freunden Claus Hellberg, Richard Schreiber und Dr. Alexander Hofmann für den fachlichen Gedankenaustausch bedanken.

Vor allem aber danke ich meiner lieben Shana, die mir die erforderliche Kraft gegeben hat und die mich bei dieser Arbeit so tatkräftig unterstützt hat. Ihr Zuspruch und ihre Liebe haben es ermöglicht, dass diese Arbeit fertig gestellt werden konnte. Ihr und meiner Familie ist dieses Buch gewidmet.

Einleitung

Wer sich mit den Vorschriften zur »Aufgabe von Eigentum an Grundstücken« befasst, wird nach der praktischen Bedeutung der Thematik fragen. Scheint es doch auf den ersten Blick eher ungewöhnlich, dass ein Eigentümer eines Grundstücks – das in aller Regel als werthaltiger Vermögensgegenstand wahrgenommen wird – dieses freiwillig aufgibt. Die Tatsache, dass in jüngerer Vergangenheit hierzu eine Reihe höchstrichterlicher Entscheidungen ergangen ist, deutet aber darauf hin, dass das Thema durchaus praktische Relevanz hat.[1]

Unterzieht man die Sachverhalte, die diesen Entscheidungen zu Grunde liegen, einer genaueren Betrachtung, so lässt sich als Motiv der Eigentumsaufgabe erkennen, dass für den jeweiligen Eigentümer der Vermögensgegenstand wertlos geworden ist. Er sieht sich zivilrechtlichen und öffentlich-rechtlichen Ansprüchen ausgesetzt, die an seine Eigentümerstellung anknüpfen und denen er sich nun durch die Aufgabe des Eigentums entziehen möchte.[2] Dass die Eigentumsaufgabe an Grundstücken nicht nur in der Gegenwart – in Niedersachsen gibt es derzeit ca. 20 Flurstücke, an denen das Eigentum aufgegeben wurde[3] – praktiziert wird, sondern auf eine jahrhundertelange Vorgeschichte zurückblicken kann, zeigt sich an folgenden Beispielen: Im Rahmen der deutschen Wiedervereinigung von 1990 sind Dereliktionen von Grundstücken in den neuen Bundesländern – insbesondere vor dem Hintergrund von Bodenkontaminationen – vermehrt aufgetreten[4] und in der Phase der Inflation nach dem Ersten Weltkrieg

1 BGH, Beschluss vom 10.05.2012 (V ZB 36/12), ZInsO 2012, S. 1262; BGH, Beschluss vom 10.05.2007 (V ZB 6/07), NJW 2007, S. 2254–2256; BVerwG, Urteil vom 26.04.2012 (7 C 11/11), NVwZ 2012, S. 974–976.

2 Das Motiv, nicht namentlich im Rahmen einer Zwangsversteigerung genannt zu werden, scheint sich nicht durchgesetzt zu haben. Vgl. aber noch zu diesem Motiv bspw. Georg Hohner, Subjektlose Rechte unter besonderer Berücksichtigung der Blankozession, 1969, S. 82 m.w.N.

3 Auskunft des Katasteramtes Hannover (Stand 01/2013).

4 Vor dem Hintergrund der neueren Bedeutung des Themas ist der Mangel an statistischen Erhebungen besonders zu beklagen; vgl. auch Daniel Sliwiok-Born, Die Flucht aus dem Privateigentum am Beispiel der Grundstücksdereliktion, NJW 2014, S. 1047–1052 (1047).

waren Aufgaben von Villengrundstücken in Berlin an der Tagesordnung.[5] Doch schon im römischen Recht finden sich Quellen, die sich mit der Thematik befassen. Obwohl dieser Umstand darauf hin deutet, dass über die Jahrhunderte hinweg die Eigentumsaufgabe an Grundstücken Gegenstand der Rechtspraxis ist, behandelt die Rechtswissenschaft das Thema eher stiefmütterlich.[6]

Am Anfang des letzten Jahrhunderts finden sich hierzu noch juristische Monografien.[7] Nach dem Zweiten Weltkrieg scheint das Thema nicht mehr monografisch behandelt worden zu sein, doch sowohl Wissenschaft als auch Rechtspraxis unterliegen dem ständigen Wandel. Dieser Befund rechtfertigt eine ausführlichere Darstellung und Untersuchung der Thematik »Aufgabe von Eigentum an Grundstücken § 928 BGB«. In dieser Untersuchung soll neben der historischen Entwicklung der Aufgabe von Eigentum an Grundstücken die Norm mit ihren Tatbeständen und Rechtsfolgen – insbesondere unter Berücksichtigung der gerichtlichen Entscheidungen in der jüngeren Vergangenheit und der hierzu in der Literatur vertretenen Ansichten – in einem Gesamtzusammenhang analysiert werden.

Gang der Untersuchung

Die Untersuchung beginnt mit einem Überblick der geschichtlichen Entwicklung der Eigentumsaufgabe an Grundstücken. Im Anschluss hieran erfolgen eine Darstellung und Analyse des Tatbestandes des § 928 Abs. 1 BGB und dessen Rechtsfolge. Die Phase zwischen Eigentumsaufgabe und Aneignung durch den

5 Vgl. hierzu Ingo Reichard, Der Verzicht auf einen Miteigentumsanteil, in: FS für Gerhard Otte, 2005, S. 265–284 (277), insb. Fn. 53. Einer der Gründe mag darin gelegen haben, dass aufgrund der kriegsbedingten Verarmung der Bevölkerung die Erhaltung der Objekte einerseits und eine Veräußerung aufgrund des Zusammenbruchs des Marktes andererseits nicht möglich war.

6 Vereinzelt finden sich Publikationen zu Teilbereichen, u. a. zuletzt bei Sliwiok-Born, Die Flucht aus dem Privateigentum am Beispiel der Grundstücksdereliktion, NJW 2014, S. 1047–1052.

7 U.a. Arthur Fink, Die rechtliche Natur der Aufgabe des Eigentums nach heutigem bürgerlichem Recht, 1904; Walter Schmidt, Die Eigentumsaufgabe nach bürgerlichem Recht, 1906; Carl Stüler, Die Aufgabe des Eigentums an Grundstücken und ihre Wirkungen, 1907; Volrad Wilhelm Kranichfeld, Die Aufgabe des Eigentums an Grundstücken und deren Folgen, 1908; Erich Winter, Die Aufgabe des Eigentums an Grundstücken, 1909; Fritz Schulze, Die Aufgabe des Grundeigentums (§ 928 BGB): Mit besonderer Rücksicht auf Preußen, 1909; Carl Zauber, Der Verzicht auf das Eigentum an Grundstücken, seine Voraussetzungen und Folgen, 1911; Hans Guhlke, Die Aneignung herrenloser Grundstücke nach § 928 Absatz 2 BGB, 1912; Erich Benkelberg, Die Aufgabe des Eigentums an einem Grundstücke, 1927; Hans Grote, Die Eigentumsaufgabe bei Grundstücken (§ 928 BGB), 1927; Joachim-Johannes Meyer-Collings, Derelictio: die Dereliktion im römischen Recht bis zum Corpus Juris Civilis, 1932; Adalbert Deilmann, Die Dereliktion, 1936.

Fiskus ist der Schwerpunkt des sich hieran anschließenden Kapitels. Im letzten Teil der Untersuchung werden der Tatbestand des § 928 Abs. 2 BGB und dessen Rechtsfolgen analysiert. Dabei finden auch die Konkurrenzen und die Bezüge zu anderen Rechtsgebieten die ihnen gebührende Aufmerksamkeit.

Im ersten Kapitel erfolgt eine historische Aufarbeitung der Dereliktion[8] im römischen Recht, wobei die Regelungen im Corpus iuris civilis den Ausgangspunkt bilden. Im Anschluss werden die Dereliktion und ihre Entwicklung in den einzelnen Perioden des römischen Rechts untersucht. Einen selbstständigen Teil der Untersuchung stellt in diesem Zusammenhang die Rechtsfolge der Dereliktion dar, wobei die Entwicklung in den einzelnen Perioden des römischen Rechts nachgezeichnet wird. Anknüpfend an die Rechtsfolge wird dann die Aneignung bzw. die Aneignungsmöglichkeit im römischen Recht analysiert, wobei auch hier zwischen den einzelnen Perioden unterschieden wird.

Einen weiteren Schwerpunkt dieses Kapitels bildet die historische Entwicklung der Dereliktion auf dem Territorium der heutigen Bundesrepublik Deutschland. Ausgehend vom 5. Jahrhundert v. Chr. wird untersucht, ob es etwaige Anknüpfungspunkte gibt, aus denen auf die Möglichkeit und die Voraussetzungen einer Dereliktion geschlossen werden kann. Soweit Quellen vorliegen, wird anhand dieser neben dem Tatbestand auch die jeweilige Rechtsfolge herausgearbeitet. Darüber hinaus findet auch die Frage nach einer etwaigen Aneignungsmöglichkeit Berücksichtigung.

An die historische Aufarbeitung im heutigen Gebiet der Bundesrepublik Deutschland schließt sich die Darstellung des Gesetzgebungsverfahrens des heutigen § 928 BGB an und beginnt beim Entwurf des BGB der 1. Kommission. Die einzelnen Änderungen, die sich durch das Gesetzgebungsverfahren ergeben haben, werden nachgezeichnet und bis zur endgültigen Fassung nachvollzogen. Abschließend werden die verfassungsrechtlichen Bezüge des § 928 BGB aufgezeigt.

Gegenstand des zweiten Kapitels ist der Tatbestand des § 928 Abs. 1 BGB. Hier beginnt die Untersuchung mit der Fragestellung, auf welche Rechtsobjekte dieser anwendbar ist. Im Anschluss hieran widmet sich die Untersuchung der Fragestellung, welche Arten des Eigentums der Anwendung des § 928 Abs. 1 BGB unterfallen. In diesem Zusammenhang wird insbesondere untersucht, ob Miteigentum an einem Grundstück in den Anwendungsbereich fällt. Hierbei werden insbesondere die einzelnen in der Rechtsprechung und Literatur vertretenen Auffassungen eingehend analysiert und einer kritischen Würdigung unterzogen.

8 Zum lateinischen Begriff der Dereliktion und der Übersetzung Josef M. Stowasser/Michael Petschenig/Franz Skutsch, Lateinisch-deutsches Schulwörterbuch, Neubearbeitung 2013, S. 150: derelictio, onis, f. = Vernachlässigung. Von derelinquo, liqui, lictus = ganz verlassen, im Stich lassen; derelictum solum = herrenlos.

Im dritten Kapitel wird der Verzicht im Rahmen des § 928 Abs. 1 BGB analysiert. In Bezug auf den Verzicht wird insbesondere der Frage nachgegangen, ob die §§ 134, 138 BGB Anwendung finden, wenn das Eigentum an dem Grundstück zu dem Zweck aufgegeben wird, sich öffentlich-rechtlichen Verpflichtungen zu entziehen, da dies – wie bereits eingangs erwähnt – eines der maßgeblichen Motive für die Aufgabe von Eigentum an Grundstücken in unserer Zeit ist. Im Folgenden wird auf die Berechtigten der Verzichtserklärung und auf mögliche Verfügungsbeschränkungen, des Weiteren auf die Eintragung und deren Voraussetzungen eingegangen, wobei hier insbesondere der Bezug zum Grundbuch und das grundbuchrechtliche Verfahren im Blickpunkt stehen. Anschließend wird der Frage nachgegangen, welche Rechtsfolgen eintreten, wenn Mängel des Rechtsgeschäfts oder bei der Eintragung vorliegen.

Nach der Untersuchung des Tatbestandes des § 928 Abs. 1 BGB wird im vierten Kapitel die Phase nach Aufgabe des Eigentums und vor einer potenziellen Aneignung durch den Fiskus analysiert. Im Mittelpunkt steht hier die Frage, was unter einem »aufgegebenen Grundstück« zu verstehen ist und welches Schicksal sich für das Eigentum daran anknüpft. Dabei wird das hierzu vertretene Meinungsspektrum dargestellt, wobei der Schwerpunkt der Darstellung auf den beiden konträren Ansichten liegt. Die eine Auffassung nimmt an, dass das Eigentum erlischt, die andere geht von seinem Fortbestand ohne Subjekt aus. Diesem Meinungsspektrum und der Fragestellung nach dem rechtlichen Schicksal des Eigentums wird sich sodann in zwei Schritten genähert. In einem ersten Schritt wird der Frage – losgelöst von § 928 BGB – nachgegangen, ob überhaupt ein subjektloses subjektives Recht bestehen kann. In der Folge wird dann untersucht, ob sich in der konkreten Anwendung des § 928 BGB im Rahmen der Auslegung Argumente finden lassen, die für den Fortbestand oder das Erlöschen des Eigentums sprechen. Hier werden die einzelnen Argumente hinterfragt und gegeneinander abgewogen. Darüber hinaus werden die Rechtsfolgen von Zahlungen im Zusammenhang mit Grundpfandrechten untersucht. Ebenso wird die Vertreterstellung in den § 1141 BGB und § 58, 787 ZPO eingehend analysiert.

Das fünfte Kapitel befasst sich mit dem Tatbestand des § 928 Abs. 2 BGB. Hierbei wird zunächst der Anwendungsbereich untersucht. Im Anschluss liegt der Fokus der Analyse auf dem Entstehen, dem Erlöschen und der Durchsetzbarkeit des Aneignungsrechts, auf dem Aneignungsberechtigten sowie der Ausübung des Aneignungsrechts und der Eintragung im Grundbuch. Darüber hinaus werden die Rechtsfolgen der Aneignung untersucht. Den Abschluss dieses Kapitels bildet die Untersuchung der Konkurrenzen – insbesondere das Verhältnis von § 928 BGB zu § 875 BGB – und die Berührungspunkte zu anderen Rechtsgebieten, wie dem Handelsrecht, Steuerrecht und Verwaltungsrecht.

1. Kapitel: Die historischen Grundlagen der Dereliktion – insbesondere an Grundstücken

I. Die Entwicklung der Dereliktion im römischen Recht

Bevor die einzelnen Perioden des römischen Rechts und ihre Besonderheiten im Hinblick auf die Dereliktion betrachtet werden, soll zunächst in der Gesamtbetrachtung der Epochen herausgearbeitet und damit vorangestellt werden, was unter Dereliktion[9] im römischen Recht – wie es sich im Corpus iuris civilis[10] darstellt – zu verstehen ist. In den Institutionen[11] findet sich hierzu Folgendes (Inst. 2.1.47):

> »Aufgegeben ist das Eigentum an einer Sache, deren sich der Eigentümer in der Absicht entledigt hat, daß sie nicht mehr zu seinem Vermögen gehört; und deshalb hört er sofort auf, Eigentümer zu sein« (pro derelicto autem habetur, quod dominus ea mente abiecerit, ut id rerum suarum esse nollet, ideoque statim dominus esse desinit).

Unter der Rechtsfigur der Dereliktion versteht sich hier eine einseitige Aufgabe des Eigentums, d.h. der Verzicht des Eigentümers auf sämtliche ihm aus dem Eigentum an einer Sache zustehenden Rechte, ohne sie oder einen Teil von ihnen auf einen anderen zu übertragen.[12] Voraussetzung für die Dereliktion ist damit

9 Zum Begriff vgl. Fn. 7.

10 Die Hauptteile des Corpus iuris civilis wurden 533 und 534 n. Chr. verkündet. Die Entwicklung des römischen Rechts über die einzelnen Perioden lässt sich u. a. anhand einer textkritischen Analyse dieser Quelle ermitteln. Hierzu Max Kaser/Rolf Knütel, Römisches Privatrecht, 20. Auflage 2014, § 1 Rn. 23, S. 8. Der Corpus iuris civilis steht am Ende der Geschichte des römischen Rechts und stellt zugleich den Zenit der Arbeit der oströmischen Rechtsschulen dar (vgl. hierzu Stephan Meder, Rechtsgeschichte, 5. Auflage 2014, S. 109, 114).

11 Es handelt sich bei den Institutionen um einen der vier Teile des Corpus iuris civilis. Sie »sind wohl das bedeutendste und am weitesten verbreitete Lehrbuch, das es in der europäischen Rechtsgeschichte gegeben hat.« (Meder, Rechtsgeschichte, 5. Auflage 2014, S. 109).

12 Kaser/Knütel, Römisches Privatrecht, 20. Auflage 2014, § 26 Rn. 4, S. 150; a. A. Letizia Vacca, »Derelictio« e acquisto delle »res pro derelicto habitae«, Giuffrè, Milano 1984, XII, 2. Kapitel, S. 45–89, geht von einer reinen Kasuistik aus und dürfte daher einer solchen Abstrahierung ablehnend gegenüber stehen (vgl. auch hierzu ablehnend Hans Wieling, Anmerkung zu

die Aufgabe des Besitzes mit dem Willen, das Eigentum zu verlieren (animus derelinquendi).[13]

Wendet man sich nun der Entwicklung dieser Rechtsfigur im römischen Recht zu, so findet sich in den Quellen das erste genannte Beispiel einer Dereliktion, das dieser Definition entspricht, bei Ofilius aus dem 1. vorchristlichen Jahrhundert.[14] Aber bereits davor, also in der altrömischen Periode und zu Beginn der späteren Republik, dürfte es bereits das Phänomen des Verlassens von Grundstücken gegeben haben. Gründe hierfür dürften – wie auch in späteren Epochen – Kriege, Entvölkerung, Konkurrenz durch Lebensmittel aus Provinzen und Ähnliches gewesen sein.[15] Vereinzelt wird angenommen, dass in diesen Perioden dem römischen Recht die Dereliktion – also nicht nur ein rein faktisches Verlassen eines Grundstückes – von »unbeweglichen« Sachen unbekannt war.[16] Diese Ansicht argumentiert damit, dass die Dereliktion ein subjektives Element erfordert, also den Willen, Eigentum aufzugeben. Dieses subjektive Element habe aber in der Zeit bis zum Prinzipat noch nicht ausreichend im Recht Eingang gefunden.[17] Eine solche Präzisierung des Zeitpunktes der »Erfindung« der Dereliktion im römischen Recht auf das 1. vorchristliche Jahrhundert scheint fraglich, arbeitet die Annahme doch mit der Prämisse, dass dem subjektiven Element in den vorangegangenen Perioden des römischen Rechts keine bzw. keine ausreichende Bedeutung beigemessen wurde. Diese Annahme muss sich Zweifeln ausgesetzt sehen, denn bereits in den Zwölf Tafeln (ca. 450 v. Chr.) – also der Hauptquelle für das Privatrecht der altrömischen Periode[18] – haben subjektive Elemente Berücksichtigung gefunden,[19] denn

---

Letizia Vacca: »Derelictio« e acquisto delle »res pro derelicto habitae«, Giuffré, Milano 1984, XII u 179 S.; SZ 103 (1986), S. 556–561 (557f.).

13 Kaser/Knütel, Römisches Privatrecht, 20. Auflage 2014, § 26 Rn. 4, S. 150; so auch ausdrücklich in der älteren Literatur Heinrich Dernburg, Pandekten, 7. Auflage 1902, § 223; Bernhard Windscheid/Theodor Kipp, Lehrbuch des Pandektenrechts, Band I, 9. Auflage 1906, § 191.

14 D.43.8.2.39: »Daher glaubt Ofilius, das, wer das Werk als aufgegeben verlassen, was er errichtet, wenn er eine öffentliche Strasse verdorben hat, durch das Interdict nicht hafte; denn er hat das nicht mehr inne, was er errichtet hat« (Unde Ofilius putat eum, qui pro derelicto reliquit id opus quod fecit, si viam publicam corrupit et reliquit, non teneri hoc interdicto: non enim habet quod fecit); hierzu ausführlich Hans Ankum, Das Verlassen von Liegenschaften, SZ 114 (1997), S. 402–422 (405, 409 unter Punkt 5.4).

15 Ankum, Das Verlassen von Liegenschaften, SZ 114 (1997), S. 402–422 (404).

16 Laura Solidoro Maruotti, Studi sull'abbandono degli immobili nel diritto romano, Storici, giuristi, imperatori, Jovene, Neapel 1989, VII, S. 35; hierzu insbesondere Ankum, Das Verlassen von Liegenschaften, SZ 114 (1997), S. 402–422 (405).

17 Solidoro Maruotti, Studi sull'abbandono degli immobili nel diritto romano, Storici, giuristi, imperatori, Jovene, Neapel 1989, VII, S. 5–73; ablehnend Ankum, Das Verlassen von Liegenschaften, SZ 114 (1997), S. 402–422 (404).

18 Meder, Rechtsgeschichte, 5. Auflage 2014, S. 29; Die Originaltafeln sind beim gallischen Brand um 390 v. Chr. zerstört worden. Heute sind nur noch Bruchstücke des Gesetzes er-

zwischen Vorsatz und Fahrlässigkeit wird schon differenziert.[20] Hieran wird deutlich, dass auch im Zusammenhang mit der Aufgabe von Eigentum ein subjektives Element auch in dieser Periode Berücksichtigung gefunden haben könnte. Maßgeblich dürfte sein, dass das damalige Recht und die damalige Gesellschaft einem stetigen Wandel unterlagen, der im 1. vorchristlichen Jahrhundert dazu geführt hat, dass spätestens zu diesem Zeitpunkt die praktizierte Dereliktion Eingang in die Quellen gefunden hat. Hintergrund hierfür könnte die im 2. Jahrhundert v. Chr. vermehrt auftretende Landflucht gewesen sein.

In der weiteren Entwicklung der Dereliktion im römischen Recht, also von der frühklassischen bis zum Ende der hochklassischen Epoche, finden sich unterschiedliche Ansichten zum Zeitpunkt des Eintrittes der Rechtsfolge der Dereliktion von Alleineigentum. Diese unterschiedlichen Ansichten werden jeweils den beiden in diesen Epochen rivalisierend nebeneinander existierenden Rechtsschulen – die Rechtsschule der Sabinianer und die Rechtsschule der Prokulianer – zugeschrieben.[21]

Ob es sich bei den Kontroversen dieser beiden Rechtsschulen um die Fortsetzung zweier unterschiedlicher, möglicher Einflüsse der griechischen Philosophie auf die römische Jurisprudenz handeln könnte, ist Gegenstand der neueren romanistischen Literatur.[22] Im Rahmen dieser Debatte[23] wird angenommen, dass ein möglicher Einfluss der stoischen Philosophie und des aus ihr entwickelten Gegensatzes von Naturrecht und Bürgerlichem Recht herrühre und die Sabinianer in dieser Tradition zu verstehen seien. Die Prokulianer seien dagegen in der Tradition des zweiten Einflusses, des der skeptischen Akademie und des für sie bestimmenden Gegensatzes von Natur und Zivilisation, zu er-

halten, die auf mehr oder weniger verlässlichen literarischen Nachrichten beruhen (hierzu Stephan Meder, Ius non scriptum – Traditionen privater Rechtsetzung, 2. Auflage 2009, S. 29, Fn. 26; zum Diskurs, ob das Gesetz nur eine spätere Konstruktion gewesen ist Uwe Wesel, Geschichte des Rechts in Europa, 1. Auflage 2010, S. 52).

19 Ankum, Das Verlassen von Liegenschaften, SZ 114 (1997), S. 402–422 (404).

20 Wesel, Geschichte des Rechts in Europa, S. 53 mit dem Beispiel Mord und fahrlässige Tötung; Ankum, Das Verlassen von Liegenschaften, SZ 114 (1997), S. 402–422 (405) mit dem Beispiel der Unterscheidung desjenigen, der »sciens prudensque« ein Gebäude in Brand gesetzt hat, und demjenigen, der dies infolge von Fahrlässigkeit getan hat (in Bezug auf Tafel VIII, 10); Meder, Rechtsgeschichte, 5. Auflage 2014, S. 45.

21 Eingehend zu den beiden Rechtsschulen und ihren Begründern Meder, Rechtsgeschichte, 5. Auflage 2014, S. 71.

22 In der Romanistik taucht der Gedanke, dass in den Schulkontroversen innere Zusammenhänge bestehen, auch schon früher auf (vgl. bspw.: Paul Jörs/Wolfgang Kunkel/Leopold Wenger, Römisches Privatrecht, 3. Auflage 1949, § 18, insb. Fn. 6 (S. 30); Meder, Rechtsgeschichte, 5. Auflage 2014, S. 72.

23 Befürwortend Okko Behrends, Wie haben wir uns die römischen Juristen vorzustellen, SZ 128 (2011), S. 83–129; dagegen Dieter Nörr, Exempla per se non valent, SZ 126 (2009), S. 1–54; weitere Fundstellen finden sich bei Kaser/Knütel, Römisches Privatrecht, 20. Auflage 2014, § 1 Rn. 11, S. 4f. und § 1 Rn. 7, S. 3.

fassen.[24] Ob den jeweiligen Rechtsschulen allerdings zugleich philosophische Grundrichtungen zugeordnet werden können, ist für die vorliegende Untersuchung nicht von Belang, da die abschließende Klärung und Untersuchung, ob und inwieweit eine Einordnung in einen etwaigen übergeordneten Kontext möglich ist, jedenfalls einer eigenständigen romanistischen Ausarbeitung vorbehalten bleiben sollte. Dies insbesondere auch vor dem Hintergrund, dass der Gegenstand dieser Untersuchung nicht auf mögliche philosophische Grundfragen ausgerichtet ist.

Dies vorangestellt lässt sich aus den Quellen entnehmen, dass den Anhängern der Rechtsschule der Sabinianer im Zusammenhang mit der Aufgabe von Eigentum die Ansicht zugeordnet wird, dass es für die Wirksamkeit der Dereliktion – also für den Eintritt der Rechtsfolgen – nur auf die endgültige Preisgabe ankomme.[25] Die Gegenansicht, die den Anhängern der Rechtsschule der Prokulianer zugeschrieben wird, vertrat die Ansicht, dass es für die Vollendung und damit für den Eintritt der Rechtsfolgen einer vorgenommenen Dereliktion eines zusätzlichen Tatbestandsmerkmals bedürfe. Diese weitere Voraussetzung sei die Aneignung durch einen anderen. Erst nach dieser Aneignung trete die (befreiende) Rechtsfolge der Dereliktion für den ursprünglichen Eigentümer ein.[26] Damit besteht bereits im römischen Recht eine Kontroverse hinsichtlich der Rechtsfolgen. Anders als in unserer Zeit geht es hier aber nicht um die Rechtsfolge der Derelektion, sondern um den Zeitpunkt des Eintritts dieser Folgen. Im römischen Recht dürfte hier maßgeblich die Frage gewesen sein, wann die Verantwortlichkeit des Eigentümers endet.[27]

Die sabinianische Ansicht wird an der Quelle D.47.2.44.5 deutlich:

»Wenn der Eigenthümer ihn aber aufgegeben hat, so geschieht daran kein Diebstahl, wenn ich auch die Absicht zu stehlen gehabt habe; denn es kann kein Diebstahl geschehen, wenn Niemand bestohlen wird; dies findet aber im vorliegenden Fall darum statt, weil man des Sabinus und Cassius Meinung angenommen hat, welche glauben, dass eine Sache sofort aufhöre, unser zu sein, welche wir aufgegeben haben« (quod si dominus id dereliquit, furtum non fit eius, etiamsi ego furandi animum habuero: nec enim furtum fit, nisi sit cui fiat: in proposito autem nulli fit, quippe cum placeat sabini et cassii sententia existimantium statim nostram esse desinere rem, quam derelinquimus).

24 Kaser/Knütel, Römisches Privatrecht, 20. Auflage 2014, § 1 Rn. 11, S. 4f.

25 D. 47.2.44.5; D. 41.7.2.1; Kaser/Knütel, Römisches Privatrecht, 20. Auflage 2014, § 26 Rn. 4, S. 150.

26 D. 47.2.44.5; D. 41.7.2.1; Kaser/Knütel, Römisches Privatrecht, 20. Auflage 2014, § 26 Rn. 4, S. 150.

27 Vgl. 4. Kapitel. Es geht hier insbesondere um die Haftung eines ursprünglichen Eigentümers für einen Sklaven. Vgl. Hohner, Subjektlose Rechte unter besonderer Berücksichtigung der Blankozession, 1969, S. 82 m.w.N in Fn. 7.

Die Ansicht der Prokulianer wird an der Quelle Paulus (D. 41.7.2.) deutlich:

> »Wenn man weiss, dass der Eigenthümer eine Sache als aufgegeben betrachte, so kann man sie erwerben. §. 1. Proculus sagt aber, diese Sache höre nicht eher auf, dem Eigenthümer zu gehören, als bis sie von einem Andern in Besitz genommen worden sei; Julianus hingegen sagt, sie höre allerdings auf, Dem zu gehören, der sie verlasse, werde aber nicht eher einem Andern gehörig, als bis sie in Besitz genommen worden sei; und er hat Recht« (pro derelicto rem a domino habitam si sciamus, possumus adquirere. Sed proculus non desinere eam rem domini esse, nisi ab alio possessa fuerit: Julianus desinere quidem omittentis esse, non fieri autem alterius, nisi possessa fuerit, et recte).

In beiden Quellen ist von einer nicht spezifizierten Kategorie von Sachen die Rede. Dies ist für die Epoche, in der sich die beiden Rechtsschulen gegenüber standen, untypisch, da in dieser die am Privatrecht teilhaftigen Sachen (noch) in res mancipi und res nec mancipi eingeteilt wurden.[28] Bei dieser Differenzierung zwischen res nec mancipi und res mancipi handelt es sich aber nicht um die Unterscheidung zwischen beweglichen und unbeweglichen Sachen – auch wenn das römische Recht die Unterscheidung zwischen Grundstücken (res immobilies) einerseits und den beweglichen Sachen (res mobilies) andererseits kannte,[29] sondern um die Unterscheidung zwischen dem Grundstock des bäuerlichen Vermögens einerseits und allen anderen Sachen andererseits. Die Sachen des Grundstockes des bäuerlichen Vermögens wurden als res mancipi bezeichnet und umfassten die (italischen) Grundstücke, Sklaven und das Großvieh (Rinder, Pferde, Esel, Maultiere und Maulesel) sowie unter den res incorporales die Feldservituten. Die res nec mancipi waren alle anderen Sachen.[30] Res mancipi waren dem römischen Bürger vorbehalten. Eigentum an ihnen konnte nur derjenige erwerben, welcher vollwirksames quiritisches Eigentum besaß. Eigentum wurde an ihnen lediglich durch mancipatio, die förmliche Veräußerung mit Handgriff, erworben.[31] An res nec mancipi wurde das vollwirksame Eigentum durch die formfreie traditio erworben.[32] Außerdem konnte auch der Peregrine[33] an ihnen quiritisches Eigentum erwerben.

---

28 Kaser/Knütel, Römisches Privatrecht, 20. Auflage 2014, § 18 Rn. 10, S. 113f.: »Die Unterscheidung von res mancipi und res nec mancipi verblaßt mit dem Rückgang der mancipatio und dem Aufkommen des prätorischen Schutzes ... schon in der klassischen Zeit. In der nachklassischen Periode ist sie verschwunden; ...«.

29 Kaser/Knütel, Römisches Privatrecht, 20. Auflage 2014, § 18 Rn. 11, S.114.

30 Kaser/Knütel, Römisches Privatrecht, 20. Auflage 2014, § 18 Rn. 8, S. 113.

31 Meder, Rechtsgeschichte, 5. Auflage 2014, S. 34.

32 Meder, Rechtsgeschichte, 5. Auflage 2014, S. 72.

33 Zum lateinischen Begriff peregrinus und der Übersetzung Stowasser/Petschenig/Skutsch, Lateinisch-deutsches Schulwörterbuch, Neubearbeitung 2013, S. 372: peregrinus, m. f.= Ausländer(in), Nichtbürger(in). Der Begriff bezeichnet den unter römischer Herrschaft lebenden »Nichtbürger« (hostes, später peregrini); hierzu Kaser/Knütel, Römisches Privatrecht, 20. Auflage 2014, § 3 Rn. 9, S. 36.

Dieser Exkurs in die zwei Kategorien von Sachen in jener Epoche zeigt deutlich, dass es einen wesentlichen Unterschied zwischen den beiden Kategorien von Sachen gab und es sich daher – da in den Quellen nur von einer nicht spezifizierten Kategorie von Sachen gesprochen wird – um eine Kürzung handeln muss, die auf die Tätigkeit der Kompilatoren[34] zurückzuführen ist, also um eine Interpolation.[35] Allerdings lässt sich an der Quelle für die sabinianische Ansicht erkennen, dass es sich um res nec mancipi handeln muss. Hintergrund ist, dass sie sich mit Diebstahl befasst und ein Diebstahl an einem Grundstück nicht denkbar ist. In jedem Fall besteht in der Literatur Einvernehmen darüber, dass sich diese Fundstelle ausschließlich auf res nec mancipi bezieht.[36] Bemerkenswert ist, dass in der Quelle, aus der die prokulianische Ansicht deutlich wird (D.41.7.2.), Julian und nicht Sabinus für die Ansicht genannt wird, die davon ausgeht, dass das Eigentum bereits mit der Aufgabe erlischt, ist dies doch die Ansicht, die der sabinianischen Rechtsschule zugeschrieben wird (vgl. oben S. 20f.). Konsequenterweise hätte dann auch auf die Rechtsschule der Sabinianer Bezug genommen werden müssen. Der Grund, warum an dieser Stelle Julian genannt wird und nicht der klassische Streit zwischen den Rechtsschulen, dürfte sein, dass es Paulus darum gehen könnte, hier etwas hervorzuheben, nämlich, dass mit Julian eine andere Ansicht begründet wurde. Diese andere – respektive neue – Ansicht dürfte darin liegen, dass die ursprüngliche sabinianische Ansicht, die sich nur auf res nec mancipi[37] bezog, sich weiter entwickelt hatte und seit Julian auch auf res mancipi anzuwenden war. Wenn dem aber so ist, dann lässt sich zusammenfassend das Meinungsbild wie folgt darstellen: Es gibt zum einen die unterschiedlichen Ansichten zwischen den Prokulianern und Sabinianern hinsichtlich der res nec mancipi und hinsichtlich der res mancipi eine

34 Als Kompilatoren (von compilare, ausplündern, ausbeuten) bezeichnet man die Mitglieder der Kommission, die die Digesten, die Institutionen und den Codes (Iustinianus) unter Leitung des Vorstehers der Kaiserlichen Kanzleien, Tribonian, hergestellt haben (vgl. Meder, Rechtsgeschichte, 5. Auflage 2014, S. 110; Kaser/Knütel, Römisches Privatrecht, 20. Auflage 2014, § 1 Rn. 22, S. 8.

35 Solidoro Maruotti, Studi sull'abbandono degli immobili nel diritto romano, Storici, giuristi, imperatori, Jovene, Neapel 1989, VII, S. 132; zustimmend Ankum, Das Verlassen von Liegenschaften, SZ 114 (1997), S. 402–422 (410); Kaser/Knütel, Römisches Privatrecht, 20. Auflage 2014, § 18 Rn. 10, S. 113f., sagen allgemein, dass es sich bei dieser Interpolation wohl um eine der häufigsten handeln dürfte.

36 Solidoro Maruotti, Studi sull'abbandono degli immobili nel diritto romano, Storici, giuristi, imperatori, Jovene, Neapel 1989, VII, S. 132; Ankum, Das Verlassen von Liegenschaften, SZ 114 (1997), S. 402–422 (411); jeweils ohne Begründung.

37 So auch Ankum, Das Verlassen von Liegenschaften, SZ 114 (1997), S. 402–422 (411); ders., Pomp. D. 41, 7, 5 pr.: Die occupatio einer res mancipi derelicta und der Ausdruck in bonis alicuius esse in den klassischen römischen Rechtsquellen, SZ 103 (1986), S. 248–274 (264f.).

ältere Lehre und eine jüngere Lehre, die mit Julian in der Hochklassik begründet wird.[38]

Dieses vielschichtige Meinungsspektrum konsolidiert sich in der Nachklassik durch den endgültigen Wegfall der Unterscheidung zwischen res mancipi und res nec mancipi durch Justinian im Jahr 531 n. Chr. (C. 7.31.1.5) und führt dazu, dass der Eigentumsverlust für alle Sachen mit der Dereliktion eintritt. Es entsteht durch die Dereliktion durch einen Alleineigentümer eine res derelictae, die als res nullius des Erwerbs eines Dritten durch Aneignung (occupatio) oder Ersitzung (usucapio) grundsätzlich zugänglich ist.[39] Der Eigentümer des Grundstücks hörte auf, Eigentümer zu sein, und wurde von den mit dem Eigentum verbundenen Pflichten frei. Als solche kamen insbesondere in Betracht: die Pflicht zur Leistung der cautio damni infecti[40] und die Grundsteuerpflicht,[41] soweit sie für die noch nicht fälligen Abgaben bestand.[42] Der Eigentümer verlor aber zugleich die mit dem Eigentum an dem Grundstück verbundenen Rechte – die Servituten.[43] Die Rechte Dritter an dem Grundstück dagegen wurden von der Aufgabe des Eigentums an dem Grundstück nicht berührt, sie blieben bestehen.[44]

1. Die Dereliktion von Miteigentum im römischen Recht

Hinsichtlich der Dereliktion von Miteigentum verhält es sich im römischen Recht anders. Grundsätzlich kannte das römische Recht zwei Rechtsfiguren

38 So auch Ankum, Das Verlassen von Liegenschaften, SZ 114 (1997), S. 402–422 (411); ders., Pomp. D. 41, 7, 5 pr.: Die occupatio einer res mancipi derelicta und der Ausdruck in bonis alicuius esse in den klassischen römischen Rechtsquellen, SZ 103 (1986), S. 248–274 (263f.); a. A. Solidoro Maruotti, Studi sull'abbandono degli immobili nel diritto romano, Storici, giuristi, imperatori, Jovene, Neapel 1989, VII, S. 144.

39 Kaser/Knütel, Römisches Privatrecht, 20. Auflage 2014, § 26 Rn. 4, S. 150; vgl. auch im weiteren Verlauf dieser Untersuchung die Analyse zu dieser Phase.

40 Cautio damni infecti ist eine Sicherheitsleistung, die der Prätor auf Antrag des Nachbarn für zukünftige Schäden festsetzt, vgl. hierzu Kaser/Knütel, Römisches Privatrecht, 20. Auflage 2014, § 23 Rn. 17, S. 134.

41 Diese wird in den Senatsprovinzen als »stipendium«, in den Kaiserprovinzen als »tributum« bezeichnet, vgl. Kaser/Knütel, Römisches Privatrecht, 20. Auflage 2014, § 22 Rn. 10, S. 130.

42 Karl von Czyhlarz, Die Eigentumserwerbsarten des Pandektentitels de aquirendo rerum dominio, in: Christian Friedrich Glück, Ausführliche Erläuterung der Pandecten nach Hellfeld, Kommentar Bd. 41, 42, 1887, S. 128.

43 Kaser/Knütel, Römisches Privatrecht, 20. Auflage 2014, § 28 Rn. 19, S. 167; in der älteren Literatur bereits: Czyhlarz, Die Eigentumserwerbsarten des Pandektentitels de aquirendo rerum dominio, in: Glück, Ausführliche Erläuterung der Pandecten nach Hellfeld, Kommentar Bd. 41, 42, 1887, S. 126f.

44 Karl Gies, Die Aufgabe des Eigentums an einem Grundstücke, Berlin 1913, S. 11; Benkelberg, Die Aufgabe des Eigentums an einem Grundstücke, 1927, S. 5.

hinsichtlich des Eigentums mehrerer an einer Sache. Zum einen die »ercto non cito« und zum anderen das »communio pro indiviso«.[45] Bei der ersten Rechtsfigur, der Gemeinschaft »ercto non cito« (»ohne dass eine Aufteilung veranlasst wurde«) lassen sich im Hinblick auf die Dereliktion – insbesondere aus den Quellen – keine Aussagen treffen. Hintergrund ist, dass diese Form der Berechtigung mehrerer an einer Sache in der Vorklassik, also in der jüngeren Republik, zurückgebildet wird,[46] und der eingangs erhobene Befund zeigt, dass die Dereliktion erst im 1. vorchristlichen Jahrhundert Eingang in die Quellen gefunden hat. Hinsichtlich des Miteigentums nach Bruchteilen (communio pro indiviso bzw. die communio incidens[47]), das sich in der jüngeren Republik entwickelt haben dürfte,[48] verhält es sich anders. Hier galt, dass der Miteigentümer auf seinen Anteil an der gemeinschaftlichen Sache verzichten konnte, mit der gesetzlichen Folge des Anwachsungsrechts an die übrigen Miteigentümer.[49]

Hintergrund für dieses Anwachsungsrecht dürfte das Charakteristikum des Miteigentums nach Bruchteilen gewesen sein. Jeder Miteigentümer konnte (zwar) über seinen Anteil unabhängig verfügen, d. h. er konnte ihn veräußern, verpfänden, mit einem Nießbrauch belasten und ihn auch von jemanden vindizieren (vindicatio pro parte),[50] aber es wurde als ein die ganze Sache erfassendes Eigentum, das durch die Rechte der Miteigentümer eingeengt und rechnerisch auf eine Quote beschränkt war, verstanden.[51] Durch die Dereliktion – also die Aufgabe des Eigentums durch einen der Miteigentümer – entfiel letztlich eine »Beschränkung« für die anderen Miteigentümer. Sie wurden hiervon frei und konnten über die Sache frei von dieser Beschränkung verfügen.[52]

45 Kaser/Knütel, Römisches Privatrecht, 20. Auflage 2014, § 23 Rn. 21, S. 135.

46 Kaser/Knütel, Römisches Privatrecht, 20. Auflage 2014, § 23 Rn. 21, S. 135.

47 Commonunio incidens = zufällig eintretende Rechtsgemeinschaft.

48 Kaser/Knütel, Römisches Privatrecht, 20. Auflage 2014, § 23 Rn. 21, S. 135.

49 D.41.7.3; h. M. Kaser/Knüttel, Römisches Privatrecht, 20. Auflage 2014, § 23 Rn. 25, S. 136f.; a. A. Reichard, Der Verzicht auf einen Miteigentumsanteil, in: FS für Gerhard Otte, 2005, S. 265–284 (275; 274 Fn. 40 m.w.N.). Dieser vertritt die Ansicht, dass es sich bei der Anwachsung (Akkreszenz) um eine Besonderheit im Sklavenrecht handelt. Er bezieht sich hierbei u. a. auf die Quelle Ulp. Epit. 1,18 (abgedruckt in Gustav Hugo (Hrsg.), Ulpianus, Domitius, Fragmenta libri Regularum singularis uti videtur, vulgo, tituli ex corpore Ulpiani, Mylius 1814): »Wenn ein Miteigentümer den gemeinschaftlichen Sklaven freilässt, verliert er seinen Eigentumsbruchteil, und dieser wächst dem anderen Miteigentümer an. Das gilt dann, wenn er die Freilassung in der Form vornimmt, durch die er den Sklaven, wenn er ihn im Alleineigentum hätte, zum römischen Bürger machen würde (Communem servum unus ex dominis manumittendo partem suam amittit, eaque adcrescit socio; maxime sie eo modo manumiserit, quo, si proprium haberet, civem Romanum facturus esset).«

50 Kaser/Knütel, Römisches Privatrecht, 20. Auflage 2014, § 23 Rn. 24, S. 136.

51 Kaser/Knütel, Römisches Privatrecht, 20. Auflage 2014, § 23 Rn. 25, S. 136.

52 Kaser/Knütel, Römisches Privatrecht, 20. Auflage 2014, § 23 Rn. 25, S. 136.

2. Die »Aneignung« von derelinquirten Sachen im römischen Recht

Nachdem die Dereliktion und die Rechtsfolge betrachtet wurden, wendet sich der Blick nunmehr noch den bereits zuvor genannten Möglichkeiten der »Aneignung« zu. Hier wird von den klassischen römischen Juristen bei derelinquierten Sachen zum Teil der Erwerb des Okkupierenden (occupatio) zugelassen,[53] zum Teil ist aber auch die Ersitzung (usucapio) erforderlich.[54] Bei der occupatio handelt es sich um die Aneignung. Für sie gilt D. 41.1.3 und Inst. 2.1.12:

> »Denn was Niemandem gehört, wird natürlichem Grunde nach Dem gehörig, der sich seiner bemächtigt« (res nullius cedit primo occupanti).

Zwischen der usucapio im klassischen römischen Recht einerseits[55] und der usucapio in der Nachklassik andererseits ist zu differenzieren.[56] Bei der usucapio im klassischen Recht handelt es sich um die Ersitzung, sie führt zum Erwerb des quiritischen Eigentums und ist auf das Recht der Zwölf Tafeln zurückzuführen. In der Nachklassik geht die usucapio vollständig verloren und wird durch das Rechtsinstitut der praescriptio, die nur an Eigenbesitz und Zeitablauf anknüpft, ersetzt.[57] Justinian führt die usucapio wieder ein, wobei nunmehr die usucapio nur noch bei beweglichen Gegenständen möglich ist, bei unbeweglichen Gegenständen wird die Ersitzung als longi temporis praescriptio bezeichnet.[58] Dies vorangestellt wird deutlich, dass im Rahmen der Quellenanalyse ein Spektrum an verschiedenen Rechtsinstituten über die Epochen zu berücksichtigen ist. So ist es nicht verwunderlich, dass zur Harmonisierung der Quellen in der Romanistik für das klassische römische Recht verschiedene Ansichten zum Erwerb des Eigentums an einer derelinquierten Sache vertreten werden.[59] Diese lassen sich letztlich in drei verschiedene Ansichten aufteilen: So wird vertreten, dass sowohl für res mancipi als auch für res nec mancipi stets die usucapio erforderlich ist.[60] Dem gegenüber steht die Ansicht, die für beide Kategorien von

53 D.41.1.9.8; D.47.2.43.11; D.41.7.1; D.41.7.2; D.14.2.2.8; D.41.7.5.1.

54 D.41.7.4; D.41.7.5. D.41.7.6 und 7; D.41.2.21.2.

55 Kaser/Knütel, Römisches Privatrecht, 20. Auflage 2014, § 25 Rn. 7, S. 146.

56 Kaser/Knütel, Römisches Privatrecht, 20. Auflage 2014, § 25 Rn. 17, S. 148.

57 Kaser/Knütel, Römisches Privatrecht, 20. Auflage 2014, § 25 Rn. 16, S. 148.

58 Kaser/Knütel, Römisches Privatrecht, 20. Auflage 2014, § 25 Rn. 17, S. 148.

59 Eine gute Übersicht über die verschiedenen Ansichten bietet: Hans Ankum, Pomp. D. 41, 7, 5 pr.: Die occupatio einer res mancipi derelicta und der Ausdruck in bonis allicuius esse in den klassischen römischen Rechtsquellen, SZ 103 (1986), S. 248–274 (250ff.); ebenso Wieling, Anmerkung zu Letizia Vacca: »Derelictio« e acquisto delle »res pro derelicto habitae«, Giuffré, Milano 1984, XII u 179 S.; SZ 103 (1986), S. 556-561 (556).

60 Max Kaser, In bonis esse, SZ 78 (1961), S. 173–220 (180f.); hierzu Ankum, Pomp. D. 41, 7, 5 pr.: Die occupatio einer res mancipi derelicta und der Ausdruck in bonis allicuius esse in den

Sachen die occupatio ausreichen lässt.[61] Abschließend ist noch eine differenzierende Ansicht auszumachen, die annimmt, dass für die res mancipi die usucapio und für die res nec mancipi die occupatio genügt.[62] Gegen die erste Ansicht, die nur die usucapio zulassen will, spricht, dass sie alle Stellen für den sofortigen Eigentumserwerb als interpoliert unterstellt.[63]

Darüber hinaus ist fraglich, ob eine nicht differenzierende Ansicht im Hinblick auf die usucapio nicht auch außer Acht lässt, dass die usucapio nur an solchen Gegenständen möglich war, an denen quiritisches Eigentum begründet werden konnte.[64] Gegen die zweite Ansicht lässt sich einwenden, dass – lässt man die Okkupation von res mancipi zu – eine Umgehung der mancipatio denkbar ist, indem ein Eigentümer eine res mancipi derelinquiert, um dem Erwerber – absprachegemäß – die Möglichkeit der Okkupation zu geben.[65] Für die dritte, differenzierende Ansicht spricht, dass sie sich mit dem Schulenstreit der Prokulianer und Sabinianer in Einklang bringen lässt. Hinsichtlich der res mancipi – bei der keine Rechtsschule von einem sofortigen Eigentumsverlust ausgeht – kann nur eine usucapio möglich sein, denn für diese gilt im Rahmen der Übertragung die mancipatio und in iure cessio, so dass es widersprüchlich ist, wenn zur damaligen Zeit quiritisches Eigentum an einer res mancipi durch occupatio und nicht durch usucapio möglich gewesen wäre.[66] Im Hinblick auf res nec mancipi ist zu differenzieren, ob man der Ansicht der Prokulianer folgt,

---

klassischen römischen Rechtsquellen, SZ 103 (1986), S. 248–274 (253), der klarstellt, dass Kaser diese Ansicht ab 1950 vertreten hat.

61 Adolf Berger, In tema di derelizione, BIDR 32 (1922), S. 168–170; Silvio Romano, Studi sulla derelizione nel diritto romano, 1933, S. 76–84; Pasquale Voci, Modi di acquisto della proprietá, 1952, S. 233–236.

62 Pietro Bonfante, La derelizione di res mancipi nel diritto classico, in Scritti giuridici vari, II, 1918, S. 337–341; Max Kaser, Das legatum sinendi modo in der Geschichte des römischen Vermächtnisrechts, in: SZ 67 (1950), S. 320–359 (328f.); Ankum, Das Verlassen von Liegenschaften, SZ 114 (1997), S. 402–422 (414); unklar bei Kaser/Knütel, Römisches Privatrecht, 20. Auflage 2014, § 26 Rn. 4, S. 150, da die occupatio für res mancipi mit anschließender usucapio zum Erwerb quiritischen Eigentums für denkbar gehalten wird.

63 Wieling, Anmerkung zu Letizia Vacca: »Derelictio« e acquisto delle »res pro derelicto habitae«, Giuffré, Milano 1984, XII u 179 S.; SZ 103 (1986), S. 556–561 (557). Auch ist zu berücksichtigen, dass in den Quellen ausdrücklich Stellen für die occupatio genannt werden (vgl. D.41.1.9.8; D.47.2.43.11; D.41.7.1; D.41.7.2; D.14.2.2.8; D.41.7.5.1).

64 Kaser/Knütel, Römisches Privatrecht, 20. Auflage 2014, § 25 Rn. 8, S. 146; als Beispiel für Sachen, die dem quiritischen Eigentum nicht unterliegen: Provinzialgrundstücke (dies., Römisches Privatrecht, 20. Auflage 2014, § 22 Rn. 10, S. 130).

65 Wieling, Anmerkung zu Letizia Vacca: »Derelictio« e acquisto delle »res pro derelicto habitae«, Giuffré, Milano 1984, XII u 179 S.; SZ 103 (1986), S. 556–561 (556).

66 Ankum, Pomp. D. 41, 7, 5 pr.: Die occupatio einer res mancipi derelicta und der Ausdruck in bonis alicuius esse in den klassischen römischen Rechtsquellen, SZ 103 (1986), S. 248–274 (269); Kaser/Knütel, Römisches Privatrecht, 20. Auflage 2014, § 26 Rn. 4, S. 150, differenzieren und halten es für möglich, dass mittels occupatio zunächst bonitarisches Eigentum und mittels usucapio quiritisches Eigentum erworben werden konnte.

dann wäre auch in diesem Fall die usucapio erforderlich. Folgt man der sabinianischen Rechtsschule, dann ist eine occupatio bei res nec mancipi möglich. Da sich letztlich die Ansicht der Sabinianer durchsetzt[67] und sich mit Julian die Ansicht der Sabinianer auf res mancipi ausdehnt und die Unterscheidung zwischen res mancipi und res nec mancipi letztlich aufgehoben wird (vgl. oben S. 23), steht am Ende nur noch die occupatio.[68]

In diesem Zusammenhang sei auch noch auf zwei besondere Fallgruppen hingewiesen. Die erste behandelt Fälle, die man heute wohl unter dem Schlagwort »gutgläubiger Erwerb« – ungeachtet dessen Möglichkeiten nach heutigem Recht – lozieren würde. In diesen Fällen kommt jeweils die usucapio zur Anwendung, da diese im römischen Recht die Aufgabe des Verkehrsschutzes hatte.[69] In der Literatur wird zum einen der Fall, dass der Ergreifende zwar weiß, dass es sich um eine derelinquierte Sache handelt, aber den ursprünglichen Eigentümer nicht kennt bzw. über die Person des Eigentümers im Irrtum war,[70] und zum anderen der Fall, in dem ein Nichteigentümer die Sache derelinquiert hat, angeführt.[71]

Die zweite Fallgruppe bezieht sich letztlich auf die Fälle, in denen kein Raum für den Verkehrsschutz bleibt. War die Sache tatsächlich nicht herrenlos bzw. derelinquiert, findet sich kein Anknüpfungspunkt für den Verkehrsschutz, so dass sowohl eine occupatio als auch eine usucapio ausscheidet; der Eigentümer wird geschützt.[72] Hierzu zählt auch der Fall, in dem kein Schutzinteresse zu Gunsten des Eigentümers besteht, z. B. wenn der Okkupierende nur glaubt, die Sache stehe noch im Eigentum eines anderen, sie aber tatsächlich herrenlos ist. In diesen Fällen ist eine Aneignung möglich.[73]

Ein fiskalisches Interesse an herrenlosen Grundstücken zeigte sich im römischen Recht vorerst nicht; dies ist deswegen auffällig, weil das Grundstück,

67 Ab Gaius (2. Jahrhundert n. Chr.) ist dies allgemeine Ansicht, vgl. Ankum, Das Verlassen von Liegenschaften, SZ 114 (1997), S. 402–422 (414).

68 Ankum, Pomp. D. 41, 7, 5 pr.: Die occupatio einer res mancipi derelicta und der Ausdruck in bonis alicuius esse in den klassischen römischen Rechtsquellen, SZ 103 (1986), S. 248–274 (269).

69 Kaser/Knütel, Römisches Privatrecht, 20. Auflage 2014, § 25 Rn. 20, S. 148.

70 D.41.7.4; Kaser/Knütel, Römisches Privatrecht, 20. Auflage 2014, § 26 Rn. 4, S. 150.

71 Ankum, Pomp. D. 41, 7, 5 pr.: Die occupatio einer res mancipi derelicta und der Ausdruck in bonis alicuius esse in den klassischen römischen Rechtsquellen, SZ 103 (1986), S. 248–274 (267), insb. Fn. 76; Kaser/Knütel, Römisches Privatrecht, 20. Auflage 2014, § 26 Rn. 4, S. 150; a. A. Albert Cuénod, Usucapio pro derelicto, Etude de droit romain classique, 1934, S. 96.

72 Kaser/Knütel, Römisches Privatrecht, 20. Auflage 2014, § 26 Rn. 4, S. 150.

73 Dernburg, Pandekten, 7. Auflage 1902, S. 464; Windscheid/Kipp, Lehrbuch des Pandektenrechts, Band I, 9. Auflage 1906, § 184 A.; Czyhlarz, Die Eigentumserwerbsarten des Pandektentitels de aquirendo rerum dominio, in: Glück, Ausführliche Erläuterung der Pandecten nach Hellfeld, Kommentar Band 41, 42, 1887, S. 187ff.

solange es res nullius war, keine Steuern abwarf.[74] In der späteren Kaiserzeit scheinen Sondervorschriften über die Dereliktion bei Grundstücken gegolten zu haben. Insbesondere zeigte sich ein fiskalisches Interesse an der unterschiedlichen Behandlung von ager desertus und ager derelictus. Verlassene Grundstücke, d.h. solche, die aus irgendwelchen Gründen nicht mit der Absicht der Eigentumsaufgabe von ihrem Eigentümer verlassen worden waren, wurden anders behandelt, als derelinquierte Grundstücke. Wenn nämlich der Eigentümer eines solchen ager derelictus binnen zwei Jahren zurückkehrte, so konnte er sich zwar ohne Weiteres wieder in sein Eigentum »setzen«, musste dann aber – sofern er dies tat[75] – nicht nur dem Okkupanten die auf das sonst unbenutzt daliegende Grundstück gemachten Aufwendungen ersetzen, sondern auch – und hier zeigt sich das fiskalische Interesse an solchen Grundstücken – dem Staat die Steuern nachzahlen, deren Entrichtung er sich durch das Verlassen des Grundstücks entzogen hatte.[76]

II. Die Entwicklung der Dereliktion auf dem Territorium der heutigen Bundesrepublik Deutschland

Die hier vorgenommene Zäsur orientiert sich am klassischen Denken der Rechtsgeschichte, welche in der Lehre zwischen dem römischen Recht einerseits und dem deutschen Recht andererseits trennt. Sie erfolgt an dieser Stelle aber insbesondere, um das Spannungsfeld zwischen territorialer Expansion und Kontraktion einerseits sowie der zeitlichen Entwicklung in Wirtschaft und Recht in Europa andererseits aufzuzeigen und dort, wo es erforderlich ist und zur Anwendung kommt, auf die Ausführungen zum römischen Recht verweisen zu können. Die territoriale Entwicklung beeinflusst die geltenden rechtlichen Regelungen, wobei nicht außer Acht gelassen werden darf, dass – im Gegensatz zur heutigen Zeit, in der wir klare Antworten auf Fragen wie den Erwerb und Verlust von Eigentum erwarten – vieles in der Vergangenheit eher undeutlich im ungeschriebenen Gewohnheitsrecht verankert ist, das später und in der Regel unvollständig aufgezeichnet wurde.[77] Die sich hieraus ergebenen Unklarheiten sind daher nicht immer nur ein Problem der Quellenüberlieferung, denn ihre Ursache liegt auch oder gerade in der Quellenproduktion, da eben über viele

74 Gies, Die Aufgabe des Eigentums an einem Grundstücke, 1913, S. 11.

75 Ludwig Bendix, Der sog. Verzicht auf das Eigentum an Grundstücken nach bürgerlichem Recht, in: Archiv für Bürgerliches Recht, Bd. 32, 1908, S. 140–265.

76 Vgl. C.11.59.8 und C.11.59.11.

77 Wesel, Geschichte des Rechts in Europa, 1. Auflage 2010, S. 165, Rn. 70.

Phasen hinweg vornehmlich über die gesprochene Sprache kommuniziert wurde.[78]

Zeichnet man zunächst die territoriale Entwicklung ab 500 v. Chr. in groben Umrissen nach, so lässt sich das Gebiet der heutigen Bundesrepublik Deutschland in zwei Teile aufteilen. Das erste Gebiet zwischen dem heutigen Österreich, westlich des Rheins bis zum Main unterliegt keltischem Einfluss.[79] Für dieses Gebiet gilt – dies zeigen die archäologischen Funde –, dass es bereits in den Anfängen eine ausgeprägte kephale Struktur[80] gegeben haben dürfte.[81] Auch dürfte diese keltische Kultur bereits eine hochentwickelte Wirtschaft gehabt haben. Allerdings erlaubt die Quellenlage keine abschließende Analyse dahingehend, ob es ggf. Individualeigentum an Grund und Boden gab, so dass Aussagen zur Dereliktion als Aufgabe von Eigentum nicht möglich sind.[82] Durch die Expansion des römischen Reiches wird dieses Gebiet im 1. Jahrhundert n. Chr. zu römischen Provinzen und unterliegt ab diesem Zeitpunkt dem jeweils geltenden römischen Recht.[83]

Beim zweiten Gebiet »oberhalb des Mains« handelt es sich um germanisches Territorium.[84] Und es verwundert auch hier nicht, dass die spärlichen Quellen, die sich über dieses Gebiet und seine Bewohner finden, nicht von Germanen verfasst, sondern römischen Ursprungs sind, wobei die mit Abstand wichtigste Quelle die Germania ist,[85] die zu einem Zeitpunkt verfasst wird, in dem die keltischen Gebiete bereits römische Provinzen sind und deshalb einen Zustand um ca. 100 n. Chr. beschreibt.[86] Aus der Germania erfahren wir zwar – auch bei kritischer Würdigung[87] –, dass es bei den Germanen Könige und Heerführer

78 Meder, Rechtsgeschichte, 5. Auflage 2014, S. 133, der diese Aussage zur späten Karolingerzeit trifft.

79 Wesel, Geschichte des Rechts in Europa, 1. Auflage 2010, S. 116f., Rn. 55.

80 kephalē (griechisch: κεφαλή): »Kopf«, d. h. es dürften protostaatliche Strukturen vorgeherrscht haben.

81 Wesel, Geschichte des Rechts in Europa, 1. Auflage 2010, S. 117, Rn. 55.

82 Es wird vermutet, dass es bereits Privateigentum an Land gegeben hat (vgl. hierzu Wesel, Geschichte des Rechts in Europa, 1. Auflage 2010, S. 119, Rn. 55).

83 Es handelt sich hier um die Provinzen: Belgica, Germania superior und inferior, Raetia, Noricum und Pannonia.

84 Die Begrifflichkeit »germanisches Territorium« ist hier in Abgrenzung zu den keltischen Gebieten zu verstehen.

85 Meder, Rechtsgeschichte, 5. Auflage 2014, S. 121.

86 In der Regel wird das Werk auf das Jahr 98 n. Chr. datiert, da in der Germania auf das zweite Konsulat Trajans Bezug genommen wird. Eine neuere Stimme in der Literatur geht davon aus, dass eine Entstehung zwischen 103–106 n. Chr. wahrscheinlicher ist, da die Provinz Pannonien im Plural verwendet wird und dies bereits auf die Teilung Pannoniens in pannonia superior und inferior nahelegt (diese erfolgte entweder 103 oder 106 n. Chr.). Hierzu Roland Schuhmann, Eine textkritische Anmerkung zu Tacitus, Germania c. 1,1 und ihre Bedeutung für die Datierung der Schrift, Glotta 80 (2004), S. 251–261.

87 Ob Publius Cornelius Tacitus selbst in Germanien gewesen ist, ist nicht eindeutig geklärt. Er

– jedenfalls in Kriegszeiten – gegeben haben dürfte, allerdings enthält sie im Hinblick auf Individualeigentum an Grund und Boden keine Informationen.[88] Vornehmlich von Wesel wird vertreten, dass aus den archäologischen Befunden geschlossen werden könne, dass sich dieses germanische Gebiet wiederum in zwei Gebiete aufteilen lässt. In dem ersten – westlich der Elbe gelegen – herrschen segmentäre Strukturen vor, östlich der Elbe finden sich zunächst egalitäre Strukturen und im Anschluss hieran – im 1. Jahrhundert n. Chr. – zeichnen sich kephale Strukturen ab.[89] Aus den archäologischen Befunden wird weiter geschlossen, da es feste Abgrenzungen zwischen den Feldern gab, dass es bereits Individualeigentum an Grund und Boden gegeben haben könnte. Doch auch dieser Umstand lässt letztlich die Frage offen, wem der klar abgegrenzte Boden als Rechtssubjekt zuzuordnen war. In Betracht kommen das Dorf, der Einzelne oder die Verwandtschaftsgruppe. In der Literatur wurden bereits alle Zuordnungen diskutiert.[90] Gegenwärtig wird gleichermaßen die Auffassung vertreten, dass eine Zuordnung zum Einzelnen möglich gewesen sein könnte, wie auch die Auffasung, dass eine Zuordnung zur Verwandtschaftsgruppe möglich gewesen sein könnte.[91] Doch bereits diese Unklarheit im Hinblick auf das Eigentum lässt aufgrund der Quellenlage auch für dieses Gebiet keine Aussage zu der Möglichkeit und den Regeln einer Dereliktion zu. Es lässt sich aber – wie bereits die Entwicklung im römischen Recht gezeigt hat – festhalten, dass es wohl auch hier schon immer ein dauerhaftes Verlassen von »Grundstücken« – also eine faktische Dereliktion – gegeben hat. Ein abstrakt geltender Rechtssatz, der das subjektive Moment mit umfasst, dürfte für jene Zeit und für diese Gebiete allerdings unwahrscheinlich sein, denn die gesellschaftlichen Strukturen haben wohl hierfür noch kein Bedürfnis entwickelt. Darüber hinaus dürfte das Verständnis von Eigentum an Grund und Boden noch nicht ausreichend ausdifferenziert gewesen sein, um eine Dereliktion einer abstrakten Regelung zuführen

dürfte allerdings sein Wissen aus literarischen Quellen bezogen haben. Darüber hinaus mag es Tacitus darum gegangen sein, seinen vermeintlich dekadenten Zeitgenossen einen Sittenspiegel vorzuhalten (vgl. zu letzterem Meder, Rechtsgeschichte, 5. Auflage 2014, S. 122).

88 Tacitus Germania 7.1.: Könige wählen sie nach dem Adel der Person, Heerführer nach ihrer Tapferkeit. Aber die Könige haben keine unbegrenzte Macht und auch die Heerführer stehen mehr durch ihr persönliches Beispiel an der Spitze als in Ausübung einer Befehlsgewalt, in dem sie nämlich allgemein bewundert werden für ihre Entschlossenheit und Umsichtigkeit und dafür, wie sie in vorderster Front beim Kampf vorangehen (Reges ex nobilitae, duces ex virtute sumunt. Nec regibus infinita aut libera potestas, et duces exemplo potius quam imperio, sie prompti, sie conspicui, si ante aciem agant, admiration praesunt); vgl. hierzu Wesel, Geschichte des Rechts in Europa, 1. Auflage 2010, S. 123, Rn. 56.

89 Wesel, Geschichte des Rechts in Europa, 1. Auflage 2010, S. 124f., Rn. 56.

90 Die »Theorie der Markgenossenschaft« wird heute nicht mehr vertreten (vgl. hierzu Karl Kroeschell/Albrecht Cordes/Karin Nehlsen-von Stryk, Deutsche Rechtsgeschichte, 2. Band, 9. Auflage 2008, S. 142ff.).

91 Wesel, Geschichte des Rechts in Europa, 1. Auflage 2010, S. 127, Rn. 56.

zu können. Es ist vielmehr anzunehmen, dass – wenn überhaupt – ein schlichtes Verlassen des »Grundstückes« nach Ablauf einer unbestimmten Dauer von Dritten so aufgefasst wurde, dass der ursprüngliche Eigentümer es nicht mehr haben wollte und es deshalb als aufgegeben bzw. dauerhaft verlassen begriffen wurde.

Im frühen Mittelalter – der Zeit nach dem Untergang des weströmischen Reichs (476 n. Chr.) bis zum Ende der ostfränkischen Karolinger – beginnen verschiedene Wanderstämme, unter ihnen die Ostgoten, Burgunder, Franken, Langobarden – allen voran die Westgoten – Rechtsquellen zu (er)schaffen, die in der Rechtswissenschaft unter dem Gattungsbegriff »leges Barbarorum« zusammengefasst werden.[92] Für das Gebiet der heutigen Bundesrepublik Deutschland ist insbesondere das Wirken der Franken zu berücksichtigen. Diese bringen die lex salica hervor.[93] Sie stellt allerdings – aufgrund ihres Charakters u. a. als Bußgeldkatalog des Privatstrafrechts[94] – keine Erkenntnisquelle für das Eigentum und die Dereliktion dar. Darüber hinaus ist zu berücksichtigen, dass – wie bereits einleitend ausgeführt – auch der Begriff des Eigentums noch immer sehr diffus ist, vor allem begründet durch das Verwandtschaftseigentum, das in dieser Epoche noch vielfach Mehrfachberechtigungen begründet.[95] Da aber Grundeigentum – insbesondere das ländliche Grundeigentum – noch verwandtschaftlich gebunden war,[96] dürfte eine Aufgabe des Eigentums eines Einzelnen an Grund und Boden ausscheiden.

Daneben breitet sich das Lehenswesen aus, welches in der Zeit von 900 bis 1250 seine klassische Zeit hat.[97] Wahrscheinlich unter den Saliern (1027–1125) bildet sich – wohl in diesem Zusammenhang – der Gedanke heraus, dass das Eigentum an allem Grundbesitz, der sich nicht in Privathänden befand, namentlich das Eigentum an herrenlosem Land, dem König zustand; es entwickelt sich hieraus ein Bodenregal.[98] Das Eigentum an einem herrenlosen Grundstück

92 Meder, Rechtsgeschichte, 5. Auflage 2014, S. 129.

93 Zwischen 507 und 511 n. Chr. im nordgallischen Reich verfasst, vgl. Meder, Rechtsgeschichte, 5. Auflage 2014, S. 131.

94 Wesel, Geschichte des Rechts in Europa, 1. Auflage 2010, S. 152, Rn. 65.

95 Wesel, Geschichte des Rechts in Europa, 1. Auflage 2010, S. 261, Rn. 92. Die hier angesprochenen »Gewere« haben aber bei genauerer Betrachtung wenig mit dem römischen und modernen Eigentumsbegriff gemeinsam (vgl. zu »Gewere« bspw. Meder, Rechtsgeschichte, 5. Auflage 2014, S. 226).

96 Wesel, Geschichte des Rechs in Europa, 1. Auflage 2010, S. 166, Rn. 70.

97 Meder, Rechtsgeschichte, 5. Auflage 2014, S. 224, mit dem Hinweis, dass das Deutsche Reich bis zu seinem Ende 1806 verfassungsrechtlich ein Lehnsystem bleibt.

98 Für Gerechtigkeiten (Jagd- und Fischereirecht): Hans Josef Wieling, Sachenrecht, Besitz und Rechte an beweglichen Sachen, Band 1, 2. Auflage 2006, § 11 IV 1, S. 478; in der älteren Literatur ausdrücklich auch für Grundstücke: Richard Schröder, Lehrbuch der deutschen Rechtsgeschichte, 5. Auflage 1907, S. 209 ff.; Otto von Gierke, Deutsches Privatrecht, Band 2, Sachenrecht, 1905, S. 445, 446 Fn. 6; Kranichfeld, Die Aufgabe des Eigentums an Grund-

fiel ipso iure an den König.[99] Neben dem Bodenregal des Königs bildete sich im weiteren Verlauf ein Heimfallsrecht der Dorfgemeinde auf die zum Dorfgemeindebezirk gehörigen herrenlos gewordenen Hofstellen heraus, so dass das Königsrecht sich dann nur noch auf das sog. Wildland erstreckte.[100] Die »Aufgabe von Land« stellt sich damit lediglich als »Rückfall« des Bodens an den Berechtigten dar. Weitere Analysen, unter welchen Voraussetzungen aufgegebenes Land vorlag, sind anhand der Quellen nicht möglich.

In den seit dem 11. Jahrhundert aufkommenden Stadtrechten finden sich baupolizeiliche Vorschriften, die sich mit der Thematik eines aufgegebenen Grundstücks befassen. Auf den ersten Blick mag es verwundern, dass es öffentlich-rechtliche Vorschriften sind, die hier einen Einblick in das private Recht gewähren; bei genauerer Betrachtung liegt es aber nicht so fern, dass es baupolizeiliche Vorschriften sind, die die entstandene faktische Lage des Verlassens eines Grundstückes regulieren.[101] Es ist nämlich gerade im Interesse der Allgemeinheit – insbesondere im Rahmen einer Gefahrenabwehr[102] – zu wissen, wie mit diesen Sachen zu verfahren ist. Gerade aber dem Schutz unbeteiligter Dritter dienen damals wie heute sicherheitsrechtliche und damit auch baupolizeiliche Vorschriften.[103] Die (historischen) Quellen[104] befassen sich zentral mit der Frage

stücken und deren Folgen, 1908, S. 8; in den Gesetzen von Roncaglia (1158), die die alten kaiserlichen Vorrechte in den lombardischen Städten wieder herstellen sollen, heißt es: »Königliche Gerechtsame sind: …, verlassene Güter und solche, die Unwürdigen aufgrund der Gesetze genommen werden, wenn sie nicht eigens gewissen Personen überlassen werden, …« (Regalia sunt: …, bona vacantia, et que indiguis legibus auferuntur, nisi que specialiter quibusdam conceduntur, …).

99 Gierke, Deutsches Privatrecht, Band 2, Sachenrecht, 1905, S. 400, Anm. 18; Hohner, Subjektlose Rechte unter besonderer Berücksichtigung der Blankozession, 1969, S. 83.

100 Zauber, Der Verzicht auf das Eigentum an Grundstücken, seine Voraussetzungen und Folgen, 1911, S. 6.

101 Auch heute führen öffentlich-rechtliche Vorschriften diese Lage einer Regulierung zu: Freistaat Bayern (Art. 8 Abs. 3 BayPAG); Land Berlin (§ 14 Abs. 4 ASOG Bln); Land Brandenburg (§ 6 Abs. 3 BbgPolG); Freie Hansestadt Bremen (§ 6 Abs. 6 BremPolG); Freie und Hansestadt Hamburg (§ 9 Abs. 1 S. 2 HamSOG); Land Hessen (§ 7 Abs. 3 HSOG); Land Mecklenburg-Vorpommern (§ 70 Abs. 3 SOG M–V); Land Niedersachen (§ 7 Abs. 3 Nds. SOG); Land Nordrhein-Westfalen (§ 5 Abs. 3 NRWPolG); Land Rheinland-Pfalz (§ 5 Abs. 3 RhPfPOG); Saarland (§ 5 Abs. 3 SPolG); Land Sachsen-Anhalt (§ 8 Abs. 3 SOG LSA); Freistaat Thüringen (§ 8 Abs. 3 TH-PAG).

102 Zu denken ist beispielsweise an den Brandschutz.

103 Wolf-Rüdiger Schenke, Polizei- und Ordnungsrecht, 8. Auflage 2013, Rn. 2ff.; Franz-Ludwig Knemeyer, Polizei- und Ordnungsrecht, 11. Auflage 2007, Rn. 2ff.

104 Das Altenburger Stadtrecht von 1256 sieht in § 24 vor, dass ein Grundstück als herrenlos anzusehen war, wenn der Eigentümer es über Jahr und Tag verlassen hatte. Die Nüwe Stattrechten und Statuten der loblichen Statt Fryburg im Pryßgow von 1520 sieht im IIII. Tractat vor, dass »Welche hüser iar und tag ongebuwen ligend, die sollent dem gemeinen gut zugehören.«; weitere Beispiele finden sich bei Schmidt, Die Eigentumsaufgabe nach bürgerlichem Recht, 1906, S. 3ff.; Kranichfeld, Die Aufgabe des Eigentums an Grundstücken und deren Folgen, 1908, S. 8ff.

der Aneignung. Gleichwohl lässt sich aus ihnen ableiten, dass die Dereliktion zu dieser Zeit nicht als kodifiziertes Rechtsinstitut existierte und das Problem eines »aufgegebenen Grundstücks« aufgetreten war, welches einer Lösung zugeführt werden musste. Die gefundene Lösung knüpfte an ein »aufgegebenes Grundstück« an. Dieses lag dann vor, wenn es, aus faktischem Verhalten geschlossen, nicht mehr benutzt wurde. Dieses – rein tatsächliche – Handeln oder dauerhaftes Verhalten des ursprünglichen Eigentümers war der Anknüpfungspunkt für die Bewertung der Beurteilung, ob es sich um ein aufgegebenes Grundstück handelt, also ob der Eigentümer noch einmal zurückkehren würde. Ein ausdrückliches Willensmoment des Eigentümers ist – anders als im römischen Recht – hier noch nicht vorgesehen. Diese Form der Aufgabe von Eigentum an Grundstücken setzt also zweierlei voraus, nämlich zum einen das modale Moment des »Nicht-da-seins des Eigentümers« und zum anderen ein temporales Moment, einen (längeren) Zeitablauf, der möglicherweise an die Maximalfristen im Dingrecht gekoppelt ist.[105] Man muss sich aber bei dieser Überlegung des Umstandes bewusst sein, dass es sich um sicherheitsrechtliche Vorschriften handelt, die die Grundlage dieser Annahme darstellen.

Mit den Juristen beginnt im 13. Jahrhundert die Rezeption des römischen Rechts,[106] welche zum Ende des Mittelalters durch die Gründung des Reichskammergerichtes[107] (1495) einen gewissen Abschluss findet.[108] Letzteres ist durch § 3 seiner Gerichtsordnung (Reichkammergerichtsordnung [RKGO][109] angehalten, in den Fällen, in denen das gemeine Recht des Reichs und die geltenden Partikularrechte und Gewohnheiten nicht als bewiesen angenommen werden

105 Insbesondere die Formulierung im Altenburger Stadtrecht »iar und tag« zeigt den Ausschluss des ehemaligen Eigentümers, da es sich hierbei um eine im deutschen Mittelalter häufige Zeitbestimmung unklarer Herkunft handelt. Die Frist taucht erstmals in Formeln der Jahre 769–775 auf. »Nach umstrittener Ansicht ist damit von Anfang an die im 14. Jh. ausdrücklich belegte Frist von einem Jahr, 6 Wochen und 3 Tagen zu verstehen. Nach J. und T. erlangt beispielsweise der unangesprochene Erwerber eines Grundstücks die Rechte.«, vgl. http://www.koeblergerhard.de/ZusammenfassendesWoerterbucheuropaeischerRechtsgeschichte.pdf, »Jahr und Tag«, S. 355 (zuletzt aufgerufen Dezember 2015).

106 Meder, Rechtsgeschichte, 5. Auflage 2014, S. 245; Kaser/Knütel, Römisches Privatrecht, 20. Auflage 2014, § 1 Rn. 27ff., S. 9f.

107 Gegründet durch den deutschen König und späteren Kaiser Maximilian I (1459–1519) mit Gründungssitz in Frankfurt am Main, Zwischenstationen in Worms, Augsburg, Nürnberg, Regensburg, Speyer und Esslingen ab 1527 in Speyer und seit 1689 bis zu seiner Zerstörung aufgrund des Pfälzischen Erbfolgekriegs (1688–1697) bis 1806 in Wetzlar ansässig.

108 Kaser/Knütel, Römisches Privatrecht, 20. Auflage 2014, § 1 Rn. 29, S. 10.

109 § 3 RKGO (unter der Überschrift »Des Richters und der Beysitzer Ayde«: »... nach des Reichs gemainen Rechten, auch nach redlichen, erbern und leidlichen Ordnungen, Statuten und Gewonhaiten der Fürstenthumb, Herrschaften und Gericht, die für sie pracht werden ...«.

konnten, auf römisches Recht zurückzugreifen.[110] Damit hatten zwar einzelne partikularrechtliche, insbesondere sachenrechtliche Grundsätze einen Vorrang, soweit sie bewiesen werden konnten, allerdings galten subsidiär die im Corpus iuris civilis verankerten Grundsätze, also die des rezipierten römischen Rechts.[111] Diese Regelung, da verstärkt auf das römische Recht zurückgegriffen wurde, verlieh der Rezeption durch die Praxis große Schubkraft, so dass an dieser Stelle auf die oben gemachten Ausführungen zum römischen Recht verwiesen werden kann.

Die Dereliktion von Eigentum an Grundstücken ist in der sich hieran anschließenden Phase des usus modernus (pandectarum) – insbesondere im 17. und 18. Jahrhundert – durch die weitere Rezeption des römischen Rechts geprägt. In den im 18. Jahrhundert aufkommenden Gesetzgebungen der Territorialgewalten, die mittlerweile Träger der staatlichen Initiative geworden waren,[112] finden sich ausdrückliche Regelungen zur Dereliktion von Eigentum an Grundstücken, an denen sich dieser Einfluss deutlich zeigt.

Im Codex Maximilianeus Bavaricus Civilis (CMC) von 1756 ist für die Dereliktion nicht nur ein »faktisches Handeln« erforderlich, sondern es muss hier – an dieser Stelle zeigt sich der Unterschied zu den mittelalterlichen sicherheitsrechtlichen Vorschriften – »animo derelinquendi« als ausdrücklicher Wille zur Eigentumsaufgabe hinzutreten.[113] Die Rechtsfolge der Dereliktion an Grundstücken im CMC ist ein unmittelbarer Erwerb des Fiskus.[114]

Das Preußische Allgemeine Landrecht von 1794 (ALR) enthält ebenfalls ausdrücklich Regelungen zur Aufgabe von Eigentum an Grundstücken. Diese lauten (ALR II, 16, I.):

> »§ 12. Wenn der Eigenthümer sein Grundstück verlassen, und dabey seinen Willen, sich desselben begeben zu wollen, ausdrücklich oder stillschweigend geäußert hat: so gilt von einem solchen Grundstücke eben das, was von ursprünglich herrnlosen Gütern verordnet ist.

110 Meder, Rechtsgeschichte, 5. Auflage 2014, S. 187; Kaser/Knütel, Römisches Privatrecht, 20. Auflage 2014, § 1 Rn. 29, S. 10.

111 Kaser/Knütel, Römisches Privatrecht, 20. Auflage 2014, § 1 Rn. 29, S. 10.

112 Meder, Rechtsgeschichte, 5. Auflage 2014, S. 277.

113 II. Teil, 3. Kapitel, § 5 des CMC: »Für verlassenes Gut wird geachtet, was man animo derelinquendi, das ist, in der Meinung Absicht solches nicht mehr zu haben, wegwirft, verläßt und jedermann preisgibt. Es muss aber Animus aus deutlichen und weltüblichen Merkmalen; wie z. B. bey öffentlichem Geld-Auswurf genügsam zu Tag liegen …«.

114 Max Danzer, Das Bayerische Landrecht (Codex Maximilianeus Bavaricus civilis) vom Jahre 1756, II. Teil, 1894, 1. Kapitel § 7. Darüber hinaus ist das Privilegium der Stadt München bezüglich des Eigentumserwerbes an herrenlosen Grundstücken innerhalb des Burgfriedens zu berücksichtigen (vgl. Paul von Roth, Bayrisches Civilrecht, Band III, 1871, § 140, I, Nr. 1, S. 170 m.w.N.).

§ 13. Kann eine solche Willensäußerung nicht nachgewiesen werden; und ist der Aufenthalt des bisherigen Eigenthümers bekannt: so muß der Richter, auf das Anmelden des Fiskus, einen solchen Eigenthümer zur bestimmten Erklärung: ob er sich seines Eigenthums an das Grundstück begeben wolle, in einer nach den Umständen festzusetzenden Frist auffordern.

§ 14. Verweigert der Eigenthümer diese Erklärung ungehorsamer Weise, oder zögert er damit beharrlich: so muß das Grundstück dem Fiskus, als herrnloses Gut, durch rechtliches Erkenntniß zugeschlagen werden. (Th. I. Tit. IX. § 16. 17.)

§ 15. Ist der Aufenthalt des bisherigen Eigenthümers eines solchen verlassenen Grundstücks unbekannt: so findet in Ansehung desselben eben das statt, was wegen des Vermögens eines Abwesenden oder Verschollenen überhaupt verordnet ist. (Tit. XVIII. Abschn. I. Vm.)«.

Auch hier ist neben dem faktischen Handeln der Wille des Eigentümers ausdrücklich gefordert. Konnte diese Äußerung des Willens nicht nachgewiesen werden, sind zwei Fallgruppen zu unterscheiden, nämlich zum einen die Fallgruppe, in der der Aufenthalt des Eigentümers bekannt war, zum anderen die Fallgruppe, in der der Aufenthalt unbekannt war. In der ersten Fallgruppe wurde der Eigentümer auf Antrag des Fiskus – dieser war allein antragsberechtigt – vom Richter unter Fristsetzung aufgefordert, eine entsprechende Erklärung abzugeben. Erfolgte die Erklärung in der Frist in dem Sinne, dass eine Dereliktion vorliegt oder verstrich die Frist fruchtlos, so wurde das Grundstück dem Fiskus zugeschlagen, anderenfalls nicht. In der zweiten Fallgruppe – also die des unbekannten Aufenthalts – musste die Todeserklärung gemäß ALR I 18 Abschnitt 18 abgewartet werden. Als Rechtsfolge der Aufgabe des Eigentums trat kein automatischer Erwerb des Fiskus ein, sondern dieser hatte ein Aneignungsrecht. Letzteres galt aber nicht für den Fall, dass der Fiskus in der Folge seines Antrags den Zuschlag des Grundstücks durch das Gericht erhielt, wobei der Fiskus einen entsprechenden Antrag wohl nur gestellt haben dürfte, wenn er sich das Grundstück aneignen wollte, so dass es letztlich bei einem generellen Aneignungsrecht des Fiskus verblieb. Ein Erwerb eines Dritten eines Grundstücks, an dem das Eigentum aufgegeben war, war denkbar, allerdings war hierfür erforderlich, dass eine 44-jährige Ersitzungsfrist gegen den Fiskus gemäß I 9 § 629 nachgewiesen wurde.[115]

Der Code Civil vom 21.03.1804 enthält keine ausdrücklichen Regelungen zur Dereliktion. Allerdings ist anzunehmen, dass auch hier eine Dereliktion möglich

115 ALR II, 16 § 9: »Wer das Eigenthum solcher Grundstücke durch eine stillschweigende Einwilligung des Staats erlangt zu haben behauptet, muß einen Vier und vierzigjährigen ruhigen Besitz, oder den Besitzstand des Jahres 1740 nachweisen.« Hinweis: Bei herrenlosen Grundstücken dürfte der Nachweis des Besitzstandes des Jahres 1740 entfallen, da die Dereliktion gerade den Besitzstand eines anderen – also eines Dritten – voraussetzt.

war, sah dieser doch ausdrücklich vor, dass der Eigentümer mit seinem Vermögen nach Belieben »schalten und walten lassen konnte«. Durch die Aufgabe des Eigentums an einem Grundstück entstand eine herrenlose Sache, die einen automatischen Rechtserwerb des Staates nach sich zog.[116]

Das Bürgerliche Gesetzbuch von Sachsen aus dem Jahre 1863 enthält in § 294 eine Regelung zum Verzicht des Eigentümers auf sein Eigentum am Grundstück. Diese lautet:

> »Eine unbewegliche Sache bleibt, selbst wenn der Eigenthümer sie aufgiebt, im Eigenthume desselben, so lange er im dem Grundbuche eingetragen ist. Erklärt er bei Gericht, das Eigenthum aufgeben zu wollen, so ist die unbewegliche Sache als erbloses Gut zu behandeln, nachdem ein öffentlicher Auftruf der etwa Berechtigten stattgefunden hat.«.

Hier hat die Erklärung gegenüber dem Gericht zu erfolgen. Als Rechtsfolge tritt nicht die Herrenlosigkeit ein, sondern das Grundstück wurde, nachdem ein öffentlicher Aufruf der Berechtigten stattgefunden hatte, wie erbloses Gut behandelt. Es erfolgte dann ein staatlicher Erwerb kraft Gesetzes (§ 2618 Sächs. BGB).[117] Hervorzuheben ist allerdings – in Abgrenzung zu den mittelalterlichen Stadtrechten – der erste Teil des § 294 des sächsischen BGB, da dieser ausdrücklich ein »faktisches Derelinquieren« nicht ausreichen lässt.[118]

Im Entwurf eines bürgerlichen Gesetzbuches für das Königreich Bayern 1861–1864 ist die Aufgabe von Eigentum an Grundstücken form- bzw. (amts-) empfangsbedürftig, da sie mittels Notariatsurkunde oder gegenüber der zuständigen Steuerbehörde oder durch Löschung des Eigentums im Grundbuch zu erfolgen hat. Hier sollte als Rechtsfolge ein Rechtserwerb der zuständigen Gemeinde kraft Gesetzes eintreten.[119]

---

116 C.c. Art. 539: »Tous les biens vacants et sans maitre, et ceux des personnes qui décedènt sans héritiers ou dont les successions sont abandonnées, appartiennent au domaine public.«; C.c. Art. 713: »Les biens, qui n'ont pas de maitre, appartiennent à l'Etat.«. Der Code Napoléon mit Zusätzen und Handelsgesetzen als Landrecht für das Großherzogthum Baden von 1809 enthält in Art. 539 und Art. 713 identische Regelungen. Zum Ergebnis Kranichfeld, Die Aufgabe des Eigentums an Grundstücken und deren Folgen, 1908, S. 9. Noch heute gilt gemäß Art 713 Code Civil, dass das Land, das keinen Eigentümer hat, dem Staat gehört.

117 § 2618 Sächs. BGB: »Hinterläßt ein Verstorbener niemanden, welcher ihn vermöge Erbvertrags, letzten Willens oder Gesetzes beerbt, so fälle sein Nachlaß an den Staat.« So auch Eduard Siebenhaar, Commentar zu dem bürgerlichen Gesetzbuche für das Königreich Sachsen und zu der damit in Verbindung stehenden Publicationsverordnung vom 2. Januar 1863, Band X, 1865, S. 271; Zauber, Der Verzicht auf das Eigentum an Grundstücken, seine Voraussetzungen und Folgen, 1911, S. 8; Kranichfeld, Die Aufgabe des Eigentums an Grundstücken und deren Folgen, 1908, S. 11.

118 Siebenhaar, Commentar zu dem bürgerlichen Gesetzbuche für das Königreich Sachsen und zu der damit in Verbindung stehenden Publicationsverordnung vom 2. Januar 1863, Band X, 1865, S. 271.

119 Artikel 151 des Entwurfes eines bürgerlichen Gesetzbuches für das Königreich Bayern

Bereits diese Entwicklung der »Formbedürftigkeit« deutet auf ein neues Spannungsfeld hin, das hier exemplarisch für den Bereich des ALR aufgezeigt werden soll, nämlich die Wirkung der Dereliktion einerseits und ihrer Erfassung in den Vorläufern der Grundbücher, den Hypotheken- und Pfandbüchern, andererseits.[120] Die Hypotheken-Ordnung für die gesamten Königlichen Staaten in der Fassung von 1783 sah zunächst vor, dass alle Grundstücke und der jeweilige Besitzer zu erfassen waren.[121] Eine Regelung, wie mit solchen Grundstücken umzugehen war, die keinen Besitzer haben – also herrenlose oder derelinquierte –, findet sich nicht. So wurde vertreten, dass in der Praxis ursprünglich die Dereliktion an eingetragenen Grundstücken nicht möglich war.[122] Im Hinblick darauf, dass allerdings das ALR kurze Zeit später ausdrücklich die Möglichkeit einer Dereliktion von Grundstücken vorsieht, scheint diese Ansicht nicht vorzugswürdig. Gleichwohl trifft es zu, dass die Hypotheken-Ordnung in der Tat keine Regelung zu aufgegebenen Grundstücken enthält. Aber auch im Eigentumserwerbsgesetz[123] vom 5. Mai 1872 war keine Regelung zur Dereliktion vorgesehen, obwohl zu diesem Zeitpunkt die Dereliktion von Grundstücken bereits allgemein anerkannt war.[124] Es dürfte sich demnach so verhalten haben, dass eine Dereliktion materiellrechtlich zulässig und möglich war, der Eigentümer allerdings nicht »gelöscht« wurde, bis die oben genannten Voraussetzungen einer Aneignung durch den Fiskus erfolgt waren. Bis zur Aneignung durch den Fiskus musste sich der eingetragene Eigentümer somit noch gegen die

1861–1864 lautet: »Hat der Eigenthümer der Liegenschaft in einer Notariatsurkunde oder bei der zuständigen Steuerbehörde oder Ortsobrigkeit die Entsagung auf sein Eigenthum erklärt oder hat der Eigenthümer in der Absicht der Entsagung die Löschung seines Eigenthums im Buche bewirkt, so erlangt hierdurch die Gemeinde, in deren Markung das Grundstück liegt, einen Eigenthumstitel hinsichtlich jener Liegenschaft.«. Artikel 152. »Das Eigenthum an Liegenschaften erlischt außer dem Falle des Unterganges derselben und es Ueberganges des Eigenthumsrechtes an einen Anderen durch die Löschung des Eintrages im Grundbuche auf Grund der Entsagung.«.

120 Die Grundbücher sind Publizitätsmittel, die Eintragung der Übereignung basiert auf deutschrechtlicher Grundlage (hierzu Kaser/Knütel, Römisches Privatrecht, 20. Auflage 2014, § 18 Rn. 9, S. 113.

121 Dort heißt es unter II, 1, § 41: »Unter der ersten Haupt-Rubrike, und der ihr untergeordneten ersten Kolonne, wir der Nahme des Besitzers verzeichnet; wobei, wenn besonders mehrere Personen gleichen Nahmens, in einer Provinz, Stadt, oder Ort, vorhanden sind, durch möglichst genaue Bezeichnung des Bestitzers, mittels Benutzung seines Vor- und Zunahmens, seins etwa führenden Amtes, titels, oder characters, und anderer vergleichen unterscheidender Kennzeichen, allen besorglichen Irrungen vorgebeuget werden muss.«.

122 Kranichfeld, Die Aufgabe des Eigentums an Grundstücken und deren Folgen, 1908, S. 11 m.w.N.; Heinrich Dernburg, Das bürgerliche Recht des Deutschen Reichs und Preußens, Dritter Band, 3. Auflage 1904, § 111, S. 332.

123 Gesetz über den Eigenthumserwerb vom 05. Mai 1872.

124 Kranichfeld, Die Aufgabe des Eigentums an Grundstücken und deren Folge, 1908, S. 11.

gegen ihn gerichteten Klagen einlassen,[125] jedenfalls bis zum Inkrafttreten der §§ 58, 787 ZPO bzw. des § 928 BGB. Eine einheitliche Regelung, wie der Verzicht im Grundbuch einzutragen ist, findet erst im Rahmen der Grundbuchreform im Jahre 1935 statt, erst dann wird die »Zersplitterung der Grundbücher ‹die man sich schlimmer nicht vorstellen kann›« beseitigt.[126]

Zusammenfassend lässt sich festhalten, dass sich die Aufgabe von Eigentum an Grundstücken im 18. Jahrhundert deutlich entwickelt, sie erfordert den ausdrücklichen Willen der Eigentumsaufgabe; ein reines Verlassen des Grundstücks ist nicht mehr ausreichend. Die Rechtsfolge ist in der Regel ein privilegierter Erwerb des Staates (unmittelbarer Erwerb oder erst nach Aneignung bzw. Eintragung), wobei sich zum Ende dieser Epoche eine »Formbedürftigkeit« der Erklärung abzeichnet.[127]

III. Der heutige § 928 BGB und seine verfassungsrechtlichen Bezüge

Im ersten Entwurf zum Bürgerlichen Gesetzbuch aus dem Jahre 1888 findet sich bereits eine Vorschrift, und zwar § 872, die dem heutigen § 928 BGB ähnelt. § 872 im ersten Entwurf lautet:

> »Erklärt der eingetragene Eigenthümer vor dem Grundbuchamte, daß er das Eigenthum an dem Grundstücke aufgebe, so erlischt sein Eigenthum mit der Eintragung dieser Erklärung in das Grundbuch.
>
> Das Eigentum wird von demjenigen, welcher nach den Landesgesetzen zu der Zueignung des Grundstückes befugt ist, dadurch erworben, daß derselbe auf seinen Antrag als Eigenthümer in das Grundbuch eingetragen wird.
>
> Ist das Eigenthum des bisherigen Eigenthümers in Gemässheit der Vorschrift des ersten Absatzes erloschen, von dem Zueignungsberechtigten aber noch nicht erworben, so hat auf Antrag desjenigen, welcher ein Recht an dem Grundstücke gerichtlich geltend machen will, der Vorsitzende des Prozeßgerichtes und für Maßregeln der Zwangsvollstreckung das Vollstreckungsgericht einen Vertreter zu bestellen, welchem bis zur Eintragung eines neuen Eigenthümers die Wahrnehmung der aus dem Eigenthume sich

125 § 7 des Eigentumserwerbsgesetzes sieht vor, dass Klagen gegen den eingetragenen Eigentümer zu richten sind.

126 Hierzu instruktiv Wolfgang Farke, Grundbuch und Kataster, Vermessung Brandenburg 2002, S. 20–39 (26); vgl. aber auch Johann Demharter, Grundbuchordnung: mit dem Text der Grundbuchverfügung und weiterer Vorschriften, 29. Auflage 2014, Einleitung Rn. 3.

127 So auch Gierke, Deutsches Privatrecht, Band 2, Sachenrecht, 1905, S. 447; Schröder, Lehrbuch der deutschen Rechtsgeschichte, 5. Auflage 1907, S. 206, 532 und 626; Bendix, Der sog. Verzicht auf das Eigentum an Grundstücken nach bürgerlichem Recht, in: Archiv für Bürgerliches Recht, Bd. 32, 1908, S. 140–265 (157).

ergebenden Rechte und Verpflichtungen obliegt. Die Kosten der Vertretung hat der Antragsteller zu tragen, unbeschadet des Anspruches auf Ersatz derselben.«.

In Fortsetzung der Tendenz aus den späten territorialen Gesetzgebungen des 18. Jahrhunderts heraus wird dort eine Verzichtserklärung verlangt, die gegenüber dem Grundbuchamt abzugeben ist. Durch diese Voraussetzung ist die Publizität der Erklärung gewährleistet.

Die Verfasser dieser Vorschrift nennen für die »Formbedürftigkeit« als Motiv allerdings nicht die Publizität, sondern der Eigentümer soll vor voreiligen und leichtsinnigen Eigentumsaufgaben geschützt werden.[128] Denkbar – zur Erreichung der Schutzfunktion – wäre es aber wohl auch gewesen, den Verzicht der notariellen Form[129] zu unterwerfen, wie es beispielsweise im Entwurf des Bürgerlichen Gesetzbuches für das Königreich Bayern vorgesehen war.

Weitere Tatbestandsmerkmale für die Dereliktion wurden nicht aufgestellt, wie beispielsweise das Erfordernis der Aufgabe des Besitzes, mit dem schlichten Argument, dass der Verzicht die Kehrseite des Erwerbes sei und auch hier keine weiteren Tatbestandsmerkmale gefordert seien.[130]

Der erste Entwurf des Bürgerlichen Gesetzbuches räumt das Recht der Aneignung demjenigen ein, der aufgrund des Landesgesetzes »zur Zueignung« befugt ist. Im Unterschied zum sächsischen BGB und dem Entwurf des bayerischen BGB zeigt sich, dass das BGB hier wie das preußische ALR – keinen Automatismus im Hinblick auf den Rechtserwerb verankert, sondern ein Aneignungsrecht einräumt. Im § 872 Abs. 2 wird der Eigentumserwerb vom Antrag und der Eintragung des Berechtigten abhängig gemacht.[131] Im Hinblick auf den Berechtigten wird keine Regelung getroffen. Als Grund führt die I. Kommission an, dass dem Reichsgesetzgeber hierfür die Kompetenz fehle.[132]

Im Gegensatz zu dem heutigen § 928 BGB findet sich in § 872 (I. Entw.) noch ein dritter Absatz; dieser enthält insbesondere Regelungen für die Phase zwischen Dereliktion und Okkupation. Insbesondere regelt er recht detailliert die Phase zwischen Dereliktion und Aneignung, er normiert insbesondere ausdrücklich das Erlöschen des Eigentums. Auffällig ist hierbei auch, dass die

128 Motive zu dem Entwurfe eines Bürgerlichen Gesetzbuches für das Deutsche Reich, Band III, Sachenrecht, 1888, S. 325.

129 Zur Schutz- und Warnfunktion der notariellen Beurkundung eingehend Dietrich Reinicke/ Klaus Tiedtke, Kaufrecht, 8. Auflage 2009, Rn. 40.

130 Motive zu dem Entwurfe eines Bürgerlichen Gesetzbuches für das Deutsche Reich, Band III, Sachenrecht, 1888, S. 325.

131 Motive zu dem Entwurfe eines Bürgerlichen Gesetzbuches für das Deutsche Reich, Band III, Sachenrecht, 1888, S. 325.

132 Motive zu dem Entwurfe eines Bürgerlichen Gesetzbuches für das Deutsche Reich, Band III, Sachenrecht, 1888, S. 326; Benno Mugdan, Die gesammten Materialien zum bürgerlichen Gesetzbuch für das Deutsche Reich, III. Band, Sachenrecht, 1899, S. 181.

Schutzrichtung dieser Vorschrift die Gläubiger sind, nämlich solche, die ein Recht an dem Grundstück geltend machen können.

Nachdem die zweite Kommission jedoch den § 872 (I. Entw.) bearbeitet hatte, hat sich dessen Gestalt nachhaltig geändert. So wurde zum einen beschlossen, § 872 Abs. 3 (I. Entw.) in die Zivilprozessordnung zu verweisen (ZPO n. F. §§ 58, 787),[133] zum anderen schien ein möglicher Kompetenzkonflikt nunmehr nicht mehr problematisch zu sein, denn der Absatz 2 wurde auf Intervention des preußischen Finanzministers dahingehend geändert, dass das Aneignungsrecht dem Fiskus des Bundesstaates, in dessen Gebiet das Grundstück gelegen ist, zusteht.[134] Darüberhinaus wurde der Wortlaut des Absatzes 1 von »vor dem Grundbuchamte« in »dem Grundbuchamte gegenüber« geändert.[135] Nach Abschluss der zweiten Kommission ging aus § 872 Abs. 2 (I. Entw.) § 841 (II. Entw.) hervor:

> »Das Eigenthum an einem Grundstücke kann dadurch aufgegeben werden, daß der Eigenthümer den Verzicht dem Grundbuchamte gegenüber erklärt und der Verzicht in das Grundbuch eingetragen wird. Das Recht zur Aneignung des aufgegebenen Grundstücks steht dem Fiskus des Bundesstaates zu, in dessen Gebiete das Grundstück liegt. Der Fiskus erwirbt das Eigenthum dadurch, dass er sich als Eigenthümer in das Grundbuch eintragen läßt.«

Im weiteren Verlauf, also nach Abschluss der zweiten Kommission, wurden redaktionelle Änderungen in der Bundesratsvorlage (dort § 913) vorgenommen. So wurde beispielsweise der Wortlaut von »aufgegeben« in »aufgehoben« geändert. Diese Änderungen wurden aber in der Reichstagsvorlage nicht berücksichtigt, dort wurde unter § 912 die ursprüngliche Fassung – also die des § 841 (II. Entw.) – wiederhergestellt. Somit handelt es sich bei dem in das Bürgerliche Gesetzbuch eingegangenen § 928 dem Wesen nach um den § 841 der zweiten Kommission.

133 Mugdan, Die gesammten Materialien zum bürgerlichen Gesetzbuch für das Deutsche Reich, III. Band, Sachenrecht, 1899, S. 619: »Erwogen wurde: Den Realgläubigern müsse auch im Falle des § 872 Abs. 3 die Möglichkeit gegeben werden, ihre dinglichen Ansprüche in das derelinquierte Grundstück zu verwirklichen. Es müsse deswegen in Ermangelung eines Eigenthümers eine Person bestimmt werden, gegen welche der zur Einleitung der Zwangsvollstreckung erforderliche Titel zu erwirken sei. Das Gleiche gelte für die Zwangsvollstreckung; sie sei zwar an sich ein einseitiger Akt des Gläubigers, trotzdem sei in zahlreichen Fällen auch nach der ZPO die Zuziehung des Schuldners erforderlich .... Dem Sinne der ZPO entspreche es mithin auch im Falle des § 872 Abs. 3 für eine Vertretung des Schuldners in der Zwangsvollstreckungsinstanz zu sorgen.«.

134 Mugdan, Die gesammten Materialien zum bürgerlichen Gesetzbuch für das Deutsche Reich, III. Band, Sachenrecht, 1899, S. 620. Der Wunsch des preußischen Finanzministers wurde »auch in Bayern geteilt«. Der Kompetenzkonflikt entfällt, weil im Einführungsgesetz ein Vorbehalt für landesgesetzliche Vorschriften vorgesehen wird (jetzt Art. 129 EGBGB).

135 Mugdan, Die gesammten Materialien zum bürgerlichen Gesetzbuch für das Deutsche Reich, III. Band, Sachenrecht, 1899, S. 621.

Im Gegensatz zu vielen Vorschriften des BGB wurden im Bereich des § 928 BGB nur unwesentliche Änderungen vorgenommen, so dass der § 928 BGB auch heute noch nahezu ganz der ursprünglichen Fassung entspricht. Als Änderungen sind lediglich zu nennen, dass neben der geringfügigen redaktionellen Änderung von »Fiskus des Bundesstaates« in »Fiskus des Landes« in Absatz 2 § 928 BGB nunmehr auch eine gesetzliche Überschrift trägt.[136]

Der § 928 BGB wurde aber ursprünglich nicht vom Gesetzgeber des Grundgesetzes verabschiedet; damit handelt es sich zunächst um ein vorkonstitutionelles Gesetz. »Ein Gesetz ist …« allerdings dann »… als nachkonstitutionell anzusehen, wenn es der nachkonstitutionelle Gesetzgeber in seinen Willen aufgenommen hat,[137] wenn er also bekundet hat, dass das vor Inkrafttreten des Grundgesetzes ergangene Gesetz weiterhin zur Anwendung kommen soll.«[138] Dass der Gesetzgeber die Vorschrift des § 928 BGB in seinen Willen aufgenommen hat, ist im Hinblick auf das BGB und die darin zahlreich vorgenommenen Änderungen sowie Verweisungen auf dasselbe offensichtlich.[139]

Auch dürfte es dem nachkonstitutionellen Gesetzgeber nicht möglich sein, die Institution der Dereliktion abzuschaffen. Lediglich die Modifikation derselben ist ihm unter dem derzeitigen Wortlaut des Grundgesetzes gestattet. Dies begründet sich dadurch, dass § 928 BGB eine positivrechtliche Ausprägung des Art. 14 GG ist.[140] Art. 14 GG schützt nach allgemeiner Meinung auch die negative Eigentumsfreiheit des Eigentümers, sein Eigentum nicht zu nutzen,[141] wobei der Verzicht auf das Eigentum wohl die intensivste Form des »Nichtnutzens« ist.

136 Gesetz zur Modernisierung des Schuldrechts vom 26.11.2001, Art. 1 Abs. 2 i. V. m. Anlage zu Art. 1 Abs. 2, BGBl I, S. 3138–3188 (3170); Gesetz vom 19.04.2006, Art. 123 Nr. 2.

137 BVerfG, Beschluss vom 20.06.1978 (1 BvL 30, 31, 32, 33, 34, 35/78), BVerfGE 48, S. 396–402 (399); BVerfG, Urteil vom 21.06.1977 (1 BvL 14/76), BVerfGE 45, S. 187–271 (221).

138 Christoph Degenhart, Staatsrecht I (Staatsorganisationsrecht), 31. Auflage 2015, Rn. 838.

139 Vgl. Fn. 137; Ausnahme bildet bspw. das »Kranzgeld« des § 1300 BGB, vgl. hierzu BVerfG, Entscheidung vom 26.01.1972 (1 BvL 3/71), BVerfGE 32, S. 296–305.

140 Hierzu formuliert das BVerfG, Entscheidung vom 07.08.1962 (1 BvL 16/60), BVerfGE 14, S. 263–288 (277 f.) die Faustformel »Art. 14 GG schütze das Eigentum so, ›wie es das bürgerliche Recht und die gesellschaftliche Anschauung geformt haben.‹«. Nunmehr vertritt das BVerfG einen »dynamischen Eigentumsbegriff« (BVerfG, Beschluss vom 15.07.1981 [1 BvL 77/78], BVerfGE 58, S. 300–353 [S. 334 ff.]), der einen eigenen verfassungsrechtlichen Eigentumsbegriff umschreibt. Letztlich ist aber maßgeblich, dass die Institutsgarantie verfassungsrechtlich verankert ist, hierunter fällt auch die Verfügungsbefugnis (BVerfG, Entscheidung vom 18.12.1968 [1 BvR 638, 673/64 und 200, 238, 249/65], BVerfGE 24, S. 367–424 [S. 389]). Hierzu Theodor Maunz/Günter Dürig/Roman Herzog, Grundgesetz, Loseblattsammlung, Stand 74. Ergänzungslieferung, August 2015, Band II, Art. 14 Rn. 36.

141 Bodo Pieroth/Bernhard Schlink/Thorsten Kingreen/Ralf Poscher, Grundrechte, 31. Auflage 2015, Rn. 1015; Axel Benning, in: Maximilian Herberger/Michael Martinek/Helmut Rüßmann/Stephan Weth, JurisPK-BGB, Band 3, 7. Auflage 2014, § 928 BGB Rn. 2.

Art. 14 GG schützt aber auch die Verfügungsbefugnis,[142] so dass der Verzicht - als eine Verfügung - ebenfalls unter den positiven Schutz - genauer unter die Einrichtungsgarantie[143] - der Norm fällt. Daraus ergibt sich aber, dass eine Abschaffung des § 928 BGB nur durch Verfassungsänderung möglich wäre.[144] Trotz alledem steht es dem Gesetzgeber gleichwohl frei, im Rahmen der verfassungsrechtlichen Eigentumsgarantie Modifikationen am § 928 BGB, wie beispielsweise an dem Verfahren oder den Rechtsfolgen, vorzunehmen.

IV. Resümee

Die historische Aufarbeitung zeigt, dass die Aufgabe von Eigentum an Grundstücken fest in unserem Rechtsverständnis verankert ist. Ihre Tradition reicht weit zurück und findet ihre Wurzeln im römischen Recht. Vor dem Hintergrund dieser Tradition ist der heutige § 928 BGB zu verstehen. In ihm findet sich das im römischen Recht verankerte Willensmoment und die auf eine jüngere Entwicklung zurückzuführende Empfangszuständigkeit der Willenserklärung wieder. Das faktische Moment (Besitzaufgabe) hat sich vollständig zurückgebildet und findet keinen Niederschlag mehr. Allerdings ist für die Wirksamkeit des Verzichts nunmehr die Eintragung des Verzichts in das Grundbuch erforderlich. Der § 928 BGB ist darüber hinaus in unserer Zeit im Rahmen der verfassungskonformen Auslegung unter der Eigentumsfreiheit des Art. 14 GG zu verstehen und unterliegt dessen Einrichtungsgarantie.

---

142 BVerfG, Entscheidung vom 18.12.1968 (1 BvR 638, 673/64 und 200, 238, 249/65), BVerfGE 24, S. 367–424 (389); Maunz/Dürig/Herzog, Grundgesetz, Band II, Loseblattsammlung, Stand 74. Ergänzungslieferung, Mai 2015, Band II, Art. 14 Rn. 36; Pieroth/Schlink/Kingreen/Poscher, Grundrechte, 31. Auflage 2015, Rn. 1000ff.

143 Michael Sachs/Ulrich Battis/Armin Dittmann, Grundgesetz, 7. Auflage 2014, Art. 14 Rn. 60ff.

144 Sachs/Battis/Dittmann, Grundgesetz, 7. Auflage 2014, Art. 14 Rn. 60.

2. Kapitel: Die Aufgabe des Grundstückseigentums – mögliche Rechtsobjekte, Eigentumsarten und Verfügungsbeschränkungen

I. Rechtsobjekte im Sinne des § 928 Abs. 1 BGB

1. Grundstück(e)

Der Tatbestand des § 928 Abs. 1 BGB nennt als Rechtsobjekt ausdrücklich das Grundstück. Eine positivrechtliche Definition des juristischen Begriffes »Grundstück« findet sich im Bürgerlichen Gesetzbuch allerdings nicht.[145] Legt man einen konkreten Betrachtungsmaßstab an, so ließe sich das Grundstück als ein »räumlich nach allen Seiten hin abgegrenzter Teil der Erdoberfläche«[146] beschreiben. Mit einer solchen Beschreibung wäre der Begriff »Grundstück«, wie er im allgemeinen Sprachgebrauch verwendet wird, erfasst. Lenkt man den Blick auf andere Normen des Immobiliarsachenrechts, so wird in den §§ 873 ff. BGB deutlich, dass für ein Grundstück nicht nur die tatsächlichen Gegebenheiten maßgeblich sind, sondern dass das Grundbuch von zentraler Bedeutung ist.[147] Damit erfordert der juristische Begriff des Grundstücks ein Mehr gegenüber der konkreten Betrachtung, nämlich die Anlegung eines Grundbuchblattes (dies ist im technischen Sinne das Grundbuch, vgl. § 3 Abs. 1 Satz 2 GBO). Erst wenn dieses vorhanden ist, finden die Normen des Immobiliarsachenrechts Anwendung. Dies folgt aus dem Einführungsgesetz zum BGB. Dort findet sich in Art. 186 EGBGB i. V. m. Art. 189 EGBGB die Regelung, dass bis zur Anlegung des Grundbuches[148] das Bürgerliche Gesetzbuch keine An-

145 Georg Augustin, in: Reichsgerichtsrätekommentar, Das Bürgerliche Gesetzbuch mit besonderer Berücksichtigung der Rechtsprechung des Reichsgerichts und des Bundesgerichtshofes, Band III, 1. Teil, §§ 854–1011, 12. Auflage 1979, § 873 Rn. 15.

146 RG, Urteil vom 15.02.1908 (V 254/07), RGZ 68, S. 24–26 (25); Christoph Huhn, in: Hanns Prütting/Gerhard Wegen/Gerd Weinreich, BGB Kommentar, 10. Auflage 2015, § 873 Rn. 2.

147 Augustin, in: Reichsgerichtsrätekommentar, Das Bürgerliche Gesetzbuch mit besonderer Berücksichtigung der Rechtsprechung des Reichsgerichts und des Bundesgerichtshofes, Band III, 1. Teil, §§ 854–1011, 12. Auflage 1979, § 873 Rn. 16.

148 Beachte hierzu auch die Erläuterungen von Joseph Hönle/Ulrich Hönle, in: Staudingers Kommentar zum Bürgerlichen Gesetzbuch, Einführungsgesetz zum Bürgerlichen Gesetz-

wendung findet. Vor diesem Hintergrund definiert nunmehr die Rechtswissenschaft ein Grundstück als »einen unabhängig von der Nutzungsart räumlich abgegrenzten Teil der Erdoberfläche, der im Bestandsverzeichnis eines Grundbuchblattes unter einer besonderen Nummer oder nach § 3 V GBO gebucht ist«.[149]

Darüber hinaus umfasst ein Grundstück aber nicht nur einen abgrenzbaren Teil der Erdoberfläche einschließlich Erdkörper und den Luftraum darüber (§ 905 BGB), sondern die §§ 93ff. BGB, die im allgemeinen Teil des BGB angesiedelt sind, finden auch auf Grundstücke Anwendung; demnach ist zwischen wesentlichen (§§ 93, 94, 96 BGB) und unwesentlichen Bestandteilen zu differenzieren. Für wesentliche Bestandteile gilt, dass diese nicht sonderrechtsfähig sind. Dies meint, dass sie das Schicksal der Hauptsache, zu der sie gehören, teilen, also nicht von ihr losgelöst werden können.[150] Zu den wesentlichen Bestandteilen eines Grundstücks zählen zum einen die Flächenbestandteile eines Grundstücks und zum anderen gelten gemäß § 96 BGB Rechte, die mit dem Eigentum an einem Grundstück verbunden sind, als Bestandteile des Grundstücks. An der Formulierung des § 96 BGB (»gelten«) wird deutlich – da es sich hierbei um eine Fiktion handelt –, dass das Recht mit dem Eigentum verbunden ist, aber als Bestandteil des Grundstücks gilt. Aus eben diesem Grunde bedarf es einer Fiktion, die eine Annahme postuliert, die nicht den Tatsachen entspricht.[151] Es lässt sich damit zusammenfassen, dass unter dem Begriff »Grundstück« das Grundstück selbst mit seinen wesentlichen und, soweit sie nicht von der Verfügung ausgenommen sind, den unwesentlichen Bestandteilen zu verstehen ist.[152]

buch, Art. 1, 2, 50–218 EGBGB (Inkrafttreten, Verhältnis zu anderen Vorschriften) Neubearbeitung 2013, Art. 186 Rn. 1. So auch im älteren Schrifttum: Schulze, Die Aufgabe des Grundeigentums (§ 928 BGB): Mit besonderer Rücksicht auf Preußen, 1909, S. 28ff.

149 U.a. Stephan Meder/Andrea Czelk, Grundwissen Sachenrecht, 2. Auflage 2008, S. 163; Peter Bassenge, in: Otto Palandt, Bürgerliches Gesetzbuch, 75. Auflage 2016, Überbl. vor § 873 Rn. 1; Huhn, in: Prütting/Wegen/Weinreich, BGB Kommentar, 10. Auflage 2015, § 873 Rn. 2.

150 Statt vieler Jürgen Ellenberger, in: Otto Palandt, Bürgerliches Gesetzbuch, 75. Auflage 2016, § 93 Rn. 3f; hierunter fallen beispielsweise auch Windkraftanlagen, wenn sie wesentlicher Bestandteil sind und nicht unter § 95 BGB fallen: OLG Koblenz, Beschluss vom 21.09.2006 (5 U 738/06), OLGR Koblenz 2007, S. 78–79.

151 Dieter Schmalz, Methodenlehre, 4. Auflage 1998, Rn. 110.

152 Meder/Czelk, Grundwissen Sachenrecht, 2. Auflage 2008, S. 165; Augustin, in: Reichsgerichtsrätekommentar, Das Bürgerliche Gesetzbuch mit besonderer Berücksichtigung der Rechtsprechung des Reichsgerichts und des Bundesgerichtshofes, Band III, 1. Teil, §§ 854–1011, 12. Auflage 1979, § 873 Rn. 20. »Mangels einer dem § 926 BGB entsprechenden Regelung, wird das Zubehör dagegen nur nach § 959 BGB herrenlos.«; hierzu Rainer Kanzleiter, in: Münchener Kommentar zum Bürgerlichen Gesetzbuch, Band 6, Sachenrecht, §§ 854–1296, 6. Auflage 2013, § 928 Rn. 10.

Ein Flurstück – hierbei handelt es sich um eine räumlich-geografische Bezeichnung für eine amtlich vermessene Bodenfläche, also ein Begriff aus dem Katasterwesen[153] – fällt nicht in den Anwendungsbereich des § 928 BGB, da dieses nur in Ausnahmefällen (Vereinigung und Zuschreibung) als Grundstück im Rechtssinne behandelt wird.[154]

2. Reale Teilflächen

Wenn bisher von Grundstücken die Rede war, so stellt sich die Frage, ob § 928 BGB auch auf solche Fälle Anwendung findet, in denen Gegenstand des Verzichts eine »reale Teilfläche« ist. Von einer realen Teilfläche spricht man, wenn ein einzelner (realer) Grundstücksteil nicht wesentlicher Bestandteil des ganzen Grundstückes ist, da er von diesem getrennt werden kann, ohne dass der eine oder der andere Teil in seinem Wesen als Teil der Erdoberfläche verändert wird.[155] Aus dieser Definition lässt sich entnehmen, dass reale Teilflächen, weil sie unwesentliche Bestandteile eines Grundstücks sind, ein eigenständiges Schicksal haben können, aber nicht müssen. Dies bedeutet, dass sie eigenständig belastet, veräußert oder aufgegeben werden können. Somit findet § 928 BGB nach allgemeiner Meinung auch auf reale Teilflächen Anwendung,[156] obwohl der Wortlaut ausdrücklich nur den Begriff »Grundstück« enthält.

Bei Verfügungen über reale Teilflächen gilt es allerdings, § 7 GBO zu beachten. Nach diesem besteht die Notwendigkeit der Abschreibung und selbstständigen Buchung der realen Teilfläche.[157] Gleichwohl ist zu berücksichtigen, dass

153 Meder/Czelk, Grundwissen Sachenrecht, 2. Auflage 2008, S. 164; allgemein wird ein Flurstück (Katasterparzelle) als »… ein Teil der Erdoberfläche, der von einer in sich zurücklaufenden Linie umschlossen und im amtlichen Verzeichnis der Grundstücke i. S.v. GBO § 2 Abs. 2 (Flurkarte des Liegenschaftskatasters) unter einer besonderen Nr. geführt wird.« definiert. (hierzu Bassenge, in: Palandt, Bürgerliches Gesetzbuch, 75. Auflage 2016, Überl. Vor § 873 Rn. 1). Ein Zuflurstück ist nur eine Teilfläche eines Flurstücks, die bei diesem abgeschrieben und sogleich bei einem anderen Flurstück zugeschrieben werden soll (hierzu Huhn, in: Prütting/Wegen/Weinreich, BGB Kommentar, 10. Auflage 2015, § 873 Rn. 2).

154 BayObLG, Beschluss vom 22. 01. 1974 (BReg 2 Z 52/73), DNotZ 74, 443; Huhn, in: Prütting/Wegen/Weinreich, BGB Kommentar, 10. Auflage 2015, § 873 Rn. 2.

155 Statt vieler Augustin, in: Reichsgerichtsrätekommentar, Das Bürgerliche Gesetzbuch mit besonderer Berücksichtigung der Rechtsprechung des Reichsgerichts und des Bundesgerichtshofes, Band III, 1. Teil, §§ 854–1011, 12. Auflage 1979, § 873 Rn. 21.

156 Statt vieler Axel Pfeifer, in: Staudingers Kommentar zum Bürgerlichen Gesetzbuch, 3. Buch, Sachenrecht, §§ 925–984, Anhang zu §§ 929 ff., Sonderformen der Übereignung (Eigentum 2), Neubearbeitung 2011, § 928 Rn. 6 b).

157 Demharter, Grundbuchordnung mit dem Text der Grundbuchverfügung und weiterer Vorschriften, 29. Auflage 2014, § 7 Rn. 1.

es sich hierbei um eine bloße Ordnungsvorschrift handelt.[158] Erfolgt keine Abschreibung, ist aber aus der Verzichtserklärung deutlich erkennbar, dass sich diese auf eine reale Teilfläche bezieht, so wäre ein solcher Verzicht in Bezug auf eine reale Teilfläche wirksam.[159] Unterlässt das Grundbuchamt die beantragte Abschreibung versehentlich, so ist diese von Amts wegen nachzuholen, für die Wirksamkeit des Verzichts ist dies aber unschädlich.[160]

3. Gerechtigkeiten und grundstücksgleiche Rechte

Auch wenn der Begriff der »Gerechtigkeiten« mittlerweile nahezu nicht mehr verwendet wird, so taucht er doch im Gesetz auf[161] und betrifft auch heute noch geltendes Recht.[162] Gerechtigkeiten sind auf das deutsche Partikularrecht zurückzuführen und stellen dingliche, auch frei veräußerliche und vererbliche Nutzungsrechte dar. Insbesondere im Rahmen des Grundstücksrechts sind solche Gerechtigkeiten von Bedeutung, die sich auf eine Liegenschaft beziehen. Diese werden als liegenschaftliche Gerechtigkeiten bezeichnet. Zum Schutz lokaler Gewohnheiten sind bestimmte Bereiche landesrechtlichen Regelungen vorbehalten (Art. 65 bis 69, 74, 96, 109, 112 bis 115, 120, 128, 133 und 164 EGBGB), so dass diese selbstständigen Gerechtigkeiten (Art. 68, 196 EGBGB) grundsätzlich nicht in den Anwendungsbereich des § 928 BGB fallen. Diese Rechte werden durch Verzicht nicht herrenlos und aneignungsfähig, sondern gehen in der Weise unter, dass das Eigentum am Grundstück, das sie bisher beschränkten, davon frei wird.[163]

Für die reichsrechtliche Gerechtigkeit des Erbbaurechts (ehemals § 1017 BGB) ging die herrschende Meinung in der älteren Literatur davon aus, dass § 928 BGB auf sie nicht anwendbar sei.[164] Dieser Streit ist jedoch seit dem Inkrafttreten der ErbbauVO – seit 2007 ErbbauRG – obsolet, weil § 11 Abs. 1 ErbbauRG die Anwendbarkeit des § 928 BGB ausdrücklich ausschließt. Für die Aufhebung gilt zu-

158 Demharter, Grundbuchordnung mit dem Text der Grundbuchverfügung und weiterer Vorschriften, 29. Auflage 2014, § 7 Rn. 34.

159 RG, Urteil vom 15.12.1920 (V 140/20), RGZ 101, S. 117–122 (120f.).

160 Demharter, Grundbuchordnung mit dem Text der Grundbuchverfügung und weiterer Vorschriften, 29. Auflage 2014, § 7 Rn. 34.

161 Bspw. § 21 Abs. 1 Nr. 3 EStG.

162 Detlev Joost, in: Münchener Kommentar zum Bürgerlichen Gesetzbuch, Band 6, Sachenrecht, §§ 854–1296, 6. Auflage 2013, Vor § 1018 Rn. 3.

163 Verordnung vom 15.01.1919, dort § 11.

164 Eine gute Übersicht des Meinungsstandes findet sich bei Schulze, Die Aufgabe des Grundeigentums (§ 928 BGB): Mit besonderer Rücksicht auf Preußen, 1909, S. 32ff. (33), Fn. 20 und 21, der der Ansicht ist, § 928 BGB finde auch auf das Erbbaurecht (§ 1017 BGB a. F.) Anwendung.

sätzlich die Sondervorschrift des § 26 ErbbauRG. Als weitere grundstücksgleiche Rechte sind noch das Bergwerkseigentum und landesrechtliche Nutzungsrechte nach Art 196 EGBGB (z. B. das Fischereirecht[165]) zu berücksichtigen. Hinsichtlich des Bergwerkseigentums gilt gemäß § 9 Abs. 1 Bundesberggesetz (BBergG) grundsätzlich die Anwendbarkeit des BGB. Im Hinblick auf die Dereliktion sieht das BBergG allerdings eine Sonderregelung in § 20 vor, so dass diese speziellere Norm dem § 928 BGB vorgeht. Soweit es um die landesrechtlichen Nutzungsrechte geht, sind die jeweiligen landerechtlichen Regelungen zu berücksichtigen, um festzustellen, ob § 928 BGB auf sie anwendbar ist.[166]

Ob das Wohnungs- und Teileigentum zu den grundstücksgleichen Rechten gehört, wird in der Wissenschaft und Rechtsprechung kontrovers gehandhabt, leider oftmals ohne Begründung.[167] Unter einem grundstücksgleichen Recht versteht man ein beschränkt dingliches Recht an einem Grundstück, das einen ähnlichen Umfang von Rechten vermittelt, wie das Eigentum an einem Grundstück selbst. Es ist diesem daher materiell und formell gleichgestellt.[168] Gemäß § 1 Abs. 2 und 3 Wohnungseigentumsgesetz (WEG) besteht Wohnungs- und Teileigentum aus dem Sondereigentum an einer Wohnung bzw. an nicht zu Wohnzwecken dienenden Räumen eines Gebäudes in Verbindung mit dem Miteigentum an dem gemeinschaftlichen Eigentum, zu dem es gehört. § 1 Abs. 5 WEG definiert das Grundstück zum gemeinschaftlichen Eigentum. Aus der gesetzlichen Anordnung wird deutlich, dass das Sondereigentum nur in Verbindung mit dem Miteigentumsanteil am gemeinschaftlichen Grundstück existent sein kann. Das heißt allerdings auch – folgt man dem logischen Satz der Identität –, dass Teil und damit Wesen des Wohnungs- und Teileigentums auch der Miteigentumsanteil ist.[169] Dieser ist aber gerade kein grundstücksgleiches Recht, sondern eben

165 BayObLG, Beschluss vom 17.05.1991, NJW-RR 1991, S. 1426–1428 (1428).

166 Als Beispiel für das Fischereirecht: § 4 des Niedersächsischen Fischereigesetzes (Erlöschen und rechtsgeschäftliche Aufhebung).

167 Als grundstücksgleiches Recht: Meder/Czelk, Grundwissen Sachenrecht, 2. Auflage 2008, S. 170; Jürgen Kohler, in: Münchener Kommentar zum Bürgerlichen Gesetzbuch, Band 6, Sachenrecht, §§ 854–1296, 6. Auflage 2013, vor § 873 Rn. 6; Karl-Heinz Gursky, in: Staudingers Kommentar zum Bürgerlichen Gesetzbuch, 3. Buch, Sachenrecht, §§ 883–902 (Allgemeines Liegenschaftsrecht 2), Neubearbeitung 2014, § 890 Rn. 20. Dagegen als besonders ausgestaltetes Miteigentum wohl BGH, Beschluss vom 14.06.2007 (V ZB 18/07), BGHZ 172, S. 338–345; ausdrücklich BayObLG, Beschluss vom 23.07.1993 (2Z BR 69/93), BayObLGZ 93, 297–300; Bassenge, in: Palandt, Bürgerliches Gesetzbuch, 75. Auflage 2016, Einleitung WEG, Rn. 2; Huhn, in: Prütting/Wegen/Weinreich, BGB Kommentar, 10. Auflage 2015, § 873 Rn. 3; Windfried Kössinger, in: Heinz Georg Bamberger/Herbert Roth, Kommentar zum Bürgerlichen Gesetzbuch, Band 2, §§ 611–1296 AGG ErbbauRG WEG, 3. Auflage 2012, § 873 Rn. 5.

168 BGH, Beschluss vom 05.02.1957 (V BLw 25/56), BGHZ 23, S. 241–249 (244); Huhn, in: Prütting/Wegen/Weinreich, BGB Kommentar, 10. Auflage 2015, § 873 Rn. 3.

169 Dies dürfte aus den Gesetzen der Logik – hier dem Satz von der Identität – folgen; zum logischen Satz der Identität vgl. Schmalz, Methodenlehre, 4. Auflage 1998, S. 71.

Miteigentum. Nun lässt sich argumentieren, dass der Miteigentumsanteil »nur« der Annex zum Sondereigentum sei. Unter diesem Aspekt ist die Einordnung als grundstücksgleiches Recht durchaus vertretbar. Der Sache nach dürfte allerdings das gemeinschaftliche Eigentum dem WEG seinen Charakter verleihen, denn dieses bezieht sich auf das Grundstück selbst. Bei der Frage nach einem grundstücksgleichen Recht sollte aber – nach hier vertretener Auffassung – gerade die Beziehung zum Grundstück der eigentliche Schwerpunkt der Betrachtung sein. Dieses Recht stellt sich allerdings als Miteigentum dar, so dass sich Wohnungs- und Teileigentum auch als »besonders ausgestaltetes Miteigentum am Grundstück«[170] umschreiben lässt. Vor diesem Hintergrund wird im Rahmen dieser Analyse das Wohnungs- und Teileigentum unter der Thematik Miteigentum weitergehend untersucht.

4. Gebäudeeigentum und sonstige Liegenschaften in den ehemaligen Gebieten der DDR und ihre Besonderheiten

Die Sonderform des Gebäudeeigentums wird an dieser Stelle untersucht, weil im Rahmen des Gebäudeeigentums auch »Gebäude und Anlagen« sonderrechtsfähige Rechtsobjekte sein können. Diese Sonderform des Eigentums war in der ehemaligen Deutschen Demokratischen Republik (DDR) vorzufinden. So war es grundsätzlich auch nach dem Zivilgesetzbuch (ZGB) möglich, dass der Eigentümer des Grundes und Bodens zugleich Eigentümer der mit diesem fest verbundenen Gebäude und Anlagen (§ 295 I ZGB) war. Das ZGB und andere Rechtsvorschriften[171] ermöglichten aber das selbstständiges Eigentum an Gebäuden und Anlagen unabhängig vom Eigentum am Boden (§ 295 Abs. 2 ZGB). Gemäß Art. 231 § 5 Abs. 1 EGBGB bleibt dieses selbstständige Gebäudeeigentum bestehen. In Abweichung zu § 94 BGB gehören dann die Gebäude nicht zu den Bestandteilen des Grundstücks. Auf diese Rechtsobjekte findet § 928 BGB gemäß Art. 233 § 4 Abs. 1 Satz 1 EGBGB oder Art. 233 § 2 b Abs. 4 EGBGB allerdings keine Anwendung.

Gemäß §§ 2, 1 Abs. 4 VermG haben Beteiligte im Rahmen des Rückgabeverfahrens von Grundstückseigentum das Recht, unter Verzicht auf ihr Grundstückseigentum eine Entschädigung nach § 9 VermG zu erhalten. Für diesen Verzicht gelten die Bestimmungen des § 928 BGB,[172] doch ist eine Besonderheit zu berücksichtigen: Das Aneignungsrecht steht nämlich nicht dem

170 BayObLG, Beschluss vom 23.07.1993 (2Z BR 69/93), BayObLGZ 93, S. 297–300, Rn. 10.
171 Bspw. § 288 Abs. 4 oder § 292 Abs. 3 ZGB (DDR) bzw. § 7 LPGG (DDR) oder § 459 ZGB (DDR).
172 Walter Böhringer, Besonderheiten des Liegenschaftsrechts in den neuen Bundesländern, 1993, Rn. 475.

Landesfiskus zu, sondern dem Entschädigungsfonds als Sondervermögen des Bundes, weil auch die Entschädigungslast vom Bund zu tragen ist. Der Entschädigungsfonds wird nach § 29a Abs. 2 VermG vom Bundesamt zur Regelung offener Vermögensfragen in Berlin verwaltet. Solange nicht feststeht, ob das Bundesamt zur Regelung offener Vermögensfragen sein Aneignungsrecht ausübt, ist es nicht befugt, Grundbuchberichtigungen zu beantragen, Löschungen einer Eigentümerposition vornehmen zu lassen oder die Grundbuchumschreibung auf ein herrenloses Grundstück zu verlangen.[173]

In Bezug auf Bodenreformland - es handelt sich hierbei um Grundstücke in der ehemaligen DDR, die aufgrund von Bodenreformverordnungen enteignet und umverteilt wurden - sei auf Art. 233 § 15 Abs. 2 EGBGB hingewiesen; dieser gibt dem Eigentümer, der seine Eigentümerstellung gemäß Art. 233 § 11 Abs. 2 EGBGB erlangt hat, die Möglichkeit zur Aufgabe des Eigentums an seinem Bodenreformgrundstück. Für die Eigentumsaufgabe gelten die Bestimmungen des § 928 BGB, allerdings mit Besonderheiten, denn Art. 233 EGBGB enthält in § 15 Abs. 2 und 3 umfangreiche Ergänzungen zum Schutze der Interessen des Gläubigers, des (Besser-)Berechtigten (gemäß Art. 233 § 11 Abs. 3, § 12 EGBGB) und des Landesfiskus.[174]

II. Eigentümermehrheiten sowie Einschränkungen der Verfügungsbefugnis

Die systematische Stellung des § 928 BGB ist das 3. Buch »Sachenrecht«, 3. Abschnitt »Eigentum« unter dem 2. Titel des BGB »Erwerb und Verlust des Eigentums an Grundstücken«. § 928 BGB befasst sich mit dem Erwerb und dem Verlust des Eigentums an unbeweglichen Sachen. Normadressat ist damit grundsätzlich der Alleineigentümer. Eigentümer ist derjenige, der das Eigentum an dem Gegenstand innehat. Nähert man sich dem Begriff »Eigentum«, so finden sich umfangreiche Ausführungen über das Eigentum als solches. Hierin wird herausgearbeitet, dass das Eigentum ein absolutes Recht ist und auf die umfassende Herrschaft über einen Gegenstand gerichtet ist.[175] In dieser Definition

173 LG Berlin, Beschluss vom 28.11.1997 (85 T 240/97), RGV N 16.

174 Pfeifer, in: Staudingers Kommentar zum Bürgerlichen Gesetzbuch, 3. Buch, Sachenrecht, §§ 925–984, Anhang zu §§ 929ff.: Sonderformen der Übereignung (Eigentum 2), Neubearbeitung 2011, § 928 Rn. 5 b); Böhringer, Besonderheiten des Liegenschaftsrechts in den neuen Bundesländern, 1993, Rn. 476; beachte hierzu auch EGMR, Urteil vom 30.06.2005 (46720/99, 72203/01 und 72552/01), NJW 2005, S. 2907–2912.

175 Bassenge, in: Palandt, Bürgerliches Gesetzbuch, 75. Auflage 2016, Überbl. vor § 903 Rn. 1; Augustin, in: Reichsgerichträtekommentar, Das Bürgerliche Gesetzbuch mit besonderer Berücksichtigung der Rechtsprechung des Reichsgerichts und des Bundesgerichtshofes,

des Eigentums wird der Inhalt des § 903 BGB und damit letztlich das verfassungsrechtlich verankerte Recht der Eigentumsgarantie wiedergegeben. Im Rahmen der vorliegenden Analyse wird dem Charakter des Eigentums als Rechtsverhältnis besonderes Augenmerk geschenkt, es ist das »unsichtbare Band« zwischen dem Rechtsobjekt »Grundstück« und dem Rechtssubjekt »Eigentümer«.[176] Das Eigentum ist im Gegensatz zu anderen Rechtsverhältnissen zu einem Gegenstand das umfassendste. Dem Eigentümer stehen also alle Rechte (Erwerbs-, Nutzungs-, Veräußerungs- und Sicherungsrecht [einschließlich der Verwertungsbefugnis]) über das Rechtsobjekt zu. Da der Verzicht Teil des Hauptrechts »Eigentum« ist, ist im Falle des Alleineigentums im Rahmen des § 928 BGB keine Besonderheit gegeben.[177] Im Hinblick auf das Alleineigentum von juristischen Personen und Gebietskörperschaften ist bezüglich der einzelnen Befugnisse auf gesetzliche Sonderregeln zu achten.[178]

Band III, 1. Teil, §§ 854–1011, 12. Auflage 1979, vor § 903 Rn. 1ff.; Jürgen Baur, in: Hans Theodor Soergel, Bürgerliches Gesetzbuch, Band 14, Sachenrecht 1, §§ 854–984, 13. Auflage 2002, § 903 Rn. 5; Franz Jürgen Säcker, in: Münchener Kommentar zum Bürgerlichen Gesetzbuch, Band 6, Sachenrecht, §§ 854–1296, 6. Auflage 2013, § 903 Rn. 4ff.; Meder/Czelk, Grundwissen Sachenrecht, 2. Auflage 2008, S. 41.

176 Pfeifer, in: Staudingers Kommentar zum Bürgerlichen Gesetzbuch, 3. Buch, Sachenrecht, §§ 925–984, Anhang zu §§ 929ff.: Sonderformen der Übereignung (Eigentum 2), Neubearbeitung 2011, § 928 Rn. 19.

177 Zu denken ist noch an die Fälle des Treuhandeigentums. Dieses ist vollwertiges »Alleineigentum« (vgl. Meder/Czelk, Grundwissen Sachenrecht, 2. Auflage 2008, S. 48) und fällt damit in den Anwendungsbereich des § 928 BGB. Allerdings wird der Treuhänder in aller Regel im Rahmen der Treuhandabrede keinen Verzicht auf das Eigentum vornehmen dürfen.

178 Bspw. GmbH: § 35 GmbHG; AG: § 78 AktG; für Prokuristen ist § 49 Abs. 2 HGB analog zu berücksichtigen, denn wenn bereits die Entfernung des Grundstücks aus dem Anlagevermögen bei entgeltlicher Übertragung des Grundstückseigentums für den Prokuristen nicht möglich ist, dann erst recht nicht bei einer unentgeltlichen Entfernung aus dem Anlagevermögen, denn hiermit dürfte regelmäßig der Schutzzweck des § 49 HGB betroffen sein (zum Schutzzweck des § 49 Detlev Joost, in: Hermann Staub/Claus-Wilhelm Canaris, Handelsgesetzbuch – Großkommentar, Band 2 §§ 48–104, 5. Auflage 2008, § 49 Rn. 27, 28). Im Hinblick auf Gebietskörperschaften: Bspw. der Bürgermeister einer bayerischen Gemeinde kann das Eigentum an einem Grundstück nicht aufgeben, da es eine unentgeltliche Verfügung ist (Art. 75 Gemeindeordnung für den Freistaat Bayern), vgl. hierzu Kanzleiter, in: Münchener Kommentar zum Bürgerlichen Gesetzbuch, Band 6, Sachenrecht, §§ 854–1296, 6. Auflage 2013, § 928 Rn. 6; weitere Beispiele finden sich bei Pfeifer, in: Staudingers Kommentar zum Bürgerlichen Gesetzbuch, 3. Buch, Sachenrecht, §§ 925–984, Anhang zu §§ 929ff.: Sonderformen der Übereignung (Eigentum 2), Neubearbeitung 2011, § 928 Rn. 19.

1. Miteigentum an einem Grundstück

Miteigentum liegt vor, wenn mehrere Rechtssubjekte Eigentümer einer Sache sind.[179] Im Hinblick auf Miteigentum spricht man von Bruchteilseigentum (§ 1008 BGB). Hierbei handelt es sich um eine Unterart der Bruchteilsgemeinschaft, die in den §§ 741 ff. BGB geregelt ist.[180] Diese Regeln werden aber durch die Sondervorschriften der §§ 1008 ff. BGB überlagert. So wird Miteigentum als keine reale Teilung der Sache, sondern als ideelle Teilung des sich auf die ganze Sache beziehenden Eigentumsrechts definiert.[181]

Ob nun dieses geteilte Eigentum ebenfalls unter den § 928 BGB fällt, war[182] und ist[183] umstritten. So ging insbesondere die vormals herrschende Literatur davon aus, dass auch die Dereliktion von Miteigentumsanteilen gemäß § 928 BGB möglich ist.[184] Stützende Säule dieser Ansicht war ein historisches Argument, denn die 2. Kommission hatte eine Vorschrift des Gesetzesentwurfs, die die Aufgabe eines Miteigentumsanteils ausdrücklich zuließ, gestrichen.[185] Dies geschah nicht, weil die 2. Kommission einen Widerspruch zwischen der Aufgabe eines Miteigentumsanteils und dem Gemeinschaftsrecht gesehen hätte oder die Aufgabe eines Miteigentumsanteils aus anderen Gründen ausschließen wollte, sondern, weil man sich innerhalb der Kommission nicht über die Rechtsfolgen der Dereliktion eines Miteigentumsanteils einigen konnte.[186] So

179 Meder/Czelk, Grundwissen Sachenrecht, 2. Auflage 2008, S. 46.

180 Meder/Czelk, Grundwissen Sachenrecht, 2. Auflage 2008, S. 47.

181 Statt vieler Bassenge, in: Palandt, Bürgerliches Gesetzbuch, 75. Auflage 2016, § 1008 Rn. 1; zu den einzelnen hierzu vertretenen Theorien – insbesondere in der Vergangenheit: Reichard, Der Verzicht auf einen Miteigentumsanteil, in: FS für Gerhard Otte, 2005, S. 265–284 (270 ff.).

182 Eine gute Übersicht der Vertreter der einzelnen Meinungen zum damaligen Stand findet sich in der Entscheidung des BGH, Urteil vom 07.06.1991 (V ZR 175/90), BGHZ 115, S. 1–11 (7); ebenso bei Reichard, Der Verzicht auf einen Miteigentumsanteil, in: FS für Gerhard Otte, 2005, S. 265–284 (266 insb. Fn. 3).

183 Kanzleiter, in: Münchener Kommentar zum Bürgerlichen Gesetzbuch, Band 6, Sachenrecht, §§ 854–1296, 6. Auflage 2013, § 928 Rn. 3; ders., Aufgabe des Miteigentumsanteils an einem Grundstück durch Verzicht nach § 928 BGB?, NJW 1996, 905–907; Jan Roth, Aufgabe von Miteigentumsanteilen und Wohnungseigentum gem. § 928 BGB, ZInsO 2007, 757–760; Huhn, in: Prütting/Wegen/Weinreich, BGB Kommentar, 10. Auflage 2015, § 873 Rn. 3 mit einer Meinungsübersicht.

184 Kanzleiter, in: Münchener Kommentar zum Bürgerlichen Gesetzbuch, Band 6, Sachenrecht, §§ 854–1296, 6. Auflage 2013, § 928 Rn. 3, Fn. 1 m.w.N.; ders., in: Aufgabe des Miteigentumsanteils an einem Grundstück durch Verzicht nach § 928 BGB, NJW 1996, S. 905–907 (906, insbesondere Fn. 15).

185 § 950 Abs. 1 des ersten Entwurfes verweist auf den § 872 des ersten Entwurfes und erklärt diesen in Bezug auf Miteigentum anwendbar.

186 Alexander Achilles/Peter Spahn/Ferdinand Gebhard, Protokolle der Kommission für die zweite Lesung des Entwurfs des Bürgerlichen Gesetzbuches, Band III, 1899, S. 279 ff.; hierzu auch Rainer Kanzleiter, Aufgabe des Miteigentumsanteils an einem Grundstück durch

wurde zum einen die Ansicht in der Kommission vertreten, dass die Rechtsfolge der Dereliktion eines Miteigentumsanteils die Anwachsung dieses Anteils auf die anderen Miteigentümer kraft Gesetzes bewirken solle. Eine andere Ansicht in der Kommission ging davon aus, dass auch die Aufgabe von Miteigentumsanteilen entsprechend dem I. Entwurf zu einem Aneignungsrecht zu Gunsten des Fiskus führen solle. Schließlich wurde vertreten, dass das Aneignungsrecht vorrangig den Miteigentümern und nur nachrangig dem Fiskus zukommen solle.[187] Letztere Ansicht schien sich zunächst in der 2. Kommission durchzusetzen,[188] um dann aber letztlich an der Überlegung zu scheitern, dass eine Regelung mit einem entsprechenden Inhalt – gemessen an der praktischen Bedeutung des Problems – zu aufwendig ausfallen würde. So hat die 2. Kommission, die in ihrer Mehrheit die rechtsfortbildende Tätigkeit der Juristen im Juristengewohnheitsrecht und Richterrecht anerkannt hat,[189] an dieser Stelle Selbstbeschränkung geübt und die Aufgabe der Wissenschaft und Praxis übertragen, wobei die Mehrheit der Kommission ihre Ansicht zu Protokoll gab: Bei einer möglichen Dereliktion von Miteigentumsanteilen müsse das Aneignungsrecht dem Fiskus zukommen.[190] Nun schloss die vormals herrschende Meinung[191] hieraus – nachvollziehbarerweise –, dass die Dereliktion eines Miteigentumsanteils an einem Grundstück grundsätzlich zulässig sei. Die heutige herrschende Ansicht – und mit ihr vor allem der BGH – geht davon aus, dass eine Dereliktion von einem Miteigentumsanteil an einem Grundstück nicht zulässig ist.[192] Dieses Ergebnis wird auf zwei wesentliche Argumente gestützt:

Zum einen stehe § 928 BGB im Widerspruch zu den Wertungen des Gemeinschaftsrechts und dessen Wertungen gingen vor.[193] Zum anderen führe die Aufgabe eines Miteigentumsanteils dazu, dass sich ein Miteigentümer seinen Verpflichtungen zu Lasten der anderen entziehen könne und damit die anderen

---

Verzicht nach § 928 BGB?, NJW 1996, 905–907 (906); Reichard, Der Verzicht auf einen Miteigentumsanteil, in: FS für Gerhard Otte, 2005, S. 265–284 (273).

187 Achilles/Spahn/Gebhard, Protokolle der Kommission für die zweite Lesung des Entwurfs des Bürgerlichen Gesetzbuches, Band III, 1899, S. 280.

188 Achilles/Spahn/Gebhard, Protokolle der Kommission für die zweite Lesung des Entwurfs des Bürgerlichen Gesetzbuches, Band III, 1899, S. 280.

189 Meder, Ius non scriptum – Traditionen privater Rechtsetzung, 2. Auflage 2009, S. 146.

190 Achilles/Spahn/Gebhard, Protokolle der Kommission für die zweite Lesung des Entwurfs des Bürgerlichen Gesetzbuches, Band III, 1899, S.281; siehe auch die übersichtliche Darstellung der abweichenden Ansichten bei Kanzleiter, Aufgabe des Miteigentumsanteils an einem Grundstück durch Verzicht nach § 928 BGB?, NJW 1996, S. 905–907 (906).

191 Vgl. Fn. 182.

192 BGH, Urteil vom 07.06.1991 (V ZR 175/90), BGHZ 115, S. 1–11; statt vieler Pfeifer, in: Staudingers Kommentar zum Bürgerlichen Gesetzbuch, 3. Buch, Sachenrecht, §§ 925–984, Anhang zu §§ 929ff.: Sonderformen der Übereignung (Eigentum 2), Neubearbeitung 2011, § 928 Rn. 8 a).

193 BGH, Urteil vom 07.06.1991 (V ZR 175/90), BGHZ 115, S. 1–11 (8f.).

Miteigentümer benachteiligt würden, ohne dass sie dafür einen Vorteil erhielten.[194]

Gegen diese herrschende Meinung[195] wird wiederum argumentiert, dass es nicht von der Hand zu weisen sei, dass das historische Argument für die vormals vorherrschende Ansicht spreche. Der damalige Gesetzgeber ging davon aus, dass eine Dereliktion von Miteigentum möglich sein müsse.[196] Gegen das systematische Argument der herrschenden Meinung wird eingewandt, dass wenn der BGH schon davon ausgehe, dass der § 928 BGB nach sachenrechtlichen Gesichtspunkten anwendbar sei,[197] eine Überlegung, dass der § 928 BGB durch die Regeln der Auseinandersetzung der Gemeinschaft überlagert sei, fehlerhaft ist.

Weiter führt die Gegenansicht hierzu aus, dass das Recht, die Auseinandersetzung zu verlangen, ein allgemeiner schuldrechtlicher Rechtsbehelf sei,[198] um ein Gemeinschaftsverhältnis (gleichgültig welcher Art) über einen Vermögensgegenstand aufzulösen. Die Dereliktion sei demgegenüber aber ein sachenrechtlicher Rechtsbehelf, um das absolute Recht Eigentum ohne Erlös aufzugeben. Aus eben diesem Grunde müsse es – so die Gegenansicht – der nunmehr herrschenden Meinung gelingen, für die Differenzierung von schuldrechtlichem und sachenrechtlichem »Rechtsbehelf« Argumente vorzubringen, und nicht umgekehrt.[199] Ebenfalls sei die unangemessene Benachteiligung der verbleibenden Miteigentümer bei zugelassener Dereliktion unzutreffend. Diese Begründung der herrschenden Meinung gehe davon aus, dass durch die Dereliktion eines Miteigentumsanteils die anderen Miteigentümer unangemessen

194 Martin Henssler, Keine entsprechende Anwendung des BGB § 928 Abs. 1 auf einen Verzicht auf Miteigentumsanteil, JR 1992, S. 152–154 (153); Joachim Schulze-Osterloh, Das Prinzip der gesamthänderischen Bindung, 1972, S. 121 ff.

195 BGH, Beschluss vom 10. 05. 2007 (V ZB 06/07), BGHZ 172, S. 209–218; Henssler, Keine entsprechende Anwendung des BGB § 928 Abs. 1 auf einen Verzicht auf Miteigentumsanteil, JR 1992, S. 152–154 (152); Schulze-Osterloh, Das Prinzip der gesamthänderischen Bindung, 1972, S. 121 ff.; Markus Artz, in: Erman Bürgerliches Gesetzbuch, 14. Auflage 2014, § 928 Rn. 2; Bassenge, in: Palandt, Bürgerliches Gesetzbuch, 75. Auflage 2016; § 928 Rn. 1; Rolf Stürner, in: Hans Theodor Soergel, Bürgerliches Gesetzbuch, Band 14, Sachenrecht 1, §§ 854–984, 13. Auflage 2002, § 928 Rn. 1; Pfeifer, in: Staudingers Kommentar zum Bürgerlichen Gesetzbuch, 3. Buch, Sachenrecht, §§ 925–984, Anhang zu §§ 929 ff.: Sonderformen der Übereignung (Eigentum 2), Neubearbeitung 2011, § 928 Rn. 8 a); Huhn, in: Prütting/Wegen/Weinreich, BGB Kommentar, 10. Auflage 2015, § 928 Rn. 1.

196 Kanzleiter, in: Münchener Kommentar zum Bürgerlichen Gesetzbuch, Band 6, Sachenrecht, §§ 854–1296, 6. Auflage 2013, § 928 Rn. 3 m.w.N.

197 BGH, Urteil vom 7. 6. 1991 (V ZR 175/90), BGHZ 115, S. 1–11 (7): »Bei einer nur auf das Sachenrecht bezogenen Betrachtungsweise ließe sich daher eine entsprechende Anwendung des § 928 BGB auf Miteigentum rechtfertigen.«.

198 Zum Rechtscharakter des Aufhebungsanspruches Hartwig Sprau, in: Otto Palandt, Bürgerliches Gesetzbuch, 75. Auflage 2016, § 749 Rn. 1.

199 Kanzleiter, Aufgabe des Miteigentumsanteils an einem Grundstück durch Verzicht nach § 928 BGB?, NJW 1996, S. 905–907 (907).

benachteiligt würden, da sie gezwungen seien, die privaten und öffentlichen Lasten des Grundstücks allein zu tragen. Hinterfrage man dies, so erweise sich diese Annahme als unrichtig. Wenn das Gesetz in §§ 875, 928 BGB eine einseitige Aufgabe dinglicher Rechte zulasse (und davon nur in § 26 ErbbauVO[200] eine Ausnahme mache), nehme es bewusst in Kauf, dass sich der Berechtigte einseitig etwaigen künftigen öffentlichen oder privatrechtlichen Verpflichtungen entziehen könne. In aller Regel sei der Verzicht auf den Miteigentumsanteil nach § 928 BGB durch den Miteigentümer, der das Interesse am gemeinschaftlichen Grundstück verloren habe (weil beispielsweise sein Grundstück inzwischen »auf der anderen Seite« erschlossen ist, so dass er den gemeinsamen Weg nicht mehr benutzt), nicht nur für diesen Miteigentümer einfacher und kostengünstiger, sondern auch für die anderen Miteigentümer weniger belastend als die Auseinandersetzung nach §§ 749, 753 BGB. Zu Recht weise der BGH darauf hin, dass das Gesetz vom Regelfall ausgehe, dass ein Aufhebungsverlangen durchaus vollziehbar sei, weil ein Verkauf im Wege der Teilungsversteigerung möglich sei und jedenfalls nicht am Fehlen jeglicher Interessenten scheitere. Daher seien die Miteigentümer, die an dem Grundstück weiterhin interessiert sind, gezwungen, fremde Interessen auszubieten, wenn sie sich das Grundstück erhalten wollten. Demgegenüber haben die Miteigentümer für den Fall, dass der Fiskus sein Aneignungsrecht ausübe, einen zahlungsfähigen Partner bei der Zahlung der Kosten, falls der Fiskus auf sein Aneignungsrecht verzichte, die Möglichkeit, sich den Anteil selbst anzueignen,[201] und solange beides noch in der Schwebe sei, würden die anderen Miteigentümer jedenfalls den Kaufpreis »sparen«, den sie beim Ersteigern aufwenden müssten. Aber auch in dem Ausnahmefall, in dem eine Auseinandersetzung nach §§ 759, 753 BGB scheitern würde, weil jeder dritte Interessent fehle und auch die anderen Miteigentümer das Grundstück nicht durch Gebote erwerben wollen, verdiene das Interesse des Miteigentümers, der sein Interesse an dem Grundstück verloren habe und bereit sei, seinen Anteil ohne Gegenleistung aufzugeben, Vorrang vor den Interessen der anderen Miteigentümer. Diese würden nämlich das Grundstück zwar weiterhin nutzen, denjenigen aber, der auf die weitere Nutzung verzichten will, nicht aus seiner Verpflichtung, die Kosten anteilig zu tragen, entlassen.[202]

Deutlich wird bei einer solchen Argumentation, dass es lediglich um kollidierende wirtschaftliche Interessen geht, die der BGH in seiner pragmatischen Entscheidung berücksichtigen möchte. Hiergegen richtet sich die Argumentation der Gegenansicht zu Recht, auch wenn ihr der Sache nach nicht zugestimmt

200 Nunmehr § 26 Erbbaurechtsgesetz.

201 BGH, Urteil vom 07.07.1989 (V ZR 76/88), BGHZ 108, S. 278–284.

202 Kanzleiter, Aufgabe des Miteigentumsanteils an einem Grundstück durch Verzicht nach § 928 BGB?, NJW 1996, 905–907 (907).

werden kann. Es ist nämlich fraglich, ob die Begründung des BGH der Problematik wirklich auf den Grund geht oder nur bemüht ist, die Anwendbarkeit des § 928 BGB für Miteigentumsanteile, die der BGH anscheinend grundsätzlich für gegeben hält, einzuschränken und letztlich aufgrund der Interessen Dritter – also der anderen Miteigentümer – abzulehnen.[203] Das Ergebnis des BGH mag das Richtige sein, der Weg und die Begründung lassen dagegen Zweifel aufkommen, so dass nachfolgend neben dem Aufzeigen der Schwächen in dieser Argumentation versucht werden soll, diese soweit zu sublimieren, dass sie das Ergebnis ohne die aufgezeigten Schwächen stützt.

Der BGH führt zu § 903 BGB aus, dass der Eigentümer mit einer Sache nach Belieben verfahren könne, soweit nicht das Gesetz oder Rechte Dritter entgegenstünden. In dem Gemeinschaftsrecht sieht der BGH die Rechte Dritter betroffen und verschließt so die Anwendbarkeit des § 928 BGB für das Miteigentum. Dies ist sachlich nicht tragbar, denn bei der Gemeinschaft als solcher handelt es sich weder um ein sachenrechtliches Institut noch um ein Schuldverhältnis zwischen den Beteiligten.[204] Die Rechtsnatur kann an dieser Stelle noch offen bleiben, denn nach allgemeiner Meinung bedarf es für die unmittelbare Einschränkung des § 903 BGB durch Rechte Dritter solcher, die dinglichen Charakter haben.[205] Solche liegen aber in der Form des Gemeinschaftsverhältnisses, jedenfalls wie es der BGH betrachtet, denn dieser sieht in ihm wohl lediglich ein »schlichtes« – also schuldrechtliches – Gemeinschaftsverhältnis nicht vor.[206] Wenn dem aber so ist, dann kann in den Vorschriften des Gemeinschaftsverhältnisses auch keine zulässige Beschränkung des Miteigentums im Rahmen des § 903 BGB liegen.

Die Argumentation des BGH ist auch aus einem anderen Gesichtspunkt bedenklich. So verwehrt der BGH in seiner Entscheidung dem Miteigentümer das Recht auf den Eigentumsverzicht. Hierin ist (möglicherweise) ein Eingriff in das Eigentumsrecht des Miteigentümers, nämlich in seine Verfügungsbefugnis, zu sehen. Ein solcher Eingriff darf nur durch Gesetz oder aufgrund eines Gesetzes erfolgen, nicht aber durch die entgegenstehenden Interessen Dritter (vgl. Art. 14 Abs. 1 GG). Dies scheint der BGH zu übersehen, wenn er seine Argumentation auf die Interessen Dritter stützt. Diese sind nämlich nur bei vorbehaltslosen Grundrechten von maßgeblicher Bedeutung.[207]

---

203 BGH, Urteil vom 07.06.1991 (V ZR 175/90), BGHZ 115, S. 1–11 (7).

204 BGH, Urteil vom 26.03.1974 (VI ZR 103/72), BGHZ 62, S. 243–250 (246); Sprau, in: Palandt, Bürgerliches Gesetzbuch, 75. Auflage 2016, § 741 Rn. 8.

205 Vgl. nur Bassenge, in: Palandt, Bürgerliches Gesetzbuch, 75. Auflage 2016, § 903 Rn. 27.

206 Kanzleiter, Aufgabe des Miteigentumsanteils an einem Grundstück durch Verzicht nach § 928 BGB?, NJW 1996, S. 905–907 (906) spricht im Rahmen des Gemeinschaftsverhältnisses ausdrücklich von »schuldrechtlichen Ansprüchen«, vgl. auch Fn. 197.

207 Pieroth/Schlink/Kingreen/Poscher, Grundrechte, 31. Auflage 2015, Rn. 276ff., 1029.

Gleichwohl ist die Ansicht des BGH im Ergebnis zutreffend. Das entscheidende Argument ist die Systematik des Gesetzes. Auf dieses Argument kann der BGH aber nicht zurückgreifen, wenn er zunächst die entsprechende Anwendbarkeit des § 928 BGB bejaht. Hierfür wäre nämlich zunächst eine planwidrige Regelungslücke festzustellen, welche aber im Hinblick auf die Motive des Gesetzgebers verneint werden kann. Damit liegen schon sachlich nicht die Voraussetzungen einer entsprechenden Anwendung des § 928 BGB auf das Miteigentum vor.

Weiterhin fehlt es aber auch an der vergleichbaren Interessenlage, auch wenn der BGH ausführt, Miteigentum sei mit dem Wesen des Alleineigentums vergleichbar.[208] Nach hier vertretener Ansicht kann eine solche Vergleichbarkeit indessen nicht angenommen werden. Bei Alleineigentum erfolgt die Zuordnung eines Rechtsobjektes zu einem Rechtssubjekt, bei Miteigentum wird das Objekt zwei oder mehreren Rechtssubjekten zugeordnet. Bei Miteigentum steht den Rechtssubjekten jeweils nur ein ideeller Anteil am Rechtsobjekt zu, die Miteigentümer sind in Bezug auf ihr Zugriffsrecht auf die Sache – beispielsweise im Rahmen der Besitzausübung – in der Gemeinschaft miteinander verbunden.[209] Hierdurch wird das Wesen des Eigentums verändert; es ist kein Alleineigentum. Die Rechtzuordnung eines Rechtssubjektes zu einem Rechtsobjekt bleibt wie beim Alleineigentum gleich, doch ist die Verbindung von Rechtsobjekt und Rechtssubjekt durch die »Speerspitze« des Auseinandersetzungsanspruchs ergänzt. Mit anderen Worten steht zwischen dem Rechtsobjekt »Grundstück« und dem Rechtssubjekt »Miteigentümer« der Auseinandersetzungsanspruch als Teil des Miteigentums. Bildlich gesprochen ruht das Grundstück damit nicht unmittelbar auf dem Eigentum, sondern auf den Auseinandersetzungsansprüchen, die die »Spitze« des jeweiligen Miteigentums darstellen. Nur durch diese kann der Miteigentümer auf das Grundstück »zugreifen.«

Bereits hieraus wird deutlich, dass das Miteigentum nicht dem Wesen nach mit dem Alleineigentum vergleichbar ist,[210] möglicherweise gar ein »Weniger« dazu darstellt und als »kleines Eigentum« zu umschreiben wäre. Das Alleineigentum und das Miteigentum stellen vielmehr zwei völlig verschiedene Arten des Eigentums dar. Es sind verschiedene Rechtsverhältnisse mit unterschiedlichem Inhalt. Dies wird deutlich, wenn ein unbelasteter und ein belasteter Miteigentumsanteil in einer Person zusammenfallen. Wäre das Miteigentum ein Teil des Alleineigentums, so müsste sich die Belastung nach Verschmelzung der

208 BGH, Urteil vom 07.06.1991 (V ZR 175/90), BGHZ 115, S. 1–11 (7).

209 Karsten Schmidt, in: Münchener Kommentar zum Bürgerlichen Gesetzbuch, Band 6, Sachenrecht, §§ 854–1296, 6. Auflage 2013, § 1008 Rn. 17.

210 Schmidt, in: Münchener Kommentar zum Bürgerlichen Gesetzbuch, Band 6, Sachenrecht, §§ 854–1296, 6. Auflage 2013, § 1008 Rn. 4.

Miteigentumsanteile[211] am Alleineigentum fortsetzen. Beide Miteigentumsanteile bleiben aber bestehen.[212] Der Inhalt des Miteigentums ist damit die Bruchteilsgemeinschaft, nicht aber das uneingeschränkte Zugriffsrecht auf das Rechtsobjekt, hierin liegt der entscheidende Unterschied zum Alleineigentum.

Das umfassende Verfügungsrecht des Miteigentümers über seinen Anteil steht dem nicht entgegen. Die Verfügungsgewalt über den Anteil ist nämlich hiervon grundsätzlich unberührt, lediglich das Zugriffsrecht auf eine reale Teilfläche des Grundstücks und die Aufhebung der Gemeinschaft ist durch den Auseinandersetzungsanspruch gehindert. Deutlich wird dies an zweierlei Beispielen: Zum einen vermag weder der eine noch der andere Miteigentümer zu sagen, welcher reale Teil des Grundstücks ihm ausschließlich zugeordnet ist.[213] Diese Frage lässt sich eben nur über die Auseinandersetzung lösen. Zum anderen ist im Rahmen der Zwangsversteigerung eines ge- oder verpfändeten Miteigentumsanteils an einem Grundstück der Weg, der zu befolgen ist, die Auseinandersetzung und Realteilung des Grundstücks. Belastungsgegenstand ist also das Miteigentum und der Aufteilungsanspruch, nicht aber das Grundstück selbst.[214]

Dieses Ergebnis schreibt aber auch bereits das Gesetz vor, wenn es das Miteigentum zur Bruchteilsgemeinschaft in § 1008 BGB erklärt und damit die Vorschriften der Gemeinschaft zum Inhalt des Miteigentums macht. Wenn es sich aber bei den Vorschriften der Gemeinschaft um einen Inhalt des Miteigentums handelt, so kann darin auch eine zulässige Beschränkung des Miteigentums gesehen werden, denn dann gewinnt der Aufteilungsanspruch der Gemeinschaft im Verhältnis zum Miteigentum dinglichen Charakter. Der Einwand der Gegenseite, dass der einzelne Teilhaber gemäß § 747 BGB über seinen Anteil frei verfügen kann,[215] übersieht, dass im Hinblick auf die Aufgabe des Gesellschaftsanteils § 749 BGB als Aufhebungsvorschrift dieser Vorschrift im Hinblick auf die »Aufgabe des Miteigentums« vorgeht.[216]

Die Dereliktion von Miteigentumsanteilen ist durchaus möglich, doch richtet

211 Lutz Aderhold, in: Erman Bürgerliches Gesetzbuch, 14. Auflage 2014, § 1008 Rn. 4.

212 Schmidt, in: Münchener Kommentar zum Bürgerlichen Gesetzbuch, Band 6, Sachenrecht, §§ 854–1296, 6. Auflage 2013, § 1008 Rn. 4; vgl. auch zur Vereinigung von Bruchteilen eines Erbbaurechtes in einer Hand BGH, Beschluss vom 16.07.2004 (IXa ZB 330/03), NJW-RR 2004, S. 1513–1514.

213 Bassenge, in: Palandt, Bürgerliches Gesetzbuch, 75. Auflage 2016, § 1011 Rn. 1 i.V.m. § 866 Rn. 1.

214 BGH, Urteil vom 23.02.1984 (IX ZR 26/83), BGHZ 90, S. 207–219 (214); Bassenge, in: Palandt, Bürgerliches Gesetzbuch, 75. Auflage 2016, § 1008 Rn. 7.

215 Reichard, Der Verzicht auf einen Miteigentumsanteil, in: FS für Gerhard Otte, 2005, S. 265–284 (268).

216 Sprau, in: Palandt, Bürgerliches Gesetzbuch, 75. Auflage 2016, § 747 Rn. 2 und Vorb. 2 zu § 749.

sich diese nach den Sondervorschriften der Bruchteilsgemeinschaft. Diese verdrängen den § 928 BGB, so dass dieser dem Grunde nach – aus sachenrechtlichen Gesichtspunkten – nicht anwendbar ist. Diese Gesetzessystematik ist auch verfassungsrechtlich unbedenklich, denn sie verwehrt nicht den Verzicht auf den Miteigentumsanteil, vielmehr schreibt sie ihm nur durch Gesetz den Weg vor. Praktische Erwägungen wie beispielsweise, dass sich ein insolventer Schuldner nach Freigabe des Miteigentumsanteils überhaupt nicht von seinem finanziellen Fiasko »befreien« könne und so die Restschuldbefreiung ins Leere liefe,[217] dürften zu kurz greifen. Zum einen ist zu berücksichtigen, dass der Schuldner durch die Restschuldbefreiung von allen bis dahin angelaufenen Verbindlichkeiten befreit wird. Zum anderen kann Miteigentum an einem Grundstück nur durch rechtsgeschäftliches Handeln begründet werden.[218] Die Begründer des Miteigentums müssen sich bei der Begründung »abstimmen«, sie kennen den gesetzlichen Inhalt, nämlich, dass eine Aufhebung nur über § 749 BGB i. V. m. § 1011 BGB erfolgen kann. Warum sollte sich allein durch Zeitablauf hieran etwas ändern? Dieser Inhalt ist Bestandteil des dinglichen Rechts. Dies muss auch dann gelten, wenn die Aufhebung gemäß § 749 Abs. 2 BGB ausgeschlossen ist, denn auch dies ist Inhalt des dinglichen Rechts. Den Überlegungen, dass diese Vorschrift einen anderen Schutzzweck hätte, kann nicht gefolgt werden, sie ist Inhalt des dinglichen Rechts. Gleichwohl lässt sich hier – im Einklang mit dem BGH – annehmen, dass unter Einbezug von Treu und Glauben (§ 242 BGB) ein Anspruch auf Aufhebung jedes Eigentümers in Ausnahmefällen gegen die übrigen Eigentümer in Betracht kommen kann.[219]

Überträgt man diese Überlegungen zur gedanklichen Prüfung auf die Anwendung des § 928 BGB, so ist zunächst festzuhalten, dass die Rechtsfolge des § 928 BGB »aufgegebenes Eigentum« ist. Man könnte meinen, dass Miteigentum deshalb nicht unter § 928 BGB fallen kann, da ein aufgegebener Miteigentumsanteil kein aufgegebenes Eigentum sei. Ein solcher logischer Schluss dürfte aber als Tautologie einzustufen sein, weil das Miteigentum sowohl auf der einen als auch der anderen Seite als Argument verwendet wird. Vielmehr dürfte zu berücksichtigen sein, dass ein Grundstück – hierauf bezieht sich das aufgegebene Eigentum – faktisch greifbar ist, ein ideeller Bruchteil – hierauf bezieht sich

217 Roth, Aufgabe von Miteigentumsanteilen und Wohnungseigentum gem. § 928 BGB, ZInsO 2007, S. 757–760 (759).

218 Ein gesetzlicher Miteigentumserwerb nach den §§ 946 ff. BGB ist für bewegliche Sache vorgesehen; § 946 BGB schreibt bei der Verbindung einer beweglichen Sache mit dem Grundstück Alleineigentum des Grundstückseigentümers vor.

219 BGH, Beschluss vom 14. 06. 2007 (V ZB 18/07), BGHZ 172, S. 338–345 (345); Pfeifer, in: Staudingers Kommentar zum Bürgerlichen Gesetzbuch, 3. Buch, Sachenrecht, §§ 925–984, Anhang zu §§ 929 ff.: Sonderformen der Übereignung (Eigentum 2), Neubearbeitung 2011, § 928 Rn. 8 b).

das Miteigentum – »nur« ein Gedankengebäude ist, den die Rechtsordnung an keiner Stelle als Grundstück oder als grundstücksgleiches Recht bezeichnet. Damit ist aber keine Vergleichbarkeit oder Entsprechung mit einem »aufgegebenen Grundstück« vorhanden und die Anwendbarkeit des § 928 BGB wird in Bezug auf Miteigentumsanteile durch die für sie geltenden Sondervorschriften verdrängt.

Das Ergebnis lässt sich wie folgt zusammenfassen: Zunächst muss die Gemeinschaft »derelinquiert«,[220] d. h. aufgehoben werden, und danach kann das Eigentum am Grundstück aufgegeben werden. Damit ist im Ergebnis dem BGH zuzustimmen, auch wenn dieser in seiner Entscheidung die grundsätzliche Anwendbarkeit des § 928 BGB auf Miteigentumsanteile bejaht und sich so erheblichen Zweifeln ausgesetzt sieht.

Letztlich deckt sich dieses Ergebnis auch mit der Ansicht des historischen Gesetzgebers. Dieser hat nämlich – wie bereits erörtert – die Möglichkeit der Dereliktion bejaht.[221] Nichts anderes sieht das Gesetz vor, wenn es die Aufhebung der Bruchteilsgemeinschaft zulässt. Die auftretenden Zweifel in der 2. Kommission zeugen davon, dass dies den Beteiligten klar war, dass aber, sofern die Dereliktion über § 928 BGB erfolgen soll, eine zusätzliche Regelung für die Gemeinschaft erforderlich gewesen wäre. Hätte der Gesetzgeber diesen Weg beschritten, hätte er lediglich eine weitere Spezialnorm für die Gemeinschaft getroffen, die systematisch richtig bei der Gemeinschaft gestanden hätte[222] und nicht bei § 928 BGB, der in diesem Zusammenhang als Generalnorm fungiert. Die Anordnung beim Miteigentum wäre dann eine angeordnete Rechtsanalogie gewesen. Da er dies nicht getan hat, sondern es der Wissenschaft überlassen hat,[223] verbleibt es bei der Systematik des Gesetzes. Diese sieht für die Dereliktion von Miteigentum die Aufhebung der Gemeinschaft vor.

Sollte gleichwohl ein solcher unwirksamer Verzicht eines einzelnen Miteigentümers in das Grundbuch eingetragen werden, steht den Miteigentümern ein Anspruch auf Grundbuchberichtigung gemäß § 1004 BGB zu,[224] da § 894 BGB

220 Pfeifer, in: Staudingers Kommentar zum Bürgerlichen Gesetzbuch, 3. Buch, Sachenrecht, §§ 925–984, Anhang zu §§ 929 ff.: Sonderformen der Übereignung (Eigentum 2), Neubearbeitung 2011, § 928 Rn. 8 a).

221 Achilles/Spahn/Gebhard, Protokolle der Kommission für die zweite Lesung des Entwurfs des Bürgerlichen Gesetzbuches, Band III, 1899, S. 280.

222 Achilles/Spahn/Gebhard, Protokolle der Kommission für die zweite Lesung des Entwurfs des Bürgerlichen Gesetzbuches, Band III, 1899, S. 281.

223 So heißt es ausdrücklich in der Begründung, dass die Klärung dieser Frage der Wissenschaft überlassen werden soll. Es entspricht damit dem Selbstverständnis der 2. Kommission, die die rechtsfortbildende Tätigkeit der Juristen in Form von Juristengewohnheitsrecht und Richterrecht anerkannt hat (zu dem Selbstverständnis der 2. Kommission Meder, Ius non scriptum, 2. Auflage 2009, S. 146).

224 Karsten Schmidt, Besprechung der Entscheidung des KG Berlin vom 12. 11. 1987 (U 1465/87), NJW 1989, S. 42, JuS 1989, S. 574.

auf diesen Fall keine Anwendung finden kann.[225] Er gibt nur dem wahren Rechtsinhaber die Möglichkeit, die Grundbuchberichtigung zu verlangen.[226]

Sollten allerdings die Miteigentümer gemeinsam den Verzicht erklären, ergeben sich keine Besonderheiten zum Alleineigentum. Dies begründet sich dadurch, dass der reale Zugriff der Miteigentümer auf das Grundstück gemeinschaftlich stets möglich ist.[227]

2. Wohnungseigentum (WEG)

Bereits im Rahmen der grundstücksgleichen Rechte wurde herausgearbeitet, dass das WEG eine besondere Ausgestaltung des Miteigentums ist. Hieraus ergibt sich allerdings auch, dass die Überlegungen zum Miteigentum an dieser Stelle ebenfalls anwendbar sein müssen. Nähert man sich dem hierzu vertretenen Meinungsspektrum, so findet sich zum einen die Ansicht, dass ein Verzicht auf das Wohnungs- und Teileigentum nicht möglich ist, da sich die »einschlägigen« Vorschriften (§ 11 und § 6 WEG) ausschließlich auf die Beziehung zwischen Miteigentum und Sondereigentum beziehen würden.[228] Zum anderen wird die Ansicht vertreten, das Wohnungs- und Teileigentum – als eine besondere Form des Miteigentums – nicht anders behandelt werden könnte, als Miteigentum an sich.[229] Hinzu trete der Umstand, dass die Mitgliedschaft in der Wohnungs- und Teileigentümergemeinschaft mit der Aufgabe des Wohnungs- und Sondereigentums erlöschen würde. Wenn aber die Mitgliedschaft erlöschen würde, hätte dies die Aufhebung der Wohnungseigentümergemeinschaft zur Folge, denn ihr Bestehen setze voraus, dass die Miteigentumsanteile an dem gemeinschaftlichen Grundstück zusammen ein Ganzes ergeben.[230] Letzterer Ansicht ist der Vorzug zu geben, allerdings überzeugt die Begründung nicht. Der Bundesgerichtshof verschließt sich hier der konsistenten Begründung durch seine Ausführungen und Erwägungen im Rahmen des reinen Miteigentums. Die »einschlägigen« Vorschriften sind im vorliegenden Fall § 11 Abs. 1 Satz 1 und 2 WEG,

225 Gursky, in: Staudingers Kommentar zum Bürgerlichen Gesetzbuch, 3. Buch, Sachenrecht, §§ 883–902 (Allgemeines Liegenschaftsrecht 2) Neubearbeitung 2014, § 894 Rn. 18 m.w.N., der gegen eine Anwendbarkeit von § 1004 BGB neben § 894 BGB ist.

226 Kohler, in: Münchener Kommentar zum Bürgerlichen Gesetzbuch, Band 6, Sachenrecht, §§ 854–1296, 6. Auflage 2013, § 894 Rn. 15.

227 Huhn, in: Prütting/Wegen/Weinreich, BGB Kommentar, 10. Auflage 2015, § 928 Rn. 1.

228 OLG Düsseldorf, Beschluss vom 06.02.2007 (I-3 Wx 5/07), NZM 2007, S. 219–221.

229 BGH, Beschluss vom 14.06.2007 (V ZB 18/07), BGHZ 172, S. 338–345; beachte insbesondere Kanzleiter, in: Münchener Kommentar zum Bürgerlichen Gesetzbuch, Band 6, Sachenrecht, §§ 854–1296, 6. Auflage 2013, § 928 Rn. 4, der konsequenterweise zu einer Anwendbarkeit des § 928 auf das WEG kommt.

230 BGH, Beschluss vom 14.06.2007 (V ZB 18/07), BGHZ 172, S. 338–345.

denn diese schließen grundsätzlich die Aufhebung der Gemeinschaft aus. Sie sind die gesetzlichen Regelung, die das Eigentum im Sinne des Art. 14 GG einschränken und so eine Anwendung des § 928 BGB aus dogmatischen Gründen ausschließen. Doch das Ergebnis für das Miteigentum ist auch auf das Wohnungs- und Teileigentum anwendbar, denn zunächst muss die Gemeinschaft aufgehoben werden, vorliegend nach § 4 bzw. § 11 Abs. 3 WEG, die die Aufhebung der Gemeinschaft regeln. In einem nächsten Schritt wäre die Aufgabe des Eigentums möglich. Mit dem Bundesgerichtshof ist hier jedenfalls dann ein Aufhebungsanspruch zu bejahen, wenn sich dieser nach Treu und Glauben (§ 242) ergibt.[231]

3. Gesamthandseigentum an einem Grundstück

Gesamthandseigentum besteht an einer Sache, die zum Vermögen einer Gesamthandsgemeinschaft[232] gehört.[233] Hierbei steht jedem Gesamthänder ein Anteil am gesamthänderisch gebundenen Vermögen zu; die einzelne Sache (auch wenn dies den einzigen Vermögensgegenstand des Gesellschaftsvermögens darstellt) gehört ihm ganz mit der Einschränkung, dass allen Gesamthändern das gleiche Recht zusteht. Daher ist eine Verfügung über den Anteil an der einzelnen Sache nicht möglich: §§ 719 Abs. 1, 1419 Abs. 1, 1485 Abs. 2, 2033 Abs. 2 BGB.[234] Daraus ergibt sich aber, dass im Rahmen des Verzichts nur die Gesamthänder in ihrer gesamthänderischen Verbundenheit den Verzicht über den Gegenstand erklären können.[235]

Bezüglich der Gesamthandsgemeinschaften, die das Handelsrecht kennt, sind die jeweiligen Sondervorschriften zu beachten.[236] Denn grundsätzlich ist es möglich, dass bei diesen Gesellschaften die Vertretung und Verfügungsbefugnis einem einzelnen Gesellschafter zusteht oder auf eine dritte Person übertragen ist.

231 BGH, Beschluss vom 14.06.2007 (V ZB 18/07), BGHZ 172, S. 338–345 (345); Pfeifer, in: Staudingers Kommentar zum Bürgerlichen Gesetzbuch, 3. Buch, Sachenrecht, §§ 925–984, Anhang zu §§ 929ff.: Sonderformen der Übereignung (Eigentum 2), Neubearbeitung 2011, § 928 Rn. 8 b).

232 §§ 54, 718, 1416, 1485; 2032 BGB; §§ 105, 161, 489 HGB.

233 Meder/Czelk, Grundwissen Sachenrecht, 2. Auflage 2008, S. 47; Bassenge, in: Palandt, Bürgerliches Gesetzbuch, 75. Auflage 2016, § 903 Rn. 3.

234 Bassenge, in: Palandt, Bürgerliches Gesetzbuch, 75. Auflage 2016, § 903 Rn. 3.

235 Thüringer Oberlandesgericht, Beschluss vom 03.09.2012 (9 W 417/12), NotBZ 2012, S. 445; Benning, in: Herberger/Martinek/Rüßmann/Weth, JurisPK-BGB, 7. Auflage 2014, § 928 BGB Rn. 12; Pfeifer, in: Staudingers Kommentar zum Bürgerlichen Gesetzbuch, 3. Buch, Sachenrecht, §§ 925–984, Anhang zu §§ 929ff.: Sonderformen der Übereignung (Eigentum 2), Neubearbeitung 2011, § 928 Rn. 7.

236 OHG: § 125 HGB; KG: § 125 HGB i.V.m. § 161 II HGB.

4. Verfügungsbeschränkungen und fehlende Verfügungsbefugnis des Eigentümers

Sowohl bei der Allein- als auch bei der Mitberechtigung können Beschränkungen der Gestaltungsberechtigung vorkommen. So ist eine Beschränkung durch die landesgesetzlicher Regelung überlassenen Veräußerungsverbote (Art. 119 EGBGB) möglich. Ebenso kommt eine Beschränkung durch die Nacherbschaft in Betracht, denn zwar kann der Vorerbe grundsätzlich über die zur Erbschaft gehörenden Gegenstände verfügen (§ 2112 BGB), aber die Verfügung des Vorerben über ein zur Erbschaft gehörendes Grundstück ist im Falle des Eintritts der Nacherbfolge insoweit unwirksam, als sie das Recht des Nacherben vereiteln oder es beeinträchtigen würde (§ 2113 Abs. 1 und 2 BGB), so dass der Verzicht hierunter fällt.[237] Eine weitere Reglementierung ist durch die Beschlagnahme des Grundstücks (§ 20 ZVG i. V. m. § 146 ZVG) gegeben, denn die Beschlagnahme hat die Wirkung eines Veräußerungsverbots (§ 23 ZVG i. V. m. § 136 BGB);[238] der trotzdem erfolgte Verzicht ist nur den Gläubigern gegenüber unwirksam.[239]

Eine Beschränkung des Gestaltungsrechts durch Bedingung und Befristung kommt nicht in Betracht.[240] Weiterhin können einstweilige Verfügungen das Gestaltungsrecht beschränken, so insbesondere gemäß § 938 Abs. 2 ZPO, wonach die Veräußerung eines Grundstücks durch einstweilige Verfügung untersagt werden kann. Ebenso gehört hierher das an den Gemeinschuldner erlassene Verfügungsverbot der §§ 21 Abs. 2 Nr. 2, 24 I, 81 InsO. Darüber hinaus sind Sonderkonstellationen, in denen die Verfügung besonderen Regeln unterfällt, zu berücksichtigen (z. B. § 1365 BGB).

In den oben genannten Fällen wird lediglich das Verfügungsrecht des Eigentümers eingeschränkt. Es kann aber auch der Fall auftreten, dass der Eigentümer der Sache nicht mehr der Berechtigte ist, nämlich dann, wenn das Verfügungsrecht insgesamt auf einen anderen übergegangen ist. Ein solcher Übergang des Verfügungsrechts kann kraft Gesetzes erfolgen. Ist jedoch das Verfügungsrecht auf einen Dritten übergegangen, kann der Eigentümer nicht

---

237 OLG Frankfurt am Main, Beschluss vom 22. 10. 2009 (20 W 175/09), ZErb 2010, S. 87–89; Dietmar Weidlich, in: Otto Palandt, Bürgerliches Gesetzbuch, 75. Auflage 2016, § 2113 Rn. 2.

238 BGH, Urteil vom 20. 02. 1997 (III ZR 208/95), NJW 1997, S. 1581–1583 (1582).

239 Ellenberger, in: Palandt, Bürgerliches Gesetzbuch, 75. Auflage 2016, § 136 Rn. 6; eine Auflistung gesetzlicher Verfügungsverbote mit relativer Wirkung findet sich bei Wolfgang Hefermehl, in: Hans Theodor Soergel, Bürgerliches Gesetzbuch, Band 2, Allgemeiner Teil 2 §§ 104–240, 13. Auflage 1999, § 136 Rn. 15f.

240 Bassenge, in: Palandt, Bürgerliches Gesetzbuch, 75. Auflage 2016, § 928 Rn. 2; vgl. hierzu insbesondere auch die Ausführungen in dieser Untersuchung (3. Kapitel I. 2.).

mehr über das Rechtsobjekt verfügen, er kann es folglich auch nicht aufgeben. Folgende drei Fälle fallen hierunter:

Im ersten Fall geht mit der Eröffnung des Insolvenzverfahrens das Recht der Verwaltung und Verfügung über das zur Insolvenzmasse gehörende Vermögen auf den Insolvenzverwalter über (§ 80 I InsO). Damit ist der Verfügungsberechtigte jetzt nicht mehr der Eigentümer, sondern der Insolvenzverwalter. Der Insolvenzverwalter wird zur Partei kraft Amtes.[241] Würde also der insolvente Eigentümer nach diesem Zeitpunkt – solange das Grundstück dem Insolvenzbeschlag unterliegt – eine Dereliktion über das Grundstück vornehmen, so wäre diese unwirksam.[242]

Im zweiten Fall – der Testamentsvollstreckung – kann der Erbe gemäß § 2211 Abs. 1 BGB nicht mehr über Nachlassgegenstände verfügen. Dieses Recht steht allein dem Testamentsvollstrecker zu. Nun könnte man zu dem Schluss kommen, dass dieser über das Grundstück verfügen und es demnach auch aufgeben kann. Dies wird man aber unter Berücksichtigung des § 2205 Satz 3 BGB verneinen müssen, denn § 2205 Satz 3 BGB verbietet dem Testamentsvollstrecker, unentgeltliche Verfügungen vorzunehmen.[243] Eine solche stellt aber die Dereliktion dar.

Im dritten Fall – der Nachlassverwaltung (§ 1984 Abs. 1 BGB) – verliert der Erbe mit Anordnung der Nachlassverwaltung ebenfalls die Verwaltungs- und Verfügungsbefugnis. Diese geht auf den Nachlassverwalter über. Im Gegensatz zum Testamentsvollstrecker hat der Nachlassverwalter das Recht, auch unentgeltliche Verfügungen zu treffen, so dass eine Dereliktion durch den Nachlassverwalter an einem zum Nachlass gehörenden Grundstück denkbar ist (§ 1985 BGB).[244]

Es kann vorkommen, dass nicht der eigentlich Berechtigte, sondern nur der »Buchberechtigte« eine Verfügung über das Grundstück vornimmt. Den Buchberechtigten zeichnet aus, dass er zwar nach der formellen Grundbuchlage als der Berechtigte erscheint, materiellrechtlich aber Nichtberechtigter ist. Das Gesetz lässt in den §§ 894ff. BGB Verfügungen eines Nichtberechtigten unter bestimmten Voraussetzungen wirksam sein. Diese Ausnahme stellt das Gesetz im Interesse des Verkehrsschutzes auf. Der gutgläubige Dritte soll auf den

241 Vgl. zum Meinungsstand Thorsten Graeber, in: Münchener Kommentar zur Insolvenzordnung, Band 1, §§ 1–79, 3. Auflage 2013, § 56 Rn. 152ff.

242 Ellenberger, in: Palandt, Bürgerliches Gesetzbuch, 75. Auflage 2016, § 136 Rn. 2b.

243 Anders ist wohl der Fall zu behandeln, in dem der Dereliktion eine schuldrechtliche Verpflichtung zugrunde liegt. Eine teleologische Reduktion dieses Verbotes ist wohl auch für den Fall denkbar, in dem ein wertaushölend belastetes Grundstück derelinquirt wird, um weitere Kosten für den Nachlass (bspw. Grundsteuer) zu vermeiden.

244 Grundsätzlich gilt aber, dass der Nachlassverwalter die Nachlassverbindlichkeiten zu befriedigen hat. Hierzu Dietmar Weidlich, in: Palandt, Bürgerliches Gesetzbuch, 75. Auflage 2016, § 1985 Rn. 6.

Rechtsverkehr vertrauen können, in diesem Falle auf die sich im Grundbuch abzeichnende Rechtslage. Nimmt aber der Buchberechtigte eine Dereliktion am Grundstück vor, so stellt sich die Frage, ob der Fiskus als der Aneignungsberechtigte in seinem guten Glauben geschützt wird. Dies muss man verneinen, denn die erste Voraussetzung für jeden gutgläubigen Erwerb ist ein Rechtsgeschäft im Sinne eines Verkehrsgeschäftes. Die Dereliktion mag zwar Rechtsgeschäft sein, mit diesem korrespondiert aber nicht der Rechtserwerb des Fiskus. Er erwirbt sein Aneignungsrecht kraft Gesetzes und nicht kraft Rechtsgeschäfts. Damit kann aber ein gutgläubiger Erwerb des Aneignungsrechts durch den Fiskus nicht in Betracht kommen.[245]

III. Resümee

Die Analyse der Aufgabe von Grundstückseigentum zeigt, dass grundstücksgleiche Rechte in den Anwendungsbereich des § 928 Abs. 1 BGB fallen, allerdings ist das Wohnungseigentum in diesem Zusammenhang nicht als grundstücksgleiches Recht, sondern als besonders ausgestaltetes Miteigentum aufzufassen. Im Hinblick auf die unterschiedlichen Eigentumsarten zeigt sich, dass § 928 Abs. 1 BGB sich grundsätzlich an den Alleineigentümer richtet. Im Hinblick auf das Miteigentum hat die Untersuchung ergeben, dass der Auffassung der herrschenden Meinung, dass Miteigentum nicht in den Anwendungsbereich des § 928 Abs. 1 BGB fällt, gefolgt werden kann. Argumente für diese Ansicht werden – anders als die herrschende Meinung, die sich vor allem auf Wertungsgesichtspunkte stützt – aus systematischen Gesichtspunkten gewonnen, da die Bruchteilsgemeinschaft dinglichen Charakter hat. Hinsichtlich der Verfügungsbeschränkungen kann aufgezeigt werden, dass in diesem Zusammenhang stets darauf abzustellen ist, woraus sich die Verfügungsbeschränkung ergibt, da die Aufgabe von Grundstückseigentum eine einseitige Verfügung ist und in aller Regel unentgeltlich erfolgt.

245 So die h. M. Artz, in: Erman Bürgerliches Gesetzbuch, 14. Auflage 2014, § 928 Rn. 9; a. A. noch Schulze, Die Aufgabe des Grundeigentums (§ 928 BGB): Mit besonderer Rücksicht auf Preußen, 1909, S. 221.

3. Kapitel: Fortsetzung: Die Aufgabe des Grundstückseigentums – Der Verzicht, die Eintragung im Grundbuch und Rechtsfolgen

I. Der Verzicht

Gemäß § 928 BGB setzt die Eigentumsaufgabe zweierlei voraus, nämlich die Verzichtserklärung gegenüber dem Grundbuchamt und die Eintragung des Verzichts im Grundbuch. Aufgrund dieser Struktur des Tatbestandes, bei der die Rechtsfolge erst bei Vorliegen beider Tatbestandsmerkmale eintritt,[246] lässt sich der Tatbestand des § 928 BGB als ein »gestreckter« oder »zusammengesetzter« oder auch als »Doppeltatbestand« umschreiben.[247] An dieser Stelle soll nunmehr das Tatbestandsmerkmal »Verzicht« untersucht werden.

Ähnlich dem Begriff des Grundstücks enthält das BGB auch keine Definitionen des Verzichts. Gleichwohl taucht der Begriff des Verzichts an vielerlei Stellen im BGB auf.[248] Dabei darf jedoch nicht übersehen werden, dass es sich um zwei verschiedene Typen von »Verzichtserklärungen« handelt.[249] Für den ersten Typ des »Verzichts« ergibt das Zusammenspiel der einzelnen Normen folgenden Rechtscharakter:

Der Verzicht tritt in den Normen als subjektives Element auf. Er ist Ausdruck des Willens, der in einigen Normen einmal durch einseitige Erklärung,[250] einmal

---

246 Statt vieler: Schmalz, Methodenlehre, 4. Auflage 1998, Rn. 15, schreibt zur allgemeinen Struktur von Rechtsnormen: »Die typische Rechtsnorm enthält Voraussetzungen – auch als Tatbestandsmerkmale bezeichnet – und knüpft an das Vorliegen der Voraussetzungen eine Rechtsfolge. Sie hat eine ›Wenn …, dann …‹-Struktur, die auch als Konditionalprogramm bezeichnet wird.«.

247 Er entspricht damit der Konstruktion der §§ 873 Abs. 1, 929 BGB. Diese werden ebenfalls als gestreckte oder zusammengesetzte oder Doppeltatbestände bezeichnet; vgl. bspw. so noch ausdrücklich: Lutz Michalski in: Erman Bürgerliches Gesetzbuch, 13. Auflage 2011, § 929 Rn. 1; Lorenz, in: Erman Bürgerliches Gesetzbuch, 13. Auflage 2011, § 873 Rn. 1.

248 Bspw. §§ 1501; 1491; 959; 2346ff.; 1517; 1175; 768; 418; 1165; 1168; 1169; 1175; 1255 (nur sinngemäß); 376; 1614; 517; 658; 533 BGB.

249 So schon im älteren Schrifttum: Kranichfeld, Die Aufgabe des Eigentums an Grundstücken und deren Folgen, 1908, S. 14ff.

250 Bspw. §§ 959; 1501; 2346; 1175; 418; 1165 BGB.

als gegenseitige Erklärung[251] zum Ausdruck kommt. Die Erklärung des Verzichts ist Ausdruck des Willens des Verfügenden und entspringt der Dispositionsbefugnis des Rechtsinhabers. Der Rechtsinhaber bringt durch sie zum Ausdruck, dass er eine bestimmte Rechtsfolge, nämlich die Aufgabe seines Rechts, herbeiführen möchte. Sie entspricht damit der allgemeinen Definition einer Willenserklärung. Nach dieser ist eine Willenserklärung die Äußerung eines auf die Herbeiführung einer Rechtswirkung gerichteten Willens. Sie bringt einen Rechtsfolgewillen zum Ausdruck, d.h. einen Willen, der auf die Begründung, inhaltliche Änderung oder Beendigung eines privaten Rechtsverhältnisses abzielt.[252]

Darüber hinaus wird bei den einseitigen Erklärungen durch diesen Willen die Privatautonomie des Eigentümers verwirklicht.[253] Das für die Verwirklichung der Privatautonomie und damit auch der Dispositionsbefugnis geschaffene Instrument ist das Rechtsgeschäft, das durch Abstraktion aus den in der Rechtsordnung normierten Akttypen durch die Rechtswissenschaft des 18. und 19. Jahrhunderts gewonnen wurde.[254]

Ein Rechtsgeschäft besteht aus einer oder mehreren Willenserklärungen, die allein oder in Verbindung mit anderen Tatbestandsmerkmalen eine Rechtsfolge herbeiführen, weil sie gewollt ist.[255] Der Kern dieser Definition ist zunächst die Willenserklärung. Diese liegt bei § 928 BGB in der Verzichtserklärung des Eigentümers vor. Als weiteres Tatbestandsmerkmal ist im Falle des § 928 BGB die Eintragung des Verzichts im Grundbuch erforderlich, so dass damit die Rechtsfolge eintreten kann. Die Verzichtserklärung stellt aber zugleich – da sie das einzige Element ist, das allein vom subjektiven Willen des Eigentümers abhängt – ein Rechtsgeschäft dar.[256]

Erfordert die Willensbekundung einen bestimmten Adressaten – hier kraft gesetzlicher Anordnung im § 928 BGB das Grundbuchamt, denn diesem ge-

---

251 Bspw. §§ 1517; 397 BGB.

252 Ellenberger, in: Palandt, Bürgerliches Gesetzbuch, 75. Auflage 2016, Einf. vor § 116 Rn. 1.

253 Bei zweiseitigen Erklärungen handelt es sich um Angebot und Annahme, wobei das Angebot den Rechtscharakter einer Willenserklärung trägt. Durch das Angebot selbst wird die Rechtslage nicht verändert. Die Rechtsfolge tritt erst durch die Annahme ein, diese ist zwar auch Willenserklärung, aber weil sie eine Rechtsfolge herbeiführt, nämlich einen wirksamen Vertrag, ist sie auch Rechtsgeschäft. Dieses gilt aber gerade nicht für das Angebot, denn dieses allein verändert die Rechtslage nicht.

254 Ellenberger, in: Palandt, Bürgerliches Gesetzbuch, 75. Auflage 2016, Überbl. vor § 104 Rn. 2.

255 Ellenberger, in: Palandt, Bürgerliches Gesetzbuch, 75. Auflage 2016, Überbl. vor § 104 Rn. 2.

256 Allgemeine Meinung statt vieler Pfeifer, in: Staudingers Kommentar zum Bürgerlichen Gesetzbuch, 3. Buch, Sachenrecht, §§ 925–984, Anhang zu §§ 929ff.: Sonderformen der Übereignung (Eigentum 2), Neubearbeitung 2011, § 928 Rn. 10 a).

genüber ist der Verzicht zu erklären –, so spricht man von einer empfangsbedürftigen Willenserklärung.[257]

Weiter ist bei diesem Typ des Verzichtes charakteristisch, soweit er sich im Sachenrecht befindet, dass der Verzicht eine Willenserklärung ist, die darauf gerichtet ist, ein subjektives Recht aufzugeben. Er stellt die »Lösung« des Bandes zwischen dem Erklärenden und dem Vermögensgegenstand dar.[258] Der Verzicht ist damit Verfügung über ein Recht, denn es betrifft dessen Bestand, er wirkt unmittelbar auf den Bestand eines Rechts,[259] und zwar im Rahmen des § 928 BGB, auch wenn die Rechtsänderung erst im Zusammenwirken mit einer anderen rechtserheblichen Tatsache eintritt, in diesem Fall durch die Eintragung im Grundbuch. Beim Verzicht auf das Eigentum an beweglichem Vermögen ist es beispielsweise die Aufgabe des Besitzes.[260] Der Verzicht ist in diesen Vorschriften nämlich nur ein Teil des Tatbestands, also ein Tatbestandsmerkmal; den Rechtscharakter des Verzichts als Verfügung vermag dieser Befund allerdings nicht zu erschüttern.

Darüber hinaus gilt auch im Rahmen des Verzichts – als Verfügung – das Trennungsprinzip. Dieses besagt, dass es sich auf der Ebene einer schuldrechtlichen Verpflichtung und auf der sachenrechtlichen Ebene um zwei unabhängige Rechtsgeschäfte handelt.[261]Das Trennungsprinzip ist die Grundlage des Abstraktionsprinzips. Nach diesem gilt, dass ein Fehler des einen Rechtsgeschäftes nicht den Bestand des anderen tangiert.[262]

Bei dem zweiten Typ des Verzichts darf nicht davon ausgegangen werden, dass es sich um ein Rechtsgeschäft handelt. In dieser Kategorie werden nämlich keine Verfügungen über einen Gegenstand getroffen, sondern es wird lediglich ein Recht nicht ausgeübt.[263] Der Verzicht im letzteren Sinne stellt sich nicht als unmittelbare Änderung der Rechtslage dar, sondern besteht in einer tatsächli-

257 Ellenberger, in: Palandt, Bürgerliches Gesetzbuch, 75. Auflage 2016, Überbl. vor § 104 Rn. 2, § 130 Rn. 2.

258 Pfeifer, in: Staudingers Kommentar zum Bürgerlichen Gesetzbuch, 3. Buch, Sachenrecht, §§ 925–984, Anhang zu §§ 929ff.: Sonderformen der Übereignung (Eigentum 2), Neubearbeitung 2011, § 928 Rn. 2.

259 BGH, Urteil vom 04.05.1987 (II ZR 211/86), BGHZ 101, S. 24–29 (26); Ellenberger, in: Palandt, Bürgerliches Gesetzbuch, 75. Auflage 2016, Überbl. vor § 104 Rn. 16.

260 Dies ist Ausdruck eines gestreckten Tatbestandes (vgl. oben).

261 Bassenge, in: Palandt, Bürgerliches Gesetzbuch, 75. Auflage 2016, Einl. vor § 854 Rn. 13.

262 Bassenge, in: Palandt, Bürgerliches Gesetzbuch, 75. Auflage 2016, Einl. vor § 854 Rn. 13; Meder/Czelk, Grundwissen Sachenrecht, 2. Auflage 2008, S. 7f.

263 Dabei handelt es sich um solche Fälle, bei denen ein Verzicht als solcher unwirksam ist (z. B. §§ 1614; 1360 Abs. 3 i.V.m. 1614 BGB), aber aufgrund der faktischen Handlung der Nichtausübung des Rechts treten die Wirkungen ein, die einem Verzicht entsprechen. So bspw. auch schon im älteren Schrifttum: Kranichfeld, Die Aufgabe des Eigentums an Grundstücken und deren Folgen, 1908, S. 14. Dieser spricht von einem Verzicht auf einen Nichtgegenstand.

chen »Nichtausübung« eines subjektiven Rechts, so dass die objektive Rechtslage unberührt bleibt. Dieser Verzicht löst kein »Band« zwischen dem Verzichtenden und dem Recht, ihm kommt schlicht eine hemmende Wirkung in der Ausübung zu. Damit handelt es sich bei diesem Verzicht nicht um eine Verfügung. Bei dem Verzicht im Rahmen des § 928 Abs. 1 BGB handelt es sich demnach um einen Verzicht des ersten Typs.

Weiter lässt sich feststellen, dass der Verzicht im Rahmen des Sachenrechts stets ein einseitiges Rechtsgeschäft ist,[264] nur im Schuldrecht findet er sich als gegenseitiges Rechtsgeschäft in Form des Verzichtsvertrages.[265] Damit handelt es sich, da die Norm des § 928 BGB im Sachenrecht angesiedelt ist, beim Verzicht auf das Eigentum am Grundstück um eine einseitige, empfangsbedürftige Willenserklärung, ebenso um ein Rechtsgeschäft und eine Verfügung.

1. Entstehung, Erlöschen, Durchsetzbarkeit und Abtretbarkeit des Verzichtsrechts

Bereits weiter oben (vgl. S. 41 f.) wurde ausgeführt, dass das Verzichtsrecht verfassungsrechtlich gewährleistet ist,[266] es entspringt sowohl der negativen als auch der positiven Eigentumsfreiheit. Hierbei stellt § 928 Abs. 1 BGB eine positivrechtliche Regelung dar.[267] Diese schreibt den Weg vor, den ein Eigentümer beschreiten muss, um sich von seinem Eigentum einseitig zu trennen. Deutlich wird aber hieraus, dass das Verzichtsrecht nur dem Eigentümer als solchem zusteht. Das Verzichtsrecht ist Bestandteil seiner Eigentumsfreiheit und damit untrennbar mit dem Eigentum selbst verbunden. Das Verzichtsrecht teilt das Schicksal des Eigentums, es entsteht mit ihm.

Das Verzichtsrecht erlischt für den jeweiligen Eigentümer dann, wenn dieser nicht mehr Eigentümer ist, sei es nun durch Ausübung des Verzichtsrechts oder sei es, weil er das Eigentum am Gegenstand auf anderem Wege verloren hat.

Das Verzichtsrecht unterliegt keiner Verjährung, denn gemäß § 194 BGB unterliegen nur Ansprüche der Verjährung. Zwar ist durch das Schuldrechtsmodernisierungsgesetz eine Norm (§ 218 BGB) geschaffen worden, nach der Rechte nach einer bestimmten Zeit nicht mehr ausgeübt werden können damit

264 Christian Grüneberg, in: Otto Palandt, Bürgerliches Gesetzbuch, 75. Auflage 2016, § 397 Rn. 4.
265 Grüneberg, in: Palandt, Bürgerliches Gesetzbuch, 75. Auflage 2016, § 397 Rn. 4.
266 Hierzu 1. Kapitel III.
267 Pieroth/Schlink/Kingreen/Poscher, Grundrechte, 31. Auflage 2015, Rn. 1002 spricht von: »Das Eigentum iSd Art. 14 Abs. 1 S.1 GG wird aber durch das gesamte einfache Recht definiert…«.

tritt faktisch die »Verjährung« des Rechts ein. In dieser Ausnahmevorschrift ist das Verzichtsrecht aber nicht genannt.

Denkbar sind Fälle, in denen der Eigentümer – da der Verzicht vorliegend als eine Verfügung betrachtet wird – eine schuldrechtliche Verpflichtung zur Verzichtserklärung übernimmt oder sich verpflichtet, sein Recht nicht auszuüben. Ein solcher Vertrag, der den Verzicht zum Inhalt hat – seine Wirksamkeit unterstellt –, dürfte aber im Hinblick auf § 137 BGB keine dingliche Wirkung zeitigen. Denn gemäß § 137 BGB ist die Verfügungsbefugnis über ein veräußerliches Recht nicht durch ein Rechtsgeschäft ausschließbar. An der Begrifflichkeit »veräußerlich« darf man sich an dieser Stelle nicht stören. Zwar ist das Verzichtsrecht als Bestandteil des Eigentums nicht selbstständig veräußerlich, vorliegend geht es aber nicht um das Verzichtsrecht auf dinglicher Ebene, sondern um den schuldrechtlichen Vertrag darüber, ein Verzichtsrecht auszuüben bzw. es nicht auszuüben. Gegenstand eines solchen Vertrags wird aber regelmäßig sein, dass der »noch« Eigentümer für seine »Verpflichtung zum Verzicht« oder »Verzicht auf den Verzicht« eine geldwerte Gegenleistung erhält. Darüber hinaus lässt sich argumentieren, dass das Hauptrecht »Eigentum« ein veräußerliches Recht ist.[268] Wenn aber schon das Hauptrecht veräußerlich ist und damit in den Tatbestand des § 137 Satz 1 BGB fällt,[269] dann muss dies erst recht für das Teilrecht gelten.

Vorstehend wurde die dingliche Wirkung eines Vertrages erläutert, der zum Gegenstand die Verpflichtung zur Aufgabe des Eigentums hat bzw. den Verzicht auf die Aufgabe von Eigentum. Einem solchen Vertrag steht § 137 BGB nicht entgegen. Zwar verbietet § 137 Satz 1 BGB die Befugnis zu beschränken, lässt aber in seinem Satz 2 eine schuldrechtliche Verpflichtung über dieselbe unberührt. Damit ist ein Vertrag, der lediglich die Verpflichtung zum Verzicht begründet, ein Vertrag mit zulässigem Inhalt. Der entsprechende Vertragspartner könnte den Eigentümer auf Abgabe einer Willenserklärung (Abgabe des Verzichts) oder bei erfolgtem Verzicht – trotz schuldrechtlicher Verpflichtung, den Verzicht nicht auszuüben – in Anspruch nehmen. Eine dingliche Wirkung hätte ein solcher Vertrag indes nicht. Bei einem solchen Vertragsabschluss ist jedoch die Form des § 311 b Abs. 1 BGB zu beachten.[270] Zwar nennt der Wortlaut des § 311 b Abs. 1 BGB nicht den Verzicht, sondern spricht lediglich von der Verpflichtung zur Übertragung oder zum Erwerb, aber die Interessenlage ist beim Verzichtsvertrag identisch, denn der Gesetzgeber hat bereits in seinen Motiven

268 Dies folgt bereits aus der Eigentumsgarantie des Art. 14 GG.

269 Ellenberger, in: Palandt, Bürgerliches Gesetzbuch, 75. Auflage 2016, § 137 Rn. 2.

270 Kanzleiter, in: Münchener Kommentar zum Bürgerlichen Gesetzbuch, Band 6, Sachenrecht, §§ 854–1296, 6. Auflage 2013, § 928 Rn. 9; Pfeifer, in: Staudingers Kommentar zum Bürgerlichen Gesetzbuch, 3. Buch, Sachenrecht, §§ 925–984, Anhang zu §§ 929ff.: Sonderformen der Übereignung (Eigentum 2), Neubearbeitung 2011, § 928 Rn. 17.

erklärt, dass der Verzicht u.a. formalisiert wird, um den Eigentümer zu warnen.[271] Würde man den Verzichtsvertrag, der die Verpflichtung zum Verzicht begründet, keiner Form unterwerfen, würde man diese vom Gesetzgeber gewünschte Warnfunktion unterlaufen. Aus diesem Grunde liegt es nahe, den § 311 b Abs. 1 BGB ebenso auf den schuldrechtlichen Verzichtsvertrag anzuwenden. Auch dürfte es möglich sein, den Gläubiger dieser Verpflichtung entsprechend abzusichern, nämlich durch eine Vormerkung zur Sicherung des Anspruchs auf Verzichtsausübung.[272]

Hinsichtlich der Abtretbarkeit des Verzichtsrechts scheint es zunächst so, als biete § 413 BGB die Möglichkeit hierfür, da nach § 413 BGB die Vorschriften über die Übertragung von Forderungen auf Rechte entsprechend anzuwenden sind. Daraus weiter folgend wäre für die Übertragung des Verzichtsrechts lediglich ein formloser Vertrag ausreichend. Dies ist aber nicht zutreffend. Wenn nämlich das Verzichtsrecht ein Bestandteil des Eigentums ist und das Schicksal des Hauptrechts teilt, so kann das Verzichtsrecht auch nicht selbstständig übertragen werden.[273] Will also der Eigentümer sein Verzichtsrecht auf einen Dritten übertragen, so kann er dies nur, wenn er dem Dritten das Eigentum verschafft. Im konkreten Fall würde dies die Auflassungserklärung und die Eintragung des Dritten im Grundbuch bedeuten (§§ 875, 925 BGB).

2. Ausübung des Verzichtsrechts

Bei dem Verzicht in materieller Hinsicht handelt es sich um ein einseitiges, empfangsbedürftiges Rechtsgeschäft.[274] Hieraus folgt, dass alle Normen des BGB, die Regeln über einseitige, empfangsbedürftige Willenserklärungen enthalten, Anwendung finden. Allen voran sind insbesondere die Regeln des allgemeinen Teils zu beachten. Deren Anwendbarkeit wird nachfolgend untersucht.

Im Rahmen des allgemeinen Teils dürften die §§ 108–110, 113 BGB keine Anwendung auf den Verzicht finden, da die §§ 108–110 BGB Regeln über Verträge und damit nicht über einseitige Rechtsgeschäfte beinhalten. § 113 BGB ist

---

271 Vgl. dazu 1. Kapitel III. Diese Funktion, nämlich die Parteien auf die Bedeutung des Geschehens hinzuweisen, übernimmt der § 311 b Abs. 1 BGB; vgl. hierzu Grüneberg, in: Palandt, Bürgerliches Gesetzbuch, 75. Auflage 2016, § 311 b Rn. 2.

272 Schulze, Die Aufgabe des Grundeigentums (§ 928 BGB): Mit besonderer Rücksicht auf Preußen, 1909, S. 43.

273 Manfred Wolf/Jörg Neuner, Allgemeiner Teil des Bürgerlichen Rechts, 10. Auflage 2012, § 19 Rn. 53.

274 Bassenge, in: Palandt, Bürgerliches Gesetzbuch, 75. Auflage 2016, § 928 Rn. 2.

der Sache nach nicht anwendbar, da dieser Regelungen über das Dienst- und Arbeitsverhältnis enthält.

Besonders hervorzuheben ist aber im Rahmen der Geschäftsfähigkeit der § 111 BGB. Da es sich bei dem Verzicht um ein Rechtsgeschäft handelt, das keinen rechtlichen Vorteil[275] bietet, sondern im Gegensatz dazu das Vermögen im juristischen Sinne unmittelbar schmälert, greift der Tatbestand des § 111 BGB ein. Nach dieser Vorschrift sind einseitige Rechtsgeschäfte, die nicht lediglich rechtlich vorteilhaft sind und von einem beschränkt Geschäftsfähigen ohne die erforderliche Einwilligung des gesetzlichen Vertreters vorgenommen werden, unwirksam. Dabei ist insbesondere zu beachten, dass der Wortlaut des § 111 BGB von Einwilligung spricht, also der vorherigen Zustimmung.[276] Eine nachträgliche Zustimmung, die als Genehmigung bezeichnet wird (§ 184 BGB), ist unzulässig.[277]

Weiterhin finden auf den Verzicht die Bestimmungen über Willenserklärungen Anwendung. Hierbei ist zu berücksichtigen, dass diese Vorschriften, soweit sie sich auf empfangsbedürftige Willenserklärungen beziehen, in zwei Gruppen einzuteilen sind. Die erste Gruppe umfasst Willenserklärungen, die amtsempfangsbedürftig sind, die andere umfasst solche, die einem Privatrechtssubjekt zugehen müssen. Diese Unterscheidung begründet sich durch den Wortlaut des Gesetzes, denn das Gesetz selbst scheint einen Unterschied darin zu sehen, wem die Willenserklärung zugehen muss (§§ 130 Abs. 1, 3, 143 Abs. 3 BGB). Damit finden insbesondere folgende Vorschriften des allgemeinen Teils keine Anwendung: §§ 116 Satz 2,[278] 117,[279] 123 Abs. 2 BGB.[280]

Denkbar sind auch Fälle, in denen der Wille zur Dereliktion fehlerhaft gebildet wurde. In einem solchen Fall kann auf die §§ 119, 120, 121 BGB zurück-

275 Ellenberger, in: Palandt, Bürgerliches Gesetzbuch, 75. Auflage 2016, § 107 Rn. 2.

276 Vgl. Wortlaut des § 183 BGB; Ellenberger, in: Palandt, Bürgerliches Gesetzbuch, 75. Auflage 2016, Einf. vor § 182 Rn. 1.

277 Ellenberger, in: Palandt, Bürgerliches Gesetzbuch, 75. Auflage 2016, § 111 Rn. 3 mit Ausnahmen, die hier aber nicht eingreifen können.

278 Ellenberger, in: Palandt, Bürgerliches Gesetzbuch, 75. Auflage 2016, § 116 Rn. 5, vgl. aber § 29 Abs. 1 1 GBO.

279 Ellenberger, in: Palandt, Bürgerliches Gesetzbuch, 75. Auflage 2016, § 117 Rn. 2; Hefermehl, in: Soergel, Bürgerliches Gesetzbuch, Band 2, Allgemeiner Teil 2 §§ 104–240, 13. Auflage 1999, § 117 Rn. 2.

280 Fink, Die rechtliche Natur der Aufgabe des Eigentums nach heutigem bürgerlichem Recht, 1904, S. 38. Die von der Rechtsprechung entwickelten Ausnahmen zum Begriff des »Dritten« in § 123 Abs. 2 BGB können nicht eingreifen, da regelmäßig bei einer Behörde ein »Privater« als fremder Dritter anzusehen sein dürfte (zu den Ausnahmen Holger Wendtland, in: Heinz Georg Bamberger/Herbert Roth, Bürgerliches Gesetzbuch, Band 1, §§ 1–610, 3. Auflage 2012, § 123 Rn. 21 f.).

gegriffen werden.[281] Sollte der ursprüngliche Eigentümer anfechten, so stellt sich die Frage, wem gegenüber er die Anfechtung zu erklären hat. Der Adressat der Anfechtungserklärung bestimmt sich nach § 143 Abs. 2 BGB. Hieraus ergibt sich, dass der Aneignungsberechtigte, also der Fiskus, der Adressat der Anfechtungserklärung ist, wenn bereits der Eintrag im Grundbuch erfolgt ist.[282] Anderenfalls ist ausschließlich das Grundbuchamt Empfänger der Anfechtungserklärung, dem auch nach erklärter Aneignung die Anfechtungserklärung gegenüber abgegeben werden kann.[283]

Die Formvorschriften der §§ 126ff. BGB finden auf den materiellrechtlichen Verzicht keine Anwendung, dieser ist grundsätzlich formfrei.[284] Anwendung finden dagegen §§ 130, 133–138 BGB. Der zuständige Empfänger ist das Grundbuchamt. Aus diesem Grunde handelt es sich beim Verzicht um eine amtsempfangsbedürftige Willenserklärung.[285] Die Willenserklärung ist aber nicht gegenüber jedem Grundbuchamt möglich, sondern nur gegenüber dem Grundbuchamt, das für das Grundstück zuständig ist. Die Zuständigkeit des Grundbuchamtes richtet sich nach § 1 Grundbuchordnung (GBO), hiernach ist das Grundbuchamt des Amtsgerichtes zuständig, in dessen Bezirk das Grundstück gelegen ist.

Hinsichtlich der historischen Entwicklung des § 928 BGB wurde bereits erörtert, dass die zweite Kommission den Wortlaut des § 928 BGB geändert hat.[286] Der § 872 (I. Entwurf) hatte noch vorgesehen, dass der Verzicht vor dem Grundbuchamt zu erklären ist. Die 2. Kommission hatte sich dahingehend verständigt, dass die Erklärung gegenüber dem Grundbuchamt abzugeben ist. Das Motiv für die Änderung des Wortlauts war insbesondere die Überlegung, dass mit dem Wortlaut »vor dem Grundbuchamte« strengere Anforderungen an den Verzicht auf das Eigentum gestellt werden würden, als an die Ausschlagung einer Erbschaft. Die Gefahr von unüberlegtem und leichtsinnigem Handeln wurde von der Kommission allerdings bei beiden gleichgewichtet, sodass die entsprechende Formerleichterung in den Wortlaut aufgenommen wurde. Der ursprüngliche Wortlaut hätte in der Tat eine persönliche Erklärung gegenüber

281 Ellenberger, in: Palandt, Bürgerliches Gesetzbuch, 75. Auflage 2016, § 119 Rn. 4: »… gelten für alle Arten von Willenserklärungen, empfangsbedürft u nicht empfangsbedürft, …«.

282 Ellenberger, in: Palandt, Bürgerliches Gesetzbuch, 75. Auflage 2016, § 143 Rn. 6f. i.V.m. § 130 Rn. 15; im älteren Schrifttum schon Schulze, Die Aufgabe des Grundeigentums (§ 928 BGB): Mit besonderer Rücksicht auf Preußen, 1909, S. 48.

283 Ellenberger, in: Palandt, Bürgerliches Gesetzbuch, 75. Auflage 2016, § 143 Rn. 6f. i.V.m. § 130 Rn. 15.

284 Bassenge, in: Palandt, Bürgerliches Gesetzbuch, 75. Auflage 2016, § 928 Rn. 2.

285 Ellenberger, in: Palandt, Bürgerliches Gesetzbuch, 75. Auflage 2016, § 130 Rn. 15.

286 Mugdan, Die gesammten Materialien zum bürgerlichen Gesetzbuch für das Deutsche Reich, III. Band: Sachenrecht, 1899, S. 621

dem Grundbuchrichter erfordert.[287] Der Verzichtende oder sein Vertreter hätten damit persönlich vor dem Grundbuchrichter erscheinen müssen.

Der Wortlaut mit dem Begriff »gegenüber« ermöglicht es dem Erklärenden, seine Willenserklärung dem Grundbuchamt auch lediglich zuzusenden. Gleichwohl schließt diese Formerleichterung nicht aus, dass der Verzicht auch persönlich vor dem Grundbuchrichter erklärt werden kann.[288] In einem solchen Falle erklärt der Verzichtende seinen Verzicht zu Protokoll. Zu beachten ist insbesondere, dass die materiellrechtliche Erklärung gegenüber dem Grundbuchamt formfrei möglich ist. Damit erzeugt der Verzichtende die Rechtsfolge seines Verzichts bereits dann, wenn er privatschriftlich oder mündlich seinen Verzicht dem Grundbuchamt gegenüber erklärt.[289]

a) Die §§ 134, 138 BGB als mögliche Grenzen des Verzichts?

In Bezug auf den Verzicht sind insbesondere die §§ 134 und 138 BGB[290] Gegenstand juristischer Auseinandersetzungen. Hierbei steht die Frage im Mittelpunkt, ob diese Vorschriften die Unwirksamkeit einer Verzichtserklärung herbeiführen, wenn der Eigentümer sich durch den Verzicht öffentlichen Verpflichtungen entziehen will.[291]

287 Seit Inkrafttreten des BeurkG dürfte diese Form aber ohnehin nicht mehr möglich sein, hierzu Dieter Eickmann, in: Joachim Kuntze/Rudolf Ertl/Hans Herrmann/Dieter Eickmann, Grundbuchrecht: Kommentar zur Grundbuchordnung und Grundbuchverfügung einschließlich Wohnungseigentumsgrundbuchverfügung, 6. Auflage 2006, § 1 Rn. 2 m.w.N.

288 Diese Möglichkeit besteht trotz der Änderung des § 29 GBO durch § 57 Abs. 7 BeurkG weiterhin, da es sich bei der Verzichtserklärung als solches – also ohne Eintragungsbewilligung – nicht um einen gemischten Antrag handelt, so dass § 29 GBO nicht zur Anwendung kommt. Zum gemischten Antrag vgl. Manfred Bengel/Franz Simmerding, Grundbuch, Grundstück, Grenze: Handbuch zur Grundbuchordnung unter Berücksichtigung katasterrechtlicher Fragen, 5. Auflage 2000, §§ 30, 31 Rn. 2.

289 Zur Form des reinen Antrags ohne Eintragungsbewilligung Demharter, Grundbuchordnung: mit dem Text der Grundbuchverfügung und weiterer Vorschriften, 29. Auflage 2014, § 30 Rn. 5.

290 Als Beispiel für einen Gesetzesverstoß siehe BayObLG, Beschluss vom 12.04.1983 (2 Z 21/83), BayObLGZ 1983, S. 85–91: Eine bayerische Gemeinde wollte den Eigentumsverzicht erklären. Das Bayerische Oberlandesgericht kam zu dem zutreffenden Schluss, dass in diesem Verzicht ein Verstoß gegen Art. 75 Abs. 3 GO vorliegen würde, so dass der Verzicht gemäß § 134 BGB nichtig ist. Als Praxisbeispiel für eine Umgehung wäre insbesondere an die Fälle zu denken, in denen sich der ursprüngliche Eigentümer durch Bestellung von Grundschulden und Nießbrauch das wirtschaftliche Eigentum »vorbehält«, sich aber durch die Dereliktion Verpflichtungen (Steuer- und Abgabenpflichten, Haftpflicht usw.) entziehen will; vgl. Kanzleiter, in: Münchener Kommentar zum Bürgerlichen Gesetzbuch, Band 6, Sachenrecht, §§ 854–1296, 6. Auflage 2013, § 928 Rn. 11.

291 Diese Frage war insbesondere von aktueller Bedeutung in den neuen Bundesländern. Denn in sogenannten »Altlastenfällen« wurde häufig der Zustandsverantwortliche, also der Eigentümer, herangezogen. Die Sanierungskosten bewegten sich jedoch in Größenordnun-

§ 134 BGB könnte hier eine Schranke der Privatautonomie darstellen, mit der Begründung, dass es sich um eine Umgehung eines gesetzlichen Verbotes handelt.[292] Ein solches gesetzliches Verbot ließe sich möglicherweise in der Polizeipflicht des ursprünglichen Eigentümers sehen, der – solange er Eigentümer des Grundstücks ist – auch Zustandsstörer ist. Solange er Eigentümer ist, besteht für ihn die Pflicht, das Grundstück in einem polizeigemäßen Zustand zu halten bzw. diesen wiederherzustellen.[293] Die Zustandsverantwortlichkeit des Eigentümers wird – vorbehaltlich abweichender Regelungen wie § 4 BBodSchG oder Regelungen in den Sicherheitsgesetzen der einzelnen Länder – mit der Dereliktion beendet.[294] Dies gilt grundsätzlich auch dann, wenn vor der Übereignung bzw. Dereliktion dem früheren Eigentümer bzw. Berechtigten gegenüber schon ein polizeilicher Verwaltungsakt erlassen wurde. In diesem Fall besteht ein Rechtsanspruch des Adressaten dieses Verwaltungsaktes auf dessen Aufhebung.

Mitunter wird allerdings auch nach Dereliktion generell die Fortgeltung der Verantwortlichkeit des früheren Eigentümers bejaht.[295] Dem kann de lege lata nicht gefolgt werden. Allein aus dem Gesichtspunkt, dass es dem gesetzgeberischen Zweck der Zustandshaftung nicht entspricht, dem Eigentümer, der bisher den Nutzen der Sache hatte, zu gestatten, nun entstehende Nachteile (Kosten der Gefahrenbekämpfung) durch Dereliktion auf die Allgemeinheit abzuwälzen, lässt sich der eindeutige Wortlaut der an die Eigentümerstellung anknüpfenden polizeirechtlichen Vorschriften nicht beiseiteschieben. Diese rechtspolitisch zu billigende Erwägung kann für den Gesetzgeber nur den Anlass bieten, die Zustandsverantwortlichkeit nicht mit der Dereliktion enden zu lassen, wie dies in Anlehnung an § 5 Abs. 3 MEPolG nunmehr in der Tat in fast allen Ländern[296] und

gen, die den Eigentümer finanziell bis aufs äußerste belasteten. So lautete die Einschätzung von Heinrich Bonnenberg, Leiter des Direktorats Umweltschutz und Altlasten bei der Treuhandanstalt Berlin, dass pro Altlast ca. drei Millionen DM erforderlich sind; siehe Claudia Stöckle/Susana Röckeisen, Auswirkungen der Dereliktion auf die Zustandshaftung, NJ 1993, S. 67–69. Ebenso zum Problem Edith Paintner, Polizeirecht – Störerhaftung und Dereliktion, JA 1990, S. 133–136; Ulrich Mehlich, Flucht aus der Altlastenhaftung durch Eigentumsaufgabe?, BWVPr 1992, S. 154–155; Gerhard Pischel, Dereliktion und Haftung des Zustandsstörers, VBlBW 1999, S. 166–168.

292 Die Umgehung eines Verbotes wird dem Verstoß gleichgestellt, Ellenberger, in: Palandt, Bürgerliches Gesetzbuch, 75. Auflage 2016, § 134 Rn. 28.

293 Joachim Wieland, in: Horst Dreier, Grundgesetz, Band 1, Art. 1–19, 3. Auflage 2013, Art. 14 Rn. 108.

294 Udo Steiner (Hrsg.), Besonderes Verwaltungsrecht, 8. Auflage 2006, Rn. 179f., S. 275f.; Volkmar Götz, Allgemeines Polizei- und Ordnungsrecht, 15. Auflage 2013, Rn. 68ff. mit Darstellung der Aufgabe der liberalen Haltung des Gesetzgebers; Friedrich Schoch, in: ders., Besonderes Verwaltungsrecht, 15. Auflage 2013, Rn. 204.

295 So z. B. Edzard Schmidt-Jortzig, Beendigung polizeirechtlicher Zustandverantwortlichkeit durch Dereliktion?, in Norbert Achterberg/Ulrich Scupin, Recht und Staat im sozialen Wandel, FS für Hans Ulrich Scupin zum 80. Geburtstag, 1983, S. 819–829 (828f.).

296 In den Sicherheitsgesetzen folgender Bundesländer findet sich eine entsprechende Rege-

bodenschutzrechtlich in § 4 BBodSchG normiert ist. Auch der Hinweis, die Sachherrschaft des früheren Eigentümers bestehe nach der Dereliktion fort und rechtfertige damit weiter dessen Verantwortlichkeit, überzeugt nicht, da eine solche Sachherrschaft keineswegs andauern muss.[297] Allein die Möglichkeit, sich die herrenlose Sache wieder anzueignen, begründet – ebenso wie für andere Personen – auch für den früheren Eigentümer keine Sachherrschaft, denn die Aneignungsmöglichkeit steht zunächst ausschließlich dem Fiskus zu. In der Dereliktion kann auch keine Verhaltensstörung gesehen werden. Dagegen spricht, dass durch die Dereliktion weder eine neue Gefahr entsteht noch eine bereits bestehende Gefahr erhöht wird.[298]

Indem der Eigentümer den Verzicht auf das Grundstück wirksam vollzieht, würde er – nach der Argumentation Schmidt-Jortzigs[299] – seine Polizeipflicht umgehen und damit gegen das korrespondierende Verbot, eine Sache nicht in einen polizeiwidrigen Zustand geraten zu lassen, verstoßen. Eine solche Überlegung ist aber aus zweierlei Gesichtspunkten abzulehnen:

Zum ersten muss, damit der Tatbestand des § 134 BGB für ein Umgehungsgeschäft eingreift, das Rechtsgeschäft selbst ein Verbot umgehen. Dies muss vorliegend verneint werden, denn durch die Verzichtserklärung oder die Grundbucheintragung an sich wird der polizeiwidrige Zustand nicht verursacht.[300] Darüber existiert ein solches Verbot nicht, da die Aufgabe des Eigentums weder durch die polizei- und ordnungsrechtlichen Eingriffsnormen noch in den zivilrechtlichen Haftungsregeln verhindert wird, auch wenn die entsprechenden Normen die Bildung einer Gefahr, die von einem aufgegebenen Grundstück ausgeht, missbilligen.[301]

Zum zweiten liegt in einer solchen Überlegung auch ein methodischer Feh-

lung: Freistaat Bayern (Art. 8 Abs. 3 BayPAG); Land Berlin (§ 14 Abs. 4 ASOG Bln); Land Brandenburg (§ 6 Abs. 3 BbgPolG); Freie Hansestadt Bremen (§ 6 Abs. 6 BremPolG); Freie und Hansestadt Hamburg (§ 9 Abs. 1 S. 2 HamSOG); Land Hessen (§ 7 Abs. 3 HSOG); Land Mecklenburg-Vorpommern (§ 70 Abs. 3 SOG M-V); Land Niedersachen (§ 7 Abs. 3 Nds. SOG); Land Nordrhein-Westfalen (§ 5 Abs. 3 NRWPolG); Land Rheinland-Pfalz (§ 5 Abs. 3 RhPfPOG); Saarland (§ 5 Abs. 3 SPolG); Land Sachsen-Anhalt (§ 8 Abs. 3 SOG LSA); Freistaat Thüringen (§ 8 Abs. 3 TH-PAG), auf Bundesebene ist § 4 BBodenSchutzG zu berücksichtigen.

297 So auch Pischel, Dereliktion und Haftung des Zustandsstörers, VBlBW 1999, S. 166–168 (166f.).

298 Pischel, Dereliktion und Haftung des Zustandsstörers, VBlBW 1999, S. 166–168 (166f.); Steiner, Besonderes Verwaltungsrecht, 8. Auflage 2006, Rn. 180, S. 276.

299 Schmidt-Jortzig, Beendigung polizeirechtlicher Zustandverantwortlichkeit durch Dereliktion?, in: Achterberg/Scupin, Recht und Staat im sozialen Wandel, FS für Hans Ulrich Scupin zum 80. Geburtstag, 1983, S. 819–829 (828).

300 Stöckle/Röckeisen, Auswirkungen der Dereliktion auf die Zustandshaftung, NJ 1993, S. 67–69 (68).

301 Sliwiok-Born, Die Flucht aus dem Privateigentum am Beispiel der Grundstücksdereliktion, NJW 2014, S. 1047–1052 (1050).

ler,[302] denn es wird der Fortbestand einer Pflicht behauptet, die ihrerseits das Bestehen der Eigentumsstellung voraussetzt. Zunächst wird zulässigerweise eine Pflicht aus dem Eigentum abgeleitet. Dann wird deren Fortgeltung über das Eigentum hinaus konstatiert. Nachdem nunmehr zivilrechtlich wirksam auf das Eigentum verzichtet wurde, wird dann aus der konstatierten Fortgeltung der Pflicht, da die Vorschrift des Zustandsstörers einen Eigentümer verlangt, auf das Eigentum geschlossen bzw. gefolgert, dass der Verzicht unwirksam sein muss.[303]

Für eine darüber hinausgehende Verpflichtung, aus der sich die Unzulässigkeit einer zur Aufgabe der polizeilichen Verantwortlichkeit führenden Dereliktion ergeben soll, fehlt es an einer normativen Verankerung. Der Annahme einer solchen Pflicht widerspricht auch die Tatsache, dass sonst bei einer Eigentumsaufgabe durch Eigentumsübertragung unbestrittenermaßen die Verpflichtung des früheren Eigentümers erlischt.

Aus den besagten Gründen liegt im vorliegenden Fall der Dereliktion kein Umgehungsgeschäft im Sinne des § 134 BGB vor. Die Argumentation, die in der Anwendbarkeit des § 134 BGB i. V. m. öffentlich-rechtlichen Vorschriften darüber hinaus noch Wertungswidersprüche erkennen will, fußt auf der Überlegung, dass die haftungsbegründenden und damit verbotsauslösenden Umstände in temporaler Hinsicht willkürlich sein können (Eisbildung auf dem Gehweg, die später von selbst wegfällt).[304] Dieser Wertungswiderspruch existiert allerdings nur bedingt, denn es kommt grundsätzlich für die Wirksamkeit eines Rechtsgeschäftes auf den Zeitpunkt an, zu dem es vorgenommen wird. War es unwirksam, so kann es nachgeholt werden; war es wirksam, so bleibt es wirksam.

Eine andere Ansicht sieht in diesen Konstellationen den Tatbestand des § 138 BGB erfüllt.[305] Dies jedenfalls dann, wenn der Eigentümer zunächst aus seinem Eigentum einen privaten Nutzen gezogen hat. Das Anstandsgefühl aller billig und gerecht Denkender, das durch die Grundrechte, insbesondere in diesem Zusammenhang durch Art. 14 Abs. 2 GG, konkretisiert sei, werde verletzt. Art. 14 Abs. 2 GG sehe nämlich vor, dass der Eigentümer, der zunächst

302 Steiner, Besonderes Verwaltungsrecht, 8. Auflage 2006, Rn. 179f.; S. 275f.; Stöckle/Röckeisen, Auswirkungen der Dereliktion auf die Zustandshaftung, NJ 1993, S. 67–69 (68).

303 So auch Steiner, Besonderes Verwaltungsrecht, 8. Auflage 2006, Rn. 180, S. 276.

304 Sliwiok-Born, Die Flucht aus dem Privateigentum am Beispiel der Grundstücksdereliktion, NJW 2014, S. 1047–1052 (1050).

305 Nach BVerwG, Beschluss vom 14. 11. 1996 (4 B 205/96), NVwZ 1997, S. 577–578, verstößt ein Rechtsgeschäft, dessen Zweck sich darin erschöpft, Kostenlasten zum Nachteil Dritter zu verschieben, regelmäßig gegen § 138 BGB; ebenso VGH BW, Urteil vom 20. 01. 1998 (10 S 233/97), VBlBW 1998, S. 312–314; BayVGH, Beschluss vom 05. 02. 2001 (22 C 00. 3619), NVwZ 2002, S. 364–365; Stöckle/Röckeisen, Auswirkungen der Dereliktion auf die Zustandshaftung, NJ 1993, S. 67–69 (68). Nicht hierher gehört das alleinige Motiv, sich zukünftigen öffentlich-rechtlichen Pflichten zu entziehen. In diesen Fällen ist die Dereliktion wirksam (BVerwG, Urteil vom 25. 04. 2012 [7 C 11/11]).

privat die Vorteile aus der Sache gezogen habe, auch für die entstehenden Nachteile einzustehen habe.[306] Gegen diese Wertentscheidung und damit gegen das Anstandsgefühl aller billig und gerecht Denkenden verstoße der Eigentümer, wenn er sich durch Dereliktion den öffentlichen Lasten entziehen will.

Dieser Lösungsansatz überzeugt nur auf den ersten Blick. Bei näherer Betrachtung hält er einer Überprüfung nicht stand:

Im § 138 BGB wird von den guten Sitten gesprochen. Nach der allgemeinen Formel handelt es sich dabei um das »Anstandsgefühl aller billig und gerecht Denkenden«. Worin auch immer dieses Anstandsgefühl liegen mag,[307] so lässt sich dieser Formel doch entnehmen, dass es sich dabei um das Anstandsgefühl solcher handeln muss, die im Inland[308] und damit im Geltungsbereich des Gesetzes liegen. Unzweifelhaft gilt das BGB in allen Bundesländern. Wenn aber in einigen Bundesländern eine Regelung getroffen wurde,[309] die das oben genannte Problem sicherheitsrechtlich löst, so lässt sich hieraus entnehmen, dass in diesen Bundesländern eine Lösung über § 138 BGB nicht gewünscht bzw. nicht erforderlich ist, geht der landesrechtliche Gesetzgeber dort doch offensichtlich von der Wirksamkeit einer solchen Dereliktion aus.[310] Damit scheint ein solches Verhalten dort auch nicht gegen die guten Sitten zu verstoßen. Damit wird die Formel »aller billig und gerecht Denkender« auf die Regionen beschränkt, in denen solche sicherheitsrechtlichen Regelungen fehlen. Ob eine solche regionale Unterscheidung zulässig ist, insbesondere im Hinblick darauf, dass es der landesrechtliche Gesetzgeber in den betreffenden Gebieten wohl einfach nur versäumt hat, das Problem zu lösen, erscheint fraglich. Hier soll nach dieser Ansicht

306 Stöckle/Röckeisen, Auswirkungen der Dereliktion auf die Zustandshaftung, NJ 1993, S. 67–69 (68).

307 Vgl. hierzu die umfangreiche Kasuistik Ellenberger, in: Palandt, Bürgerliches Gesetzbuch, 75. Auflage 2016, § 138 Rn. 2ff.

308 Christian Armbrüster, in: Münchener Kommentar zum Bürgerlichen Gesetzbuch, Band 1, Allgemeiner Teil, §§ 1–240, 7. Auflage 2015, § 138 Rn. 16.

309 In den Sicherheitsgesetzen folgender Bundesländer findet sich eine entsprechende Regelung: Freistaat Bayern (Art. 8 Abs. 3 BayPAG); Land Berlin (§ 14 Abs. 4 ASOG Bln); Land Brandenburg (§ 6 Abs. 3 BbgPolG); Freie Hansestadt Bremen (§ 6 Abs. 6 BremPolG); Freie und Hansestadt Hamburg (§ 9 Abs. 1 S. 2 HamSOG); Land Hessen (§ 7 Abs. 3 HSOG); Land Mecklenburg-Vorpommern (§ 70 Abs. 3 SOG M–V); Land Niedersachen (§ 7 Abs. 3 Nds. SOG); Land Nordrhein-Westfalen (§ 5 Abs. 3 NRWPolG); Land Rheinland-Pfalz (§ 5 Abs. 3 RhPfPOG); Saarland (§ 5 Abs. 3 SPolG); Land Sachsen-Anhalt (§ 8 Abs. 3 SOG LSA); Freistaat Thüringen (§ 8 Abs. 3 TH-PAG), auf Bundesebene ist § 4 BBodenschG zu berücksichtigen; in folgenden Bundesländern findet sich keine Regelung: Baden-Württemberg (§ 7 PolG BW); Freistaat Sachsen (§ 5 SächsPolG); Land Schleswig-Holstein (§ 232 LVwG).

310 Das Argument, dass hierdurch erst die Sittenwidrigkeit entfallen könnte, greift nicht ein, denn die sicherheitsrechtlichen Vorschriften knüpfen an ein wirksames, also an ein »nicht sittenwidriges« Rechtsgeschäft an. Auch das Argument, dass diese Vorschriften einen anderen Sinn und Zweck verfolgen würden, geht aus demselben Grund ins Leere.

§ 138 BGB die »Nachlässigkeit« des Gesetzgebers ausgleichen und den Menschen in diesen Regionen das »richtige« Anstandsgefühl zugeschrieben werden. Ein solches Ergebnis – die Verfasser dieser Ansicht gehen hierauf nicht weiter ein[311] – würde dazu führen, dass eine vorgenommene Dereliktion in einigen Bundesländern wirksam, in anderen wiederum unwirksam wäre. Ob eine solche regionale Unterscheidung eine gewünschte Folge des § 138 BGB ist, ist zu bezweifeln.[312]

Weiterhin spricht gegen diese Ansicht auch der Wortlaut des Art. 14 Abs. 2 GG. Zutreffend ist, dass Art. 14 Abs. 2 GG unmittelbar Pflichten begründet.[313] Doch diese Pflichten sind nach dem Wortlaut an den Gebrauch geknüpft. Der Gesetzgeber hat an vielerlei Stellen solche Pflichten aufgestellt.[314] Unter Einhaltung dieser Bestimmungen ist es dem Eigentümer aber erlaubt, mit dem Grundstück nach Belieben zu verfahren. Verstößt er gegen diese Pflichten, so drohen ihm sicherheitsrechtliche Sanktionen. Verbietet man dem Eigentümer dann aber, nachdem er diese Regeln eingehalten hat, also sein Eigentum in sozialverträglicher Weise genutzt hat, sein Eigentum am Grundstück aufzugeben, so erklärt man zunächst erlaubtes Verhalten für verboten. Dies ist ein Widerspruch in sich.

Im Übrigen geht es vorliegend nicht um den Gebrauch – also die Benutzung –, sondern der Eigentümer möchte das Grundstück eben nicht mehr nutzen, er möchte es aufgeben. Fraglich ist damit aber schon, ob der Wortlaut des Art. 14 Abs. 2 GG auch Pflichten begründet (nach dem Wortlaut endet die Sozialpflicht mit der Aufgabe des Eigentums), die die Aufgabe des Eigentums betreffen.

Letztlich dient die Argumentation der Auffassung, die § 138 BGB in einem solchen Fall für gegeben hält, lediglich dazu, das Problem, dass zu einem bestimmten Zeitpunkt kein Eigentümer mehr vorhanden ist, zu umgehen. Damit wird das sicherheitsrechtliche Problem dadurch gelöst, dass die zivilrechtliche Möglichkeit der Dereliktion eingeschränkt wird. Diese Auffassung stützt sich auf die Überlegung, dass »Eigentum verpflichtet«, klärt aber nicht, ob eine Polizeipflicht auch dann noch besteht, wenn der ursprüngliche Eigentümer sein Eigentum nicht mehr innehat. Gerade dies ist aber das in Frage stehende sicherheitsrechtliche Problem, das auf Landesebene unterschiedlich bewertet und gelöst wird.

311 Vgl. Fn. 305 und 306.

312 Ähnliche Gedanken finden sich im Zusammenhang mit der Einheit der guten Sitten innerhalb einer Rechtsordnung (strittig); hierzu: Armbrüster, in: Münchener Kommentar zum Bürgerlichen Gesetzbuch, Band 1, Allgemeiner Teil, §§ 1–240, 7. Auflage 2015, § 138 Rn. 24ff. m.w.N.

313 Wieland, in: Dreier, Grundgesetz, Band 1, Art. 1–19, 3. Auflage 2013, Art. 14 Rn. 107.

314 Drittschützende Normen im Baurecht, Bauordnungsrecht und Bauplanungsrecht, Gaststättengesetz, Gewerbeordnung, Immissionsrecht, Umweltrecht, Wasserrecht usw.

Auch steht dieser Auffassung das Wesen der Grundrechte entgegen. Diese sind insbesondere »Abwehrrechte gegen den Staat«.[315] Im Rahmen des Zivilrechts geht die herrschende Meinung von einer sogenannten mittelbaren Drittwirkung über die Generalklauseln aus.[316] Im vorliegenden Fall stehen sich privatrechtliche und öffentlich-rechtliche Positionen gegenüber. Eine Auffassung, die dem Eigentümer aufgrund des Art. 14 Abs. 2 GG verbietet zu derelinquieren und damit privatrechtliche Positionen einschränkt, um Interessen der Allgemeinheit zu wahren, schützt diese vor dem Einzelnen. Ob man den Grundrechten eine solche Funktion zuschreiben kann, erscheint zweifelhaft. Wenn überhaupt, erscheint der Weg über § 138 BGB trotz dieser Bedenken nur dann gangbar, wenn man den grundrechtlichen Aspekt außer Acht lässt und allgemeine zivilrechtliche Maßstäbe anlegt. Dies dürfte aber nur schwer zu begründen sein vor dem Hintergrund, dass auf der Landesebene teilweise sicherheitsrechtliche Vorschriften bestehen, die eine Wirksamkeit einer solchen Dereliktion implizieren. Das BVerfG wird aber wohl eine Lösung über § 138 BGB mittragen, da es in der Anwendung des § 138 BGB in diesen Konstellationen bisher keine Verletzung des Art. 14 GG gesehen hat.[317]

Hiervon abzugrenzen sind die Fälle, in denen die Dereliktion nach Erlass eines polizeilichen Verwaltungsaktes einer Sache erfolgt, aus der zunächst der Nutzen gezogen wurde und die Dereliktion nur erfolgt, weil man sich der Verantwortung entziehen will und Gefahren für besonders hochwertige Rechtsgüter bestehen.[318] Doch auch hier greift die Argumentation, dass durch die Dereliktion

---

315 Daneben stellen sie auch die objektive Wertordnung dar, vgl. BVerfG, Urteil vom 15.01.1958 (1 BvR 400/51), BVerfGE 7, S. 198–230.

316 BVerfG, Beschluss vom 14.02.1973 (1 BvR 112/65), BVerfGE 34, S. 269–293 (280); Grüneberg, in: Palandt, Bürgerliches Gesetzbuch, 75. Auflage 2016, § 242 Rn. 8.

317 BVerfG, Nichtannahmebeschluss vom 24.08.2000 (1 BvR 83/97), NVwZ 2001, S. 65–66: In dieser nicht zugelassenen Verfassungsbeschwerde ging es um einen Sachverhalt, bei dem ein kontaminiertes Grundstück auf eine sich im Vermögensverfall befindliche GmbH übertragen wurde. Der ursprüngliche Eigentümer wurde sicherheitsrechtlich gleichwohl in Anspruch genommen. Das BVerfG geht zwar nicht auf das Vorbringen der Antragsteller ein, dass eine Dereliktion in einem solchem Falle wirksam sei. Aus diesem folge, dass eine Veräußerung ebenfalls wirksam sein müsse. Das BVerfG sieht aber gleichwohl die Anwendbarkeit des § 138 BGB für gegeben, begründet dies aber mit der ständigen Rechtsprechung des BGH, der die Sittenwidrigkeit bei einem Rechtsgeschäft dann für gegeben hält, wenn es zu dem Zweck erfolgt, Kostenlasten zum Nachteil privater Dritter zu verschieben (BGH, Urteil vom 25.01.1973 [II ZR 139/71], BGHZ 60, S. 102–108 [104]). Das BVerfG betont aber, dass dasselbe Unwerturteil ebenfalls auf Rechtsgeschäfte zutreffe, die auf eine Schädigung der Allgemeinheit gerichtet sind. Hieraus lässt sich entnehmen, dass einer Anwendung von § 138 BGB, bei Fällen, bei denen der Derelinquent die Schädigung der Allgemeinheit beabsichtigt, aus der Sicht des BVerfG keine verfassungsrechtlichen Bedenken entgegenstehen. Vgl. jetzt auch OVG des Saarlandes, Beschluss vom 13.01.2015 (2 A 397/14).

318 Nach BVerwG, Beschluss vom 14.11.1996 (4 B 205/96), NVwZ 1997, S. 577–578, verstößt

das Anstandsgefühl aller billig und gerecht Denkenden nicht verletzt sein kann. Denn gibt es gerade sicherheitsrechtliche Vorschriften, die eine Wirksamkeit implizieren. Eine Anwendung des § 138 BGB in diesen Fallkonstellationen ließe sich nur dann rechtfertigen, wenn man die entsprechenden sicherheitsrechtlichen Vorschriften der Länder restriktiv auslegt. Darüber hinaus ist die weitreichende Zustandstörerhaftung in den sicherheitsrechtlichen Vorschriften auf solche Fälle zu beschränken, in denen die Dereliktion nach zivilrechtlichen Grundsätzen wirksam ist. Dann dürfte aber – bei realistischer Einschätzung – nur wenig Anwendungsraum für diese sicherheitsrechtlichen Vorschriften gegeben sein und die Praktikabilität der sicherheitsrechtlichen Vorschriften konterkariert werden.

Eine neuere, bisher singulär gebliebene Ansicht in der Literatur schlägt für Fälle, in denen billigend hingenommen wird, dass das Grundstück über einen längeren Zeitraum wirtschaftlich unrentabel ist, eine teleologische Reduktion des Anwendungsbereichs des § 928 BGB vor.[319] Diese Ansicht ist in der praktischen Anwendung – dies wird vom Vertreter selbst eingeräumt – im Hinblick auf die Grenzziehung zwischen zulässiger und unzulässiger Dereliktion mit erheblichen Schwierigkeiten verbunden,[320] so dass sie letztlich methodisch gangbar und ggf. rechtspolitisch wünschenswert ist, allerdings wenig praktikabel erscheint. Hinzu tritt, dass bei einer solchen Argumentation außer Acht gelassen wird, dass zunächst erlaubtes Verhalten später »sanktioniert« wird.

b) Die Erklärung des Verzichts unter Bedingung oder unter Befristung

Geht man von dem rechtsgeschäftlichen Charakter des Verzichts aus, ist zudem fraglich, ob dieser unter einer Bedingung oder Befristung erklärt werden kann. Grundsätzlich können nämlich Rechtsgeschäfte bedingt oder befristet werden.[321] Betrachtet man die Ausnahmen im Gesetz,[322] die eine Bedingung oder Befristung für Rechtsgeschäfte verbieten, so nennt bspw. § 925 Abs. 2 BGB eine solche Ausnahme. § 925 Abs. 2 BGB ist aber eine Sondervorschrift, die sich lediglich auf die Auflassung bezieht. Im Rahmen des Verzichts findet sich keine

ein Rechtsgeschäft, dessen Zweck sich darin erschöpft, Kostenlasten zum Nachteil Dritter zu verschieben, regelmäßig gegen § 138 BGB; ebenso VGH BW, Urteil vom 20.01.1998 (10 S 233/97), VBlBW 1998, S. 312–314; BayVGH, Beschluss vom 05.02.2001 (22 C 00.3619), NVwZ 2002, S. 364–365; Stöckle/Röckeisen, Auswirkungen der Dereliktion auf die Zustandshaftung, NJ 1993, S. 67–69 (68).

319 Sliwiok-Born, Die Flucht aus dem Privateigentum am Beispiel der Grundstücksdereliktion, NJW 2014, S. 1047–1052 (1052).

320 Sliwiok-Born, Die Flucht aus dem Privateigentum am Beispiel der Grundstücksdereliktion, NJW 2014, S. 1047–1052 (1049).

321 Ellenberger, in: Palandt, Bürgerliches Gesetzbuch, 75. Auflage 2016, Einf. vor § 158 Rn. 8.

322 Ellenberger, in: Palandt, Bürgerliches Gesetzbuch, 75. Auflage 2016, Einf. vor § 158 Rn. 12f.

Vorschrift, die die Bedingung oder Befristung ausschließt. Aus dem Fehlen einer solchen Vorschrift ließe sich der Schluss ziehen, dass dann der allgemeine Grundsatz zum Tragen kommt, dass Rechtsgeschäfte unter Bedingung und Befristungen erklärt werden können.[323] Gleichwohl muss das Fehlen einer ausschließenden Vorschrift nicht gleich bedeuten, dass die Regelung des § 925 Abs. 2 BGB nicht auch auf den Verzicht Anwendung findet. Eine Anwendbarkeit könnte sich aus einer Analogie zu § 925 Abs. 2 BGB ergeben.[324] Zwar wäre eine für die Analogie zu § 925 Abs. 2 BGB erforderliche Regelungslücke zu bejahen, aber bei § 925 Abs. 2 BGB handelt es sich um eine Vorschrift, die grundsätzlich nicht analogiefähig ist.[325] § 925 Abs. 2 BGB ist nämlich eine Ausnahmevorschrift (singularia non sunt extenda).

Aus den übrigen Vorschriften[326] lässt sich zunächst das allgemeine Prinzip entnehmen, dass eine Bedingungsfeindlichkeit eines Rechtsgeschäfts immer dann gegeben ist, wenn eine Unsicherheit der Allgemeinheit oder des Geschäftsgegners vermieden werden soll. Dieses allgemeine Prinzip greift beim Verzicht auf das Eigentum am Grundstück ebenfalls, so dass sich auch hieraus eine Bedinungs- und Befristungsfeindlichkeit ergibt.

Von diesem Grundsatz ist darüber hinaus dann eine Ausnahme zu machen, wenn es sich bei der Vorschrift, auf die die Ausnahmevorschrift ausgedehnt wird, ebenfalls um eine Ausnahmevorschrift handelt.[327] Dieser Ausnahmecharakter kann dem § 928 BGB – beispielsweise aus seinem Verhältnis zu § 875 BGB – durchaus zugesprochen werden.[328]

Im Hinblick auf eine vergleichbare Interessenlage ist im Rahmen des § 925 Abs. 2 BGB insbesondere der Verkehrsschutz zu nennen.[329] Ein solches Schutzinteresse besteht aber auch bei § 928 BGB. So wäre der Verzicht im Grundbuch, würde man dessen Bedingungs- und Befristungsfähigkeit bejahen, einzutragen, ohne dass bereits die Bedingung oder Befristung eingetreten ist. Erst mit Eintritt der Bedingung oder mit Zeitablauf tritt die Rechtsfolge ein

323 Gute Übersicht über den Meinungsstand im älteren Schrifttum bieten Erich Brodmann/Otto Strecker, in: Gottlieb Planck, Plancks Kommentar zum Bürgerlichen Gesetzbuch: nebst Einführungsgesetz, III. Band, 1. Teil, 5. Auflage 1933–1938, § 928 Ziff. 2 a) δ).

324 Brodmann/Strecker, in: Planck, Plancks Kommentar zum Bürgerlichen Gesetzbuch: nebst Einführungsgesetz, III. Band, 1. Teil, 5. Auflage 1933–1938, § 928 Ziff. 2 a) δ).

325 Zu den allgemeinen Voraussetzungen der Analogie Schmalz, Methodenlehre, 4. Auflage 1998, Rn. 398; zur Analogiefähigkeit von Ausnahmevorschriften BGH, Urteil vom 27.10. 1988 (IX ZR 38/88), BGHZ 105, S. 362–365; BVerwG, Urteil vom 21.11.1980 (7 C 4/80), BVerwGE 61, S. 169–176; a. A. OVG Hamburg, Beschluss vom 27.04.1979 (Bs III 471/79), NJW 1979, S. 1947.

326 Vgl. Fn. 322.

327 Schmalz, Methodenlehre, 4. Auflage 1998, Rn. 398.

328 Vgl. hierzu auch die Ausführungen unter den Konkurrenzen im 5. Kapitel III.

329 Vgl. zur Interessenlage bei § 925 Kanzleiter, in: Münchener Kommentar zum Bürgerlichen Gesetzbuch, Band 6, Sachenrecht, §§ 854–1296, 6. Auflage 2013, § 925 Rn. 1.

(§ 158 BGB). Der Bedingungseintritt bzw. Befristungseintritt wäre aber nicht aus dem Grundbuch ersichtlich. Auch wäre für die Aneignung durch den Fiskus der Bedingungs- bzw. Befristungseintritt nachzuweisen. Hierbei handelt es sich aber um einen materiellrechtlichen Nachweis, der im Rahmen des Grundbuchverfahrens nicht geprüft wird.[330] Mit anderen Worten führt eine Auffassung, die Bedingungen und Befristungen bei einem Verzicht zulässt, zu erheblichen praktischen Schwierigkeiten, die zu Lasten des Verkehrsschutzes entstehen.[331] Aus alledem ergibt sich, dass eine entsprechende Anwendung des § 925 Abs. 2 BGB auf § 928 BGB geboten ist.[332]

Beim Verzicht ist Vertretung zulässig, da es sich um kein höchstpersönliches Rechtsgeschäft handelt.[333] Im Rahmen der Vertretungsregeln sind allerdings solche Vorschriften nicht anzuwenden, die sich ausschließlich auf Verträge beziehen (§§ 177–179 BGB).

Aber auch hier gilt die Besonderheit, dass der Verzicht ein einseitiges Rechtsgeschäft ist, so dass § 180 Satz 1 BGB anwendbar ist.[334] Hiernach ist die Vertretung ohne Vertretungsmacht bei einseitigen Rechtsgeschäften unzulässig. Gleichwohl ist dann aber zu prüfen, ob nicht die Ausnahme des § 180 Satz 2 BGB zur Anwendung kommen kann, weil der Verzicht eine empfangsbedürftige Willenserklärung ist. Die Vorschrift der Genehmigung findet auf den Verzicht aber schon sachlich keine Anwendung, denn die Fälle, in denen eine Genehmigung eingreifen kann, können gar nicht entstehen.[335]

Die Ermächtigung findet ihre Rechtsgrundlage, anders als die Stellvertretung (§§ 164ff. BGB), im § 185 BGB. Sie unterscheidet sich von der Stellvertretung in dreifacher Hinsicht: Der Ermächtigte handelt im eigenen Namen und nicht im fremden Namen. Seine Rechtsmacht ist – im Gegensatz zur personenbezogenen Vertretungsmacht – gegenstandsbezogen. Sie ist nur zulässig in Bezug auf Ver-

330 Bengel/Simmerding, Grundbuch, Grundstück, Grenze: Handbuch zur Grundbuchordnung unter Berücksichtigung katasterrechtlicher Fragen, 5. Auflage 2000, Einführung, Rn. 32.

331 Brodmann/Strecker, in: Planck, Plancks Kommentar zum Bürgerlichen Gesetzbuch: nebst Einführungsgesetz, III. Band, 1. Teil, 5. Auflage 1933–1938, § 928 Ziff. 3.

332 So auch die ganz h. M., vgl. statt vieler Pfeifer, in: Staudingers Kommentar zum Bürgerlichen Gesetzbuch, 3. Buch, Sachenrecht, §§ 925–984, Anhang zu §§ 929ff.: Sonderformen der Übereignung (Eigentum 2), Neubearbeitung 2011, § 928 Rn. 10.

333 Ellenberger, in: Palandt, Bürgerliches Gesetzbuch, 75. Auflage 2016, Einf. vor § 164 Rn. 4.

334 Claudia Schubert, in: Münchener Kommentar zum Bürgerlichen Gesetzbuch, Band 1, Allgemeiner Teil, §§ 1–240, 7. Auflage 2015, § 180 Rn. 5.

335 Denkbare Fälle wären: Ein Minderjähriger verzichtet ohne Einwilligung des gesetzlichen Vertreters: ein solches Geschäft ist nichtig (hierzu 3. Kapitel I. 2.); bei Vertretung ist die Einwilligung zwingend erforderlich. Die Fälle des § 1367 BGB und § 1831 BGB sehen die Einwilligung ebenfalls vor. Eine Genehmigung der Erklärung eines vollmachtlosen Vertreters (§ 180 S. 1 i. V. m. § 177 Abs. 1 BGB) dürfte im Hinblick auf die grundbuchrechtliche Formstrenge nicht denkbar sein.

fügungen und Einziehungen, nicht jedoch bei Verpflichtungen.[336] Da es sich aber beim Verzicht um eine Verfügung handelt, dürfte die Ermächtigung für einen Verzicht zulässig sein.[337]

In einer besonderen Fallkonstellation - nämlich wenn das Grundstück in einem ausgewiesenen Sanierungsgebiet im Sinne des § 142 Abs. 1 Satz 1 BauGB liegt - kann sich eine Genehmigungsbedürftigkeit aus § 144 BauGB ergeben. Dem Wortlaut nach ist diese Vorschrift zwar grundsätzlich nicht anzuwenden, da sie von Veräußerung spricht und nicht von einer Verfügung. Allerdings ergibt sich aus dem Sinn und Zweck der Vorschrift, dass diese darauf abzielt, das Sanierungsverfahren gegen Störungen und Erschwerungen durch Vorhaben, Teilungen und Rechtsvorgänge zu sichern.[338] Hieraus folgt, dass in einem nach § 142 BauGB ausgewiesenen Sanierungsgebiet ein Genehmigungsvorbehalt zu Gunsten der zuständigen Behörde besteht.[339] Die Genehmigung der Behörde gilt als erteilt, wenn entweder ein Genehmigungsbescheid vorliegt oder ein sogenanntes Negativzeugnis - die Bescheinigung, dass die Gemeinde nicht innerhalb einer bestimmten Frist über einen Genehmigungsantrag entschieden hat (§ 22 Abs. 5 Satz 5 BauGB) - vorgelegt wird.[340] Bei diesen Ausführungen ist allerdings zu berücksichtigen, dass es sich bei dieser Genehmigung nicht um ein Rechtsgeschäft des Privatrechts handelt, sondern um einen privatrechtsgestaltenden Verwaltungsakt.[341]

§ 878 BGB, der den Verfügungsempfänger vor nachträglichen Verfügungsbeschränkungen des Berechtigten schützt, findet auf den Verzicht analoge Anwendung.[342] Gleichwohl gilt es zu überlegen, ob es für den § 878 BGB im Rahmen des Verzichts überhaupt einen Anwendungsbereich gibt. Der Schutzzweck des § 878 BGB ist nämlich darauf gerichtet, den Verfügungsempfänger vor Verzögerungen, die durch das Verfahren vor dem Grundbuchamt bedingt sind, zu schützen.[343] Bei dem Verzicht handelt es sich aber um ein einseitiges Rechts-

336 Ellenberger, in: Palandt, Bürgerliches Gesetzbuch, 75. Auflage 2016, Einf. vor § 164 Rn. 13.

337 BGH, Urteil vom 28.10.1988 (V ZR 14/87), BGHZ 106, S. 1–7: Ermächtigung zur Grundstücksbelastung zwecks Finanzierung des Kaufpreises.

338 Thüringer Oberlandesgericht, Beschluss vom 18.09.2006 (9 W 342/06), OLGR Jena 2006, S. 933–935.

339 Thüringer Oberlandesgericht, Beschluss vom 18.09.2006 (9 W 342/06), OLGR Jena 2006, S. 933–935.

340 Thüringer Oberlandesgericht, Beschluss vom 18.09.2006 (9 W 342/06), OLGR Jena 2006, S. 933–935.

341 Ellenberger, in: Palandt, Bürgerliches Gesetzbuch, 75. Auflage 2016, Einf. vor § 182 Rn. 6.

342 Bassenge, in: Palandt, Bürgerliches Gesetzbuch, 75. Auflage 2016, § 928 Rn. 2; Pfeifer, in: Staudingers Kommentar zum Bürgerlichen Gesetzbuch, 3. Buch, Sachenrecht, §§ 925–984, Anhang zu §§ 929ff.: Sonderformen der Übereignung (Eigentum 2), Neubearbeitung 2011, § 928 Rn. 13.

343 Kohler, in: Münchener Kommentar zum Bürgerlichen Gesetzbuch, Band 6, Sachenrecht,

geschäft, so dass es schon begrifflich keinen Verfügungsempfänger gibt. Auch in dem Fall, in dem der Eigentümer eine schuldrechtliche Verpflichtung zum Verzicht übernommen hat, liegt es nicht anders. Hier erfolgt zwar der Verzicht sowohl im Interesse des ursprünglichen Eigentümers als auch des schuldrechtlichen Vertragspartners, an dem Wesen des sachenrechtlichen Verzichts ändert sich hierdurch aber nichts. Er bleibt eine einseitige Verfügung, bei der es keinen Verfügungsempfänger gibt, so dass es keinen Anwendungsraum für § 878 BGB geben dürfte.

3. Wirksamkeit des Verzichts und Rechtsfolge des materiellrechtlichen Verzichts

Bevor die Wirkungen des Verzichts untersucht werden, soll zunächst geklärt werden, ab welchem Zeitpunkt der Verzicht wirksam ausgeübt wurde und bis zu welchem Zeitpunkt der Verzicht widerrufen werden kann. Zunächst ist hier festzuhalten, dass der § 928 BGB keine Regelung zur Widerruflichkeit enthält, so dass ein Widerruf durchaus statthaft sein müsste.[344] Betrachtet man aber die systematische Stellung des § 928 BGB, so wird deutlich, dass dieser im Bereich des Sachenrechts steht. Damit finden auf ihn insbesondere die allgemeinen Vorschriften des Sachenrechts Anwendung. Insbesondere besteht mit § 875 Abs. 2 BGB eine Sondervorschrift für die Widerruflichkeit von Willenserklärungen im Rahmen von Grundstücksverfügungen. Die herrschende Meinung wendet § 875 Abs. 2 BGB analog an[345] oder argumentiert damit, dass der abgegebene Verzicht eine rechtliche Grundlage für die Eintragung sei und aus diesem Grunde nicht widerrufen werden kann.[346] § 875 Abs. 2 BGB regelt, dass eine Willenserklärung dann nicht mehr frei widerrufen werden kann, wenn sie gegenüber dem Grundbuchamt abgegeben oder eingereicht wurde. Diese Bestimmung muss auch für den § 928 BGB gelten. Dies begründet sich aus dem Verhältnis von § 875 BGB zu § 928 BGB. § 875 Abs. 1 BGB enthält allgemeine Regeln über die Aufhebung von Rechten, aber keine Regelung über den Verzicht

§ 854–1296, 6. Auflage 2013, § 878 Rn. 1; Bassenge, in: Palandt, Bürgerliches Gesetzbuch, 75. Auflage 2016, § 878 Rn. 1.

344 Gute Übersicht über den Meinungsstand in der älteren Literatur bieten Brodmann/Strecker, in: Planck, Plancks Kommentar zum Bürgerlichen Gesetzbuch: nebst Einführungsgesetz, III. Band, 1. Teil, 5. Auflage 1933–1938, § 928 Ziff. 3.

345 Pfeifer, in: Staudingers Kommentar zum Bürgerlichen Gesetzbuch, 3. Buch, Sachenrecht, §§ 925–984, Anhang zu §§ 929ff.: Sonderformen der Übereignung (Eigentum 2), Neubearbeitung 2011, § 928 Rn. 13.

346 Als Argument angedeutet bei Brodmann/Strecker, in: Planck, Plancks Kommentar zum Bürgerlichen Gesetzbuch: nebst Einführungsgesetz, III. Band, 1. Teil, 5. Auflage 1933–1938, § 928 Ziff. 3.

auf das Grundstückseigentum. Insofern ist § 928 Abs. 1 BGB die Spezialregelung zu § 875 Abs. 1 BGB. Will man hier wie die herrschende Meinung aber eine entsprechende Anwendbarkeit annehmen, so müssten die Voraussetzungen für eine Analogie gegeben sein. Diese muss man aber wohl verneinen, denn eine Analogie setzt eine planwidrige Regelungslücke voraus. Eine solche Regelungslücke besteht nicht, denn aus dem Verhältnis von § 875 zu § 928 BGB folgt bereits, dass eine Regelung über die Widerruflichkeit der Verzichtserklärung gegeben ist. Wie bereits oben aufgeführt, enthält der § 875 BGB keine Regelungen über den Verzicht von Eigentum an einem Grundstück. Hierfür enthält der § 928 BGB Sondervorschriften. Damit werden die allgemeinen Vorschriften insoweit verdrängt, als speziellere Regelungen getroffen sind. § 928 BGB enthält gerade keine Regelung über die Widerruflichkeit, er regelt nur die Tatbestandsvoraussetzungen des Verzichts. Damit folgt aus der Normenkollision, dass die allgemeinere Norm insoweit verdrängt ist, als die speziellere Norm Regelungen enthält.[347] Der überschießende Teil der allgemeinen Norm, hier also der Absatz 2 des § 875 BGB, bleibt bestehen. Es bedarf also nicht einer Analogie; der Absatz 2 des § 875 BGB ist direkt auf den § 928 BGB anwendbar.[348] Der § 130 BGB – der im allgemeinen Teil des BGB loziert ist – dürfte unter diesem Gesichtspunkt, im Hinblick auf den Verzicht auf das Eigentum am Grundstück, keinen Anwendungsraum haben.

Sofern der Verzicht nach den oben genannten Grundsätzen wirksam abgegeben wurde, stellt sich die Frage nach den Auswirkungen eines Verzichts. § 928 BGB enthält diesbezüglich keine detaillierten Regelungen. Lediglich § 928 Abs. 2 BGB spricht von einem aufgegebenen Grundstück. Die Aufgabe des Eigentums ist aber erst die Rechtsfolge, wenn alle Tatbestandsmerkmale des § 928 Abs. 1 BGB vorliegen. Der Verzicht als solcher ist nur ein Teil des gestreckten Tatbestandes. Andererseits hat der Verzicht als solcher mit Zugang beim Grundbuchamt für den Eigentümer bindende Wirkung.[349] Er kann sich vom Verzicht nur noch durch Anfechtung lösen. Die Vorschriften über die Anfechtung sind – wie bereits oben dargelegt – anwendbar. Würde der Eigentümer bei Vorliegen eines Anfechtungsgrundes wirksam anfechten, so wäre seine Verzichtserklärung von Anfang an als nichtig anzusehen (§ 142 BGB). Wäre in der Zwischenzeit die Eintragung im Grundbuch erfolgt, so wäre diese

347 Zu dieser allgemeinen Regel: Schmalz, Methodenlehre, 4. Auflage 1998, Rn. 78.

348 Aus den Protokollen folgt, dass diese Lücke bewusst der Wissenschaft überlassen wurde, allerdings wird auch dort noch von einer analogen Anwendbarkeit des § 875 BGB ausgegangen, vgl. Mugdan, Die gesammten Materialien zum bürgerlichen Gesetzbuch für das Deutsche Reich, III. Band: Sachenrecht, 1899, S. 621.

349 Pfeifer, in: Staudingers Kommentar zum Bürgerlichen Gesetzbuch, 3. Buch, Sachenrecht, §§ 925–984, Anhang zu §§ 929ff.: Sonderformen der Übereignung (Eigentum 2), Neubearbeitung 2011, § 928 Rn. 13.

unrichtig. Der Eigentümer könnte seinen Grundbuchberichtigungsanspruch gemäß § 894 BGB geltend machen. Solange allerdings noch keine Eintragung erfolgt ist, kann der Eigentümer durch Fakten die Wirkung seines Verzichts verhindern, indem er den Antrag beim Grundbuchamt, wie er nachfolgend beschrieben ist, vor der Eintragung zurücknimmt. Er kann so faktisch seine Verzichtserklärung »widerrufen«, da bei Rücknahme des Antrags keine Eintragung mehr erfolgt, so dass durch faktisches Handeln die Bindung der materiellrechtlichen Erklärung unterlaufen werden kann.

II. Eintragung des Verzichts im Grundbuch

Das Grundbuchrecht ist Teil der freiwilligen Gerichtsbarkeit,[350] so dass hier das Antragsprinzip gilt.[351] Im Rahmen der GBO sind für den Antrag bestimmte Formvorschriften zu berücksichtigen. Da es sich bei ihnen grundsätzlich um schlichte Ordnungsvorschriften handelt, führt ein Nichteinhalten dieser Vorschriften nicht zur Unwirksamkeit einer Eintragung.[352]

Das Antragsprinzip im Rahmen des Grundbuchrechts ist in § 13 GBO verankert. Hiernach hat eine Eintragung, soweit das Gesetz nicht etwas anderes vorschreibt, nur dann zu erfolgen, wenn ein entsprechender Antrag vorliegt. Die Voraussetzung, dass es sich bei dem Verzicht um ein eintragungsfähiges Recht handelt, lässt sich aus § 928 Abs. 1 BGB entnehmen, denn dort schreibt gerade das materielle Recht dem Eigentümer vor, dass zur Wirksamkeit seines Verzichts die Eintragung im Grundbuch erforderlich ist.

Für die Antragsberechtigung für einen Antrag auf Eintragung eines Rechts gilt § 13 Abs. 2 GBO, der vorschreibt, dass derjenige antragsberechtigt ist, dessen Recht von der Eintragung betroffen ist oder zu dessen Gunsten die Eintragung erfolgen soll. Im Rahmen des Verzichts kommt der zweiten Alternative des § 13 Abs. 2 GBO keinerlei Bedeutung zu, da der Verzicht nur einseitig erfolgt, so dass eine begünstigte Seite nicht existiert.

Für den materiellrechtlichen Verzicht ist eine Erklärung gegenüber dem Grundbuchamt erforderlich. Diese Erklärung gegenüber dem Grundbuchamt ist aber strikt von dem an dieser Stelle untersuchten Antrag auf Eintragung zu

350 § 23a Abs. 2 Nr. 8 GVG; vgl. auch Demharter, Grundbuchordnung: mit dem Text der Grundbuchverfügung und weiterer Vorschriften, 29. Auflage 2014, § 1 Rn. 34.

351 Meder/Czelk, Grundwissen Sachenrecht, 2. Auflage 2008, S. 174; Walter Zimmermann, in: Theodor Keidel/Joachim Kuntze/Lutz Budde, FamFG – Kommentar zum Gesetz über das Verfahren in Familiensachen und die Angelegenheiten der freiwilligen Gerichtsbarkeit, 18. Auflage 2014, § 12 Rn. 7.

352 Sollte aber einer Partei aus der Nichtbeachtung der Formvorschriften ein Nachteil erwachsen, dürfte ein Anspruch aus § 839 BGB bestehen.

differenzieren. Die Verzichtserklärung gegenüber dem Grundbuchamt ist eine materiellrechtliche Erklärung, der Antrag auf Eintragung ist ein grundbuchrechtlicher Verfahrensschritt. Ein solcher Antrag auf Eintragung eines Verzichts wird aber regelmäßig auch die materiellrechtliche Erklärung enthalten, dass der Eigentümer auf sein Grundstück verzichten wolle.[353] Gleichwohl darf nicht aus jedem erklärten Verzicht gegenüber dem Grundbuchamt zugleich der Antrag auf Eintragung gesehen werden. Nur die Verzichtserklärung, aus der einerseits der Verzicht materiellrechtlich hervorgeht und die andererseits den Erfordernissen des Eintragungsverfahrens entspricht, führt die Eintragung herbei.

Ebenso wie der materiellrechtliche Verzicht erfordert auch der Antrag auf Eintragung grundsätzlich keine Form (§ 30 GBO).[354] Mit dem Eintragungsantrag wird nicht das Recht des Verzichtenden geltend gemacht, sondern er ist lediglich Verfahrenshandlung, er kann in anderen Verfahren auch von dem Begünstigten gestellt werden. Damit aber das Recht des Verzichts wirksam ausgeübt wird, bedarf es eines weiteren Aktes, nämlich desjenigen der Eintragungsbewilligung.[355] Allein sie ist die Grundlage der eigentlichen Eintragung, denn gemäß § 19 GBO erfolgt eine Eintragung nur dann, wenn derjenige sie bewilligt, dessen Recht betroffen ist. Nun könnte man argumentieren, dass der Berechtigte bereits den Verzicht erklärt und damit sein Recht wirksam ausgeübt habe. Die Verzichtserklärung als solche ist aber eine des materiellen Rechts. Der Anspruch auf Eintragung wird hierdurch nicht geltend gemacht. Hierzu bedarf es entweder eines Antrags in der Form des § 29 GBO, der die Eintragungsbewilligung beinhaltet,[356] oder einer gesonderten Eintragungsbewilligung in der Form des § 29 GBO.[357] Dies gilt auch für etwaige Zustimmungserfordernisse, die

353 Allgemein gilt, dass in der sachlichrechtlichen Verzichtserklärung auch die verfahrensrechtliche Erklärung enthalten ist, so Demharter, Grundbuchordnung mit dem Text der Grundbuchverfügung und weiterer Vorschriften, 29. Auflage 2014, Anhang zu § 44 Rn. 4; vgl. auch Brodmann/Strecker, in: Planck, Plancks Kommentar zum Bürgerlichen Gesetzbuch: nebst Einführungsgesetz, III. Band, 1. Teil, 5. Auflage 1933–1938, § 928 Ziff. 2 b) α).

354 Demharter, Grundbuchordnung: mit dem Text der Grundbuchverfügung und weiterer Vorschriften, 29. Auflage 2014, § 30 Rn. 4, 6; Meder/Czelk, Grundwissen Sachenrecht, 2. Auflage 2008, S. 174.

355 Meder/Czelk, Grundwissen Sachenrecht, 2. Auflage 2008, S. 174.

356 Sogenannter gemischter Antrag; vgl. Demharter, Grundbuchordnung: mit dem Text der Grundbuchverfügung und weiterer Vorschriften, 29. Auflage 2014, § 30 Rn. 4.

357 Michael Dümig, in: Joachim Kuntze/Rudolf Ertl/Hans Hermann/Dieter Eickmann, Grundbuchrecht: Kommentar zur Grundbuchordnung und Grundbuchverfügung einschließlich Wohnungseigentumsgrundbuchverfügung, 6. Auflage 2006, A. 48 (g), S. 64; ebenso Kanzleiter, in: Münchener Kommentar zum Bürgerlichen Gesetzbuch, Band 6, Sachenrecht, §§ 854–1296, 6. Auflage 2013, § 928 Rn. 4; Benning, in: Herberger/Martinek/Rüßmann/Weth, JurisPK-BGB, Band 3, 7. Auflage 2014, § 928 BGB Rn. 11; jetzt wohl auch Michael Volmer, in: Ulrich Keller/Jörg Munzig, KEHE Grundbuchrecht, 7. Auflage 2015, § 13 Rn. 21 und § 30 Rn. 9.

sich aus §§ 1365, 1424 BGB ergeben.[358] Ebenso dürfte auch im Rahmen der Anordnung von vorläufigen Sicherungsmaßnahmen (§§ 21 Abs. 2 Nr. 2, 24 Abs. 1, 81 InsO) die Zustimmung des (vorläufigen) Insolvenzverwalters dieser Form unterfallen.

Der Antrag auf Eintragung kann jederzeit zurückgenommen werden. Ein solcher »Widerruf« muss aber ebenfalls in der Form des § 29 GBO erfolgen (§ 31 GBO). Dies gilt auch für den vorliegenden Fall, bei dem der eigentliche Eintragungsantrag formlos gestellt werden könnte. Ein solcher wirksamer »Widerruf« des Eintragungsantrages hat den folgenden Effekt: Das Grundbuchamt wird nicht mehr tätig, es wird die Eintragung nicht mehr vornehmen. Eingangs wurde bereits erläutert, dass die materiellrechtliche Erklärung des Verzichts aber nicht mehr widerrufen werden kann. Gleichwohl kann der Eigentümer, indem er den Eintragungsantrag zurücknimmt, diese Unwiderruflichkeit der materiellrechtlichen Erklärung faktisch unterlaufen; der gestreckte Tatbestand wird nicht verwirklicht und damit kann die Rechtsfolge der Norm nicht eintreten.

Im Gegensatz zum materiellen Recht erfordert das formelle Recht – also das Recht der Grundbuchordnung – nicht nur die materielle Voraussetzung, dass der Verzichtende Eigentümer ist, sondern dies muss sich auch aus der formellen Rechtslage ergeben. Dieses Prinzip lässt sich aus § 39 Abs. 1 GBO herleiten, nach dem eine Eintragung nur dann erfolgen soll, wenn derjenige, dessen Recht durch sie betroffen ist, auch formell der Berechtigte ist, also als Berechtigter eingetragen ist.[359]

§ 39 Abs. 1 GBO ist jedoch lediglich eine Ordnungsvorschrift.[360] Wird sie nicht eingehalten, hat aber der materielle Eigentümer, der nicht eingetragen ist, den Verzicht erklärt und wurde vom Grundbuchamt eine Eintragung des Verzichts gleichwohl vorgenommen, so ist diese Eintragung wirksam, d.h. der Verzicht des materiellrechtlich Berechtigten ist voll wirksam.[361] Da aber ein solcher Fehler wohl eher die Ausnahme darstellen wird, bietet § 39 GBO dem Eingetragenen eine starke Sicherung.

Als Ausnahme zu § 39 GBO gilt stets zu beachten, dass der Erbe nicht voreingetragen sein muss (§ 40 GBO). Für ihn reicht es aus, wenn er seine Erbenstellung mittels notariellen Testaments oder mittels eines Erbscheines nachweist (§ 35 GBO). Tut er dies, so kann er auch, ohne voreingetragen zu sein, den

358 Benning, in: Herberger/Martinek/Rüßmann/Weth, JurisPK-BGB, Band 3, 7. Auflage 2014, § 928 BGB Rn. 12.
359 Meder/Czelk, Grundwissen Sachenrecht, 2. Auflage 2008, S. 175.
360 Volmer, in: Keller/Munzig, KEHE Grundbuchrecht, 7. Auflage 2015, § 39 Rn. 1.
361 Roland Böttcher, in: Georg Meikel, Grundbuchrecht, Band 2, §§ 17–44, 10. Auflage 2008, § 39 Rn. 41.

Verzicht erklären. Eine Eintragung hat in diesem Fall durch das Grundbuchamt zu erfolgen (vgl. hierzu § 40 GBO).

Liegen alle Voraussetzungen vor, muss das Grundbuchamt die Eintragung im Grundbuch vornehmen. Dabei ist der Begriff der »Eintragung« doppeldeutig. Denn zum einen bedeutet »Eintragung« an dieser Stelle die tatsächliche Handlung des Eintragens, zum anderen aber wird gerade durch die Eintragung das zweite Tatbestandsmerkmal des § 928 Abs. 1 BGB erfüllt, so dass die Rechtsfolge eintreten kann. Im Rahmen des grundbuchrechtlichen Verfahrens ist an dieser Stelle lediglich die tatsächliche Handlung des Eintragens, die als Buchung bezeichnet wird, gemeint; die Rechtsfolge tritt kraft materiellen Rechts ein. Die Eintragung des Verzichts selbst erfolgt in der ersten Abteilung in der vierten Spalte (§ 9 Abs. 1 d) GBV). Für die Eintragung wurde bis zum 31.07.2013 eine $\frac{1}{4}$-Gebühr erhoben (§ 67 Abs. 1 Nr. 1 KostO), nunmehr erfolgt sie kostenfrei.[362] Des Weiteren ist zu berücksichtigen, dass gemäß § 55 Abs. 4 GBO die Eintragung des Verzichts auf das Eigentum der für die Aneignungserklärung und der für die Führung des Liegenschaftskatasters zuständigen Behörde bekannt gemacht werden muss.[363]

Da der Verzicht sich auch auf eine reale Teilfläche beziehen kann, ist für die Eintragung eines solchen Verzichts außerdem die Abschreibung der realen Teilfläche erforderlich. Für sie wird von Amts wegen ein besonderes Grundstücksblatt (§ 7 GBO analog) angelegt, auf dem dann der Verzicht eingetragen wird.

III. Rechtsfolgen des § 928 Abs. 1 BGB und Folgenbeseitigung eines unwirksamen Verzichts

Liegen beide Tatbestandsmerkmale des § 928 Abs. 1 BGB vor (Verzicht und Eintragung), treten die materiellrechtlichen Rechtsfolgen ein. Die erste Rechtsfolge, die zu nennen ist, ist die für den ursprünglichen Eigentümer. Er verliert sein Eigentum am Grundstück mit allen Folgen. Insbesondere verliert er die vollständige Berechtigung am Grundstück, er steht dem Grundstück jetzt wie jeder Dritte gegenüber. Er scheidet auch beispielsweise als Mitglied aus solchen Verbänden aus, bei denen die Mitgliedschaft an die Eigentümerstellung am

362 In Anlage 1, Hauptabschnitt 3, Abschnitt 1, Unterabschnitt 6 zu § 3 Abs. 2 GNotKG ist keine Gebühr mehr vorgesehen; vgl. auch Demharter, Grundbuchordnung: mit dem Text der Grundbuchverfügung und weiterer Vorschriften, 29. Auflage 2014, Anhang zu § 44 Rn. 4.

363 In Niedersachen erfolgt gemäß Anordnung über Mitteilungen in Zivilsachen (MiZi) – dort Abschnitt XVIII/2 – diese Mitteilung an das Niedersächsische Finanzministerium, Referat 23, welches die Mitteilung über die OFD Niedersachsen an den Liegenschaftsfonds weiterleitet.

Grundstück gekoppelt ist. Zu denken ist hier insbesondere an die Mitgliedschaft in einem Wasserverband.[364] Ebenso erlischt das mit dem Grundeigentum verbundene Jagdrecht.[365] Gleichwohl gibt es im Hinblick auf den Fortbestand von Pflichten gerade im Polizeirecht Ausnahmen.[366]

Durch den Verzicht am Grundstück hat der Eigentümer sein Vermögen geschmälert. Die persönlichen Gläubiger des Eigentümers, denen gegenüber er persönlich haftet, können ab diesem Zeitpunkt nicht mehr in das Grundstück vollstrecken; sie sind auf die verbleibenden Vermögenswerte des ursprünglichen Eigentümers zu verweisen.[367]

Wenn der ursprüngliche Eigentümer nunmehr als Dritter anzusehen ist, so ist die Frage zu klären, welches Schicksal Belastungen, die zugunsten des ursprünglichen Eigentümers erfolgt sind, widerfährt. Insbesondere ist hier an eine Eigentümergrundschuld zu denken. Hätte der Eigentümer nicht den Verzicht erklärt, sondern das Grundstück veräußert, so wäre die Rechtslage klar: Die Eigentümergrundschuld wandelt sich in eine Fremdgrundschuld zu Gunsten des ursprünglichen Eigentümers. Im vorliegenden Fall hat der Eigentümer aber nicht veräußert, sondern verzichtet. Ob hier dieselben Rechtswirkungen in Bezug auf eine Eigentümergrundschuld eintreten, ist umstritten.[368] Folgt man der herrschenden Meinung, so entsteht ein Fremdrecht zu Gunsten des ursprünglichen Eigentümers.[369] Zwar werden dem Eigentümer damit Manipulationen ermöglicht (z. B. die formelle Aufgabe des Eigentums unter weitgehender Zurückhaltung der wirtschaftlichen Position durch Belastung mit Eigentümergrundschulden, die den Wert übersteigen, und Einräumung des Nießbrauches),

364 BVerwG, Urteil vom 26.04.2012 (7 C 11/11), NVwZ 2012, S. 974–976; VerwG BW, Urteil vom 02.02.2011 (3 S 958/09), ZfW 2012, S. 38–46.

365 Kanzleiter, in: Münchener Kommentar zum Bürgerlichen Gesetzbuch, Band 6, Sachenrecht, §§ 854–1296, 6. Auflage 2013, § 928 Rn. 10.

366 Zu den Grenzen der Polizeipflicht: OVG NRW, Beschluss vom 03.03.2010 (5 B 66/10), NJW 2010, S. 1988–1989; VG Würzburg, Urteil vom 09.11.2006 (W 5 K 05.1171).

367 Deutlich zeigt sich dies beispielsweise daran, dass die Dereliktion eines wertaushölend belasteten Grundstücks auch nicht zur Versagung der Restschuldbefreiung gem. § 290 Abs. 1 Nr. 4 InsO führt. Hierzu AG Göttingen, Beschluss vom 18.02.2015 (74 IK 44/13).

368 Kanzleiter, in: Münchener Kommentar zum Bürgerlichen Gesetzbuch, Band 6, Sachenrecht, §§ 854–1296, 6. Auflage 2013, § 928 Rn. 11 m.w.N.

369 Kanzleiter, in: Münchener Kommentar zum Bürgerlichen Gesetzbuch, Band 6, Sachenrecht, §§ 854–1296, 6. Auflage 2013, § 928 Rn. 11; Bassenge, in: Palandt, Bürgerliches Gesetzbuch, 75. Auflage 2016, § 928 Rn. 3; Stürner, in: Soergel, Bürgerliches Gesetzbuch, Band 14, Sachenrecht 1, §§ 854–984, 13. Auflage 2002, § 928 Rn. 2; Pfeifer, in: Staudingers Kommentar zum Bürgerlichen Gesetzbuch, 3. Buch, Sachenrecht, §§ 925–984, Anhang zu §§ 929ff.: Sonderformen der Übereignung (Eigentum 2), Neubearbeitung 2011, § 928 Rn. 27. Die Mindermeinung nimmt an, dass die Belastungen zugunsten des Eigentümers erlöschen oder subjektlos werden, letzteres mit der Folge, dass sie sich der Aneignungsberechtigte mitaneignen könnte (Bassenge, in: Palandt, Bürgerliches Gesetzbuch, 75. Auflage 2016, § 928 Rn. 3).

dagegen aber trifft § 928 Abs. 1 BGB angesichts seiner klaren Regelung keine Vorsorge. Im Rahmen des § 928 Abs. 1 BGB lässt sich hiergegen keine Lösung finden.[370] Aus diesem Grunde ist die Gegenansicht, die in diesem Fall kein Fremdrecht zu Gunsten des ursprünglichen Eigentümers annimmt, abzulehnen. Allerdings kommt es im Einzelfall auch auf die Erklärung des Aufgebenden an, denn diese ist stets nach den allgemeinen Grundsätzen auszulegen.

Sofern man – wie hier – das Entstehen einer Fremdgrundschuld bejaht,[371] entfällt die Beschränkung des § 1197 BGB für den ursprünglichen Eigentümer, d.h. er kann jetzt die Zwangsvollstreckung betreiben, denn er ist ab dem Zeitpunkt des wirksamen Verzichts nicht mehr Eigentümer, sondern Dritter.

Der Verzicht des § 928 Abs. 1 BGB lässt zum einen die Rechtsbeziehung zwischen Rechtssubjekt und Rechtsobjekt enden, zum anderen, als notwendiges Korrelat hierzu, wird das Eigentum aufgegeben. Das Grundstück ist aufgegeben, es ist keinem Rechtssubjekt mehr zugeordnet. Im Rückblick auf die vormals herrschende Meinung, die auch den Verzicht von Miteigentum zuließ, war die Rechtsfolge des Verzichts umstritten. So wurde von einigen vertreten, dass der Miteigentumsanteil an dieser Stelle ebenfalls »herrenlos« werde.[372] Eine andere Ansicht vertrat eine als »Anwachsungstheorie« bezeichnete Lösung. Nach ihr sollte der aufgegebene Miteigentumsanteil den anderen Miteigentümern anwachsen. Die Notwendigkeit für diese Anwachsung sah diese Auffassung darin, dass es einen aufgegebenen Miteigentumsanteil als solchen nicht geben könne. Doch diesen Ansichten ist nicht zu folgen, denn die Dereliktion von Miteigentum ohne vorherige Realteilung ist unzulässig.[373]

Die zweite Rechtsfolge des § 928 Abs. 1 BGB ist die Entstehung des Aneignungsrechts zu Gunsten des Fiskus (§ 928 Abs. 2 BGB). Betrachtet man die Rechtslage, so könnte man meinen, dass es sich hierbei um ein Anwartschaftsrecht handeln könnte. Ob es sich hierbei aber tatsächlich um ein Anwartschaftsrecht handelt, ist zweifelhaft. Die Rechtsfigur der Anwartschaft ist

370 Kanzleiter, in: Münchener Kommentar zum Bürgerlichen Gesetzbuch, Band 6, Sachenrecht, §§ 854–1296, 6. Auflage 2013, § 928 Rn. 11 geht – leider ohne konkret zu werden – von einer Lösungsmöglichkeit im allgemeinen Teil aus.

371 Im Rahmen von Grundstücksveräußerungen und bestehenden Grundstückbelastungen wird ohne Vereinbarung mit dem Käufer eine Eigentümergrundschuld zur Fremdgrundschuld des Verkäufers; hierzu BGH, Urteil vom 14.02.1962 (V ZR 45/60), so auch Bassenge, in: Palandt, Bürgerliches Gesetzbuch, 75. Auflage 2016, § 1196 Rn. 6. Dies muss auch im Rahmen der Dereliktion gelten, sofern nicht objektive Umstände hinzutreten, die erkennen lassen, dass sich die Verzichtserklärung des ursprünglichen Eigentümers auch auf die Eigentümergrundschuld bezieht (zu denken wäre im Falle eines Briefrechtes an die Rückgabe des Briefs).

372 Reichard, Der Verzicht auf einen Miteigentumsanteil, in: FS für Gerhard Otte, 2005, S. 265–284 (284).

373 Vgl. oben 2. Kapitel II. 1.

anerkannt.[374] Zentraler Gesichtspunkt für ein Anwartschaftsrecht ist, dass es nur dort vorkommt, wo sich ein subjektives Recht entwickelt, d. h. ein Rechtserwerb zwar eingeleitet, aber nicht beendet ist. Quelle eines subjektiven Rechts ist stets ein Rechtssatz, bestehend aus Tatbestand und Rechtsfolgenanordnung.[375] Im Tatbestand werden die einzelnen Tatbestandsmerkmale aufgeführt, die jeweils gegeben sein müssen, so dass die vom Gesetzgeber angeordnete Rechtsfolge eintritt. Im Falle von gestreckten Tatbeständen kann der Umstand eintreten, dass die Tatbestandsmerkmale sukzessiv erfüllt werden. Bei einer solchen sukzessiven Erfüllung entwickelt sich das Recht. Solange allerdings noch nicht alle Tatbestandsmerkmale erfüllt sind, ist aus Sicht der Rechtsfolge noch nichts vorhanden. Erst wenn alle Tatbestandsmerkmale erfüllt sind, kann die Rechtfolge eintreten. Für ein Anwartschaftsrecht ist damit eine Voraussetzung, dass die Tatbestandsmerkmale bereits konkretisierend auf das entstehende Vollrecht wirken.[376]

Bei subjektiven Rechten ist zu berücksichtigen, dass einer Rechtsentstehhung ein Erwerbsinteresse vorausgeht. Dieses Erwerbsinteresse ist der Grund des menschlichen Handelns.[377] Rechtlich geschützt ist dieses Erwerbsintersse aber erst, wenn das Recht voll entstanden ist. Nur in Ausnahmefällen ist bei einer bereits sukzessiven Tatbestandsverwirklichung rechtlicher Schutz zu gewähren. Hierbei sind die Wertungen des Gesetzgebers von entscheidender Bedeutung, da dieser grundsätzlich erst bei der eingetretenen Rechtsfolge Schutz gewähren will.[378] Damit sind Erwerbsinteresse und Wertung des Gesetzgebers weitere Voraussetzungen für ein Anwartschaftsrecht, das sich sodann wie folgt definieren lässt: Jemand hat dann ein Anwartschaftsrecht, wenn getragen von seinem Erwerbsinteresse zu seinen Gunsten noch nicht alle Merkmale eines mehrgliedrigen rechtsgewährenden Tatbestands erfüllt sind und der Eintritt der Rechtsfolge nur noch vom Willen des Anwartschaftsrechtsinhabers abhängt und aus den Wertungen des Gesetzgebers folgt, dass bereits vor Eintritt der Rechtsfolge ein schutzwürdiges Interesse besteht.[379]

---

374 Für das Grundstücksrecht, wenn der Erwerber den Antrag gestellt hat oder eine Auflassungsvormerkung besteht, siehe Bassenge, in: Palandt, Bürgerliches Gesetzbuch, 75. Auflage 2016, § 925 Rn. 23.

375 Ulrich von Lübtow, Das Grundpfandrecht am Vorbehaltseigentum – BGHZ 35, 85, JuS 1963, S. 171–177 (172).

376 Lübtow, Das Grundpfandrecht am Vorbehaltseigentum – BGHZ 35, 85, JuS 1963, S. 171–177 (172); Meder/Czelk, Grundwissen Sachenrecht, 2. Auflage 2008, S. 134.

377 Lübtow, Das Grundpfandrecht am Vorbehaltseigentum – BGHZ 35, 85, JuS 1963, S. 171–177 (172).

378 Lübtow, Das Grundpfandrecht am Vorbehaltseigentum – BGHZ 35, 85, JuS 1963, S. 171–177 (172).

379 Lübtow, Das Grundpfandrecht am Vorbehaltseigentum – BGHZ 35, 85, JuS 1963, S. 171–177 (173).

Bezogen auf den vorliegenden Fall wird deutlich, dass es sich nicht um eine solche Rechtsposition handelt, denn der Fiskus nimmt diese Rechtsposition kraft Gesetzes ein, sie beruht damit auf keinem Erwerbsinteresse. Das Aneignungsrecht ist also kein Anwartschaftsrecht auf das Eigentum, es ist ein dingliches Recht eigener Art.[380] Erst ab dem Zeitpunkt, ab dem der Fiskus seinen Erwerbswillen, also die Aneignung erklärt, kann überhaupt von einem Anwartschaftsrecht gesprochen werden, denn erst dann liegt der erforderliche Wille zum Erwerb vor.

Sollte die Rechtsfolge nicht eingetreten sein, weil der Verzicht nicht wirksam erfolgt ist bzw. angefochten wurde, oder aber die Eintragung fehlerhaft sein, sollen im Weiteren die Möglichkeiten des Eigentümers für diese Konstellationen betrachtet werden. Der Eigentümer, der die Folgen der tatsächlichen Handlung – nämlich der Eintragung – rückgängig machen will, muss entweder ein Verfahren nach §§ 14, 22 GBO anstreben oder seinen Grundbuchberichtigungsanspruch gemäß §§ 894ff. BGB geltend machen. Für das Verfahren nach §§ 14, 22 GBO hat der Eigentümer den Nachweis der Unrichtigkeit zu erbringen. Gemäß § 894 BGB kann der Eigentümer die Zustimmung zur Berichtigung von demjenigen verlangen, dessen Recht durch die Berichtigung betroffen wird. Fraglich ist, ob der Fiskus hierunter als Aneignungsberechtigter zu verstehen ist. Dies wird man verneinen müssen, denn Betroffener im Sinne des § 894 BGB ist derjenige, dem ein Recht »an« dem Grundstück zusteht. Zwar könnte dem Aneignungsberechtigten das Aneignungsrecht zustehen, dies stellt aber kein Recht »an« dem Grundstück dar, es ist lediglich das zukünftige Recht, an dem Grundstück ein Recht zu haben, nämlich das Eigentum. Im Übrigen ist das Recht des Fiskus auch nicht im Grundbuch eingetragen, so dass er bereits aus diesem Grunde nicht »Schuldner« im Sinne des § 894 BGB sein kann. Dieser ist nämlich nur derjenige, der eine Buchposition innehat.[381] Erst ab Eintragung im Grundbuch ist damit die Zustimmung erforderlich. Demnach ist die Zustimmung des »Aneignungsberechtigten« bis zu dessen Eintrag im Grundbuch nicht erforderlich.

380 Kanzleiter, in: Münchener Kommentar zum Bürgerlichen Gesetzbuch, Band 6, Sachenrecht, §§ 854–1296, 6. Auflage 2013, § 928 Rn. 12; Artz, in: Erman Bürgerliches Gesetzbuch, 14. Auflage 2014, § 928 Rn. 9; Pfeifer, in: Staudingers Kommentar zum Bürgerlichen Gesetzbuch, 3. Buch, Sachenrecht, §§ 925–984, Anhang zu §§ 929ff.: Sonderformen der Übereignung (Eigentum 2), Neubearbeitung 2011, § 928 Rn. 20; Stürner, in: Soergel, Bürgerliches Gesetzbuch, Band 14, Sachenrecht 1, §§ 854–984, 13. Auflage 2002, § 928 Rn. 4; Beate Grün, in: Heinz Georg Bamberger/Herbert Roth, Kommentar zum Bürgerlichen Gesetzbuch, Band 2, §§ 611–1296 AGG ErbbauRG WEG, 3. Auflage 2012, § 928 Rn. 9.

381 Bassenge, in: Palandt, Bürgerliches Gesetzbuch, 75. Auflage 2016, § 894 Rn. 7. Die hiervon gemachte Ausnahme betrifft den Fall des Erben eines Buchberechtigten vor Eintragung der Rechtsnachfolge bzw. der vererblichen Buchposition. Siehe hierzu BGH, Urteil vom 22.01.1964 (V ZR 25/62), BGHZ 41, S. 30–38 (32).

Für eine Klage wäre bei Bedarf ein Vertreter gemäß § 58 ZPO zu bestellen. Obsiegt der Eigentümer im Prozess, so ist das Grundbuch in diesem Falle zu ändern. Die Rechtslage, die durch die Änderung eintritt, ist die, als wäre überhaupt keine Eintragung erfolgt. Der ursprüngliche Eigentümer wird wieder ins Grundbuch eingetragen.

Ein Anspruch auf einstweilige Anordnung besteht dagegen nicht, da die Gefahr eines gutgläubigen Erwerbs durch den Fiskus nicht gegeben ist. Dieser erwirbt das Recht kraft Gesetzes, § 892 BGB allerdings setzt einen rechtsgeschäftlichen Erwerb in Form eines Verkehrsgeschäftes voraus,[382] so dass § 892 BGB nur dann zur Anwendung kommen kann, wenn die Gefahr eines Dritterwerbs des »nicht bestehenden Aneignungsrechts« besteht. Also dann, wenn der Fiskus sein nicht bestehendes Aneignungsrecht ausübt und dann das Grundstück veräußert. In einem solchen Fall dürfte auch die Zustimmung des Fiskus erforderlich sein, da er dann eine eingetragene Grundbuchposition innehat.

Aber nicht nur im materiellen Rechtsgeschäft können Fehler auftreten, auch das Eintragungsverfahren kann fehlerhaft sein. Sollte eine solche unzulässige Eintragung bei wirksamem materiellem Rechtsgeschäft erfolgen, so ist sie und mit ihr die Eigentumsaufgabe wirkungslos. Ein gutgläubiger Erwerb des Aneignungsrechts durch den Fiskus kommt zwar nicht in Betracht, gleichwohl könnte aber der Fiskus, nachdem er die Aneignung erklärt hat und im Grundbuch eingetragen wurde (die Voraussetzungen für eine Eintragung liegen vor), im Rahmen einer Verfügung über das Grundstück dem Dritten, sofern dieser gutgläubig ist, ein Recht an dem Grundstück verschaffen oder gar das Eigentum daran übertragen. Die Ansprüche des materiellrechtlichen Eigentümers sind dann im Bereich des § 816 BGB angesiedelt. Im Übrigen dürfte hier auch der Anwendungsbereich des § 54 GBO eröffnet sein. Dieser schreibt für den Fall, dass das Grundbuchamt unter Verletzung gesetzlicher Vorschriften eine Eintragung vorgenommen hat, durch die das Grundbuch unrichtig geworden ist, die Eintragung eines Widerspruchs von Amts wegen vor. Handelt es sich bei der Eintragung um einen unzulässigen Inhalt – beispielsweise um die Löschung des Eigentums statt Eintragung des Verzichts –, so ist gemäß § 54 Abs. 1 Satz 2 GBO von Amts wegen eine Grundbuchberichtigung vorzunehmen. Auch in diesem Fall steht dem Eigentümer ein Anspruch auf Grundberichtigung zu.

382 OLG Zweibrücken, Beschluss vom 30.12.1980 (3 W 161/80), OLGZ 81, S. 139–145; Bassenge, in: Palandt, Bürgerliches Gesetzbuch, 75. Auflage 2016, § 928 Rn. 4.

IV. Resümee

Aufbauend auf den Befunden der historischen Untersuchung zeigt die Analyse des § 928 Abs. 1 BGB, dass das im römischen Recht verankerte Willensmoment sich in Form des Rechtsgeschäftes wiederfindet. Dieses Rechtsgeschäft – also der materiellrechtliche Verzicht – unterliegt dabei den allgemeinen Bestimmungen des BGB. Sie regeln die freie Widerruflichkeit der materiell-rechtlichen Erklärung bis zur Eintragung und schließen Bedingungen, unter denen die Erklärung abgegeben werden könnte, aus. Allerdings implizieren die allgemeinen Bestimmungen keine Beschränkungen, wenn der Verzicht erfolgt, um sich öffentlich-rechtlichen Verpflichtungen zu entziehen.

Die weitergehende Analyse der Eintragung des Verzichts im Grundbuch zeigt, dass das grundbuchrechtliche Verfahren den eigentlichen Verzicht und dessen Eintragungserfordernis flankiert. Mit der Eintragung des Verzichts im Grundbuch entsteht das Aneignungsrecht des Fiskus am Grundstück. Dieses Aneignungsrecht ist kein Anwartschaftsrecht, sondern ein dingliches Recht eigener Art.

4. Kapitel: Die Phase nach Aufgabe des Grundstückseigentums und vor Aneignung durch den Fiskus

I. Das aufgegebene Grundstück

Der § 928 Abs. 2 BGB spricht dem Fiskus ein Aneignungsrecht am aufgegebenen Grundstück zu. Als Rechtsfolge sieht § 928 Abs. 1 BGB »aufgegebenes Eigentum« vor, denn dort heißt es: »Das Eigentum an einem Grundstück kann dadurch aufgegeben werden, dass …« Für das Schicksal des Eigentums nach dem Verzicht durch den ursprünglichen Eigentümer und die hiermit verbundene Rechtslage bzw. für die Auslegung »aufgegebenes Grundstück« lassen sich letztlich drei Meinungen ausmachen, wobei vielfach keine konkrete Aussage über die Rechtsfolge für das Eigentum getroffen wird.[383] Die herrschende Meinung kommt zu dem Ergebnis, dass das Eigentum untergeht und daher das aufgegebene Grundstück als herrenloses Grundstück aufzufassen ist.[384] Sie versteht damit das aufgegebene Grundstück in einem engen Sinne, nämlich als

383 Kanzleiter, in: Münchener Kommentar zum Bürgerlichen Gesetzbuch, Band 6, Sachenrecht, §§ 854–1296, 6. Auflage 2013, § 928 Rn. 10: »Mit dem Verzicht und dessen Eintragung wird das Grundstück herrenlos … Mit dem Grundeigentum erlischt auch das mit ihm verbundene Jagdrecht«; Liane von Schweinitz, in: Roland Dubischar, Kommentar zum Bürgerlichen Gesetzbuch, Band 4, Sachenrecht 3, 1983, § 928 Rn. 9 ausdrücklich: »… erlischt das bisherige Eigentum«; Peter Hartmann, in: Adolf Baumbach/Jan Albers/Peter Hartmann, Zivilprozessordnung: mit Gerichtsverfassungsgesetz und anderen Nebengesetzen, 74. Auflage 2016, ZPO, § 58 Rn. 1: »… erlischt das Eigentum …«; Bassenge, in: Palandt, Bürgerliches Gesetzbuch, 75. Auflage 2016, § 928 Rn. 3: »Das Grundstück einschl… werden herrenlos«; Pfeifer, in: Staudingers Kommentar zum Bürgerlichen Gesetzbuch, 3. Buch, Sachenrecht, §§ 925–984, Anhang zu §§ 929ff.: Sonderformen der Übereignung (Eigentum 2), Neubearbeitung 2011, § 928 Rn. 18: »Das Grundstück wird herrenlos.«; Ulrich von Lübtow, Die Struktur der Pfandrechte und Reallasten, in: Hans C. Nipperdey (Hrsg.), FS für Heinrich Lehmann, Das Deutsche Privatrecht in der Mitte des 20. Jahrhunderts, Band 1, 1956, S. 328–387 (379): »Das Interesse der dinglich Berechtigten erhält deshalb auch das Eigentumsrecht«; Lübtow bietet auf S. 371, Fn. 166 einen guten Überblick über den Meinungsstand im älteren Schrifttum.

384 Harm Peter Westermann, Sachenrecht, 8. Auflage 2011, § 85 Rn. 3, S. 724; Hanns Prütting, Sachenrecht, 35. Auflage 2014, Rn. 368; Klaus Müller, Sachenrecht, 4. Auflage 1997, Rn. 983; Jan Wilhelm, Sachenrecht, 4. Auflage 2010, Rn. 850f.

eigentumslos. Die Gegenansicht, die vor allem von Hellwig begründet wurde, geht von einem Fortbestehen des Eigentums trotz der Dereliktion aus. Das Eigentum wird subjektlos.[385] Damit versteht diese Ansicht das aufgegebene Grundstück in einem weiten Sinne, nämlich »nur« als subjektlos und nicht als eigentumslos. Die Begrifflichkeit »herrenloses Grundstück« ist in diesem Zusammenhang also in einem weiten Sinne zu verstehen.[386] Der Vollständigkeit halber soll hier auch die dritte Meinung, die wohl nur von Bendix vertreten wurde, aufgeführt werden, die das aufgegebene Grundstück auch nicht mit einem eigentumslosen Grundstück gleichsetzt, sondern davon ausgeht, dass der Eigentümer trotz des Verzichts sein Eigentumsrecht nicht verliert, vielmehr bleibt der Verzichtende beschränkter Eigentümer.[387] Ausgangspunkt dieser Ansicht ist die Erfassung des Verzichtes im Grundbuch und die damit verbundene Frage, warum nicht das Recht gelöscht wird, wenn es erloschen ist? Eine konkrete Antwort lässt sich hierauf nicht finden, allerdings könnten praktische Gesichtspunkte der Hintergrund für diese Buchungstechnik sein. Denn das Grundstück existiert im Rechtssinne weiter, so dass der Verzichtseintrag zwar das Eigentum zum Erlöschen bringt, das Grundstück als solches aber nicht. Bendix geht an dieser Stellte jedoch davon aus, dass durch diese Buchungstechnik die Rechtsvermutung des § 891 BGB bestehen bleibt und das Eigentum sein Subjekt nicht verliert, der ursprüngliche Eigentümer habe lediglich kein volles Eigentum mehr, da er nicht mehr wirksam über das Eigentum verfügen könne. Diese Ansicht ließe sich auch mit der Überlegung stützen, dass das Grundbuch als »Spiegel« für das Grundeigentum gesehen werden könnte, da es vor der Aufgabe des Eigentums das Rechtsverhältnis aufzeigt: Im Deckblatt nennt es das Rechtsobjekt, in der ersten Abteilung den Eigentümer. Die Abteilungen II und III beinhalten die Belastungen. Blickt man nach der Aufgabe in diesen »Spiegel«, stellt sich das Bild so dar, dass das Rechtsobjekt – trotz Verzicht – im Grundbuch verbleibt und auch das Grundeigentum zu erkennen ist, denn in der Abteilung I ist nach wie vor der Eigentümer eingetragen, allerdings wird die Rechtslage eindeutig durch die Buchung des Verzichts erfasst. Bei dieser Betrachtung darf man aber auch nicht übersehen, dass es sich bei den Vorschriften der Grundbuchordnung um Verfahrensvorschriften handelt, deren

385 Konrad Hellwig, Lehrbuch des deutschen Zivilprozessrechts in 3 Bänden, Band II, 1907, § 124, S. 378; ders., in: System des deutschen Zivilprozessrechts, 1. Teil, 1912, S. 152; ders., in: Anspruch und Klagerecht. Beiträge zum bürgerlichen und zum Prozessrecht. Neudruck der Ausgabe 1924, § 32, S. 232; ders., in: Wesen und subjektive Begrenzung der Rechtskraft, 1901, § 40, S. 274ff.

386 Hohner weist bereits darauf hin, dass wohl zwischen den Begrifflichkeiten Herrenlosigkeit und Subjektlosigkeit bislang keine Abgrenzung vorgenommen worden ist, hierzu Hohner, Subjektlose Rechte unter besonderer Berücksichtigung der Blankozession, 1969, S. 62.

387 Bendix, Der sog. Verzicht auf das Eigentum an Grundstücken nach bürgerlichem Recht, in: Archiv für Bürgerliches Recht, Band 32, 1908, S. 140–265.

Zweck nicht in der Begründung einer materiellrechtlichen Rechtsposition liegt,[388] darüber hinaus entspricht die formellrechtliche Lage eher dem subjektlosen Eigentum. Hinzu tritt der Umstand, dass diese Ansicht mit dem Sinn und Zweck des § 928 BGB einerseits und dessen Wortlaut andererseits unvereinbar ist. Auch sprechen systematische Erwägungen gegen diese Ansicht, weil beispielsweise die den § 928 BGB flankierenden prozessrechtlichen Vorschriften (§§ 58, 787 ZPO) ihrem Sinn und Zweck nach völlig ins Leere liefen.[389] Auch kann an § 891 BGB, der seiner Art nach eine Vermutungsregel zu Gunsten eines Gutgläubigen ist, keine solche Vermutung angeknüpft werden, denn durch die Buchung ist für jeden erkennbar, dass der Eigentümer verzichtet hat,[390] so dass diese Ansicht abzulehnen ist.

Den verbleibenden zwei Meinungen und damit der Thematik – Erlöschen des Eigentums einerseits oder Fortbestand des Eigentums ohne Subjekt andererseits – wird sich nachfolgend in zwei Schritten genähert. In einem ersten Schritt wird zunächst der Frage nachgegangen, ob überhaupt ein subjektloses subjektives Recht bestehen kann. Hierbei wird der Stand der wissenschaftlichen Argumentation zunächst anhand der älteren Literatur (19. Jahrhundert) und im Anschluss anhand der jüngeren Literatur (20. Jahrhundert) nachgezeichnet, wobei der grundlegenden Arbeit von Hohner[391] Mitte des letzten Jahrhunderts, die einen gewissen Abschluss in die Diskussion von subjektlosen Rechten darstellt, in der Darstellung gefolgt wird. Hierbei wird der Versuch unternommen, eine übergeordnete Systematik in den grundlegenden Positionen aufzuzeigen. In einem zweiten Schritt wird dann untersucht, ob sich in der konkreten Auslegung und Anwendung des § 928 BGB Argumente finden lassen, die für den Fortbestand oder das Erlöschen des Eigentums sprechen, um dann im Abschluss dieses Teils ein Resümee zu ziehen.

388 Demharter spricht allgemein von der dienenden Funktionen des Grundbuchverfahrensrechts gegenüber dem materiellen Recht, vgl. Demharter, Grundbuchordnung: mit dem Text der Grundbuchverfügung und weiterer Vorschriften, 29. Auflage 2014, Einleitung Rn. 1; so auch schon Hohner, Subjektlose Rechte unter besonderer Berücksichtigung der Blankozession, 1969, S. 84 und 86.

389 Hohner, Subjektlose Rechte unter besonderer Berücksichtigung der Blankozession, 1969, S. 84.

390 Alfred Lenhard, Die Eigentumsaufgabe von Grundstücken, die Eigentümerhypothek (Eigentümergrundschuld), ihr Verhältnis zueinander, ArchBürgR, Band 35, 1910, S. 369–403 (373); vgl. hierzu auch Hohner, Subjektlose Rechte unter besonderer Berücksichtigung der Blankozession, 1969, S. 84.

391 Hohner, Subjektlose Rechte unter besonderer Berücksichtigung der Blankozession, 1969, insbesondere S. 39–80, der auf den Seiten 81–112 auch entsprechende Argumente aus § 928 BGB gewinnt (vgl. hierzu entsprechende Nachweise in 4. Kapitel I. 2.). Eine gelungene aktuelle Darstellung – auch mit dem Verweis auf Hohner als grundlegende Arbeit – findet sich bei Rainer Becker, Die Fiducie von Québec und der trust. Ein Vergleich mit verschiedenen Modellen fiduziarischer Rechtsfiguren im civil law, 2007, S. 300–314.

1. Die Möglichkeit subjektloser subjektiver Rechte

a) Überblick über den Meinungsstand im 19. Jahrhundert

Die Anfänge im 19. Jahrhundert – wie auch die weitere Auseinandersetzung – sind durch drei unterschiedliche Blickwinkel gekennzeichnet. Hierbei orientieren sich die einzelnen Perspektiven an dem Rechtsverhältnis Eigentum und den beiden Bezugspunkten: dem Rechtsobjekt und dem Rechtssubjekt. Am Anfang orientieren sich die Blickwinkel der Diskussion an den Bezugspunkten und sind daher zunächst die Ausgangspunkte der Darstellung. Die Blickrichtung aus dem Subjekt heraus billigt dem Rechtsverhältnis und damit dem Recht lediglich die Rolle zu, »Mittel zum Zweck« zu sein, d.h. das Subjekt ist der Mittelpunkt aller rechtlichen Konstruktionen. Ist es nicht vorhanden, kann und darf es keine rechtliche Konstruktion geben. Dagegen billigt der Blick vom Rechtsobjekt auf das Rechtsverhältnis diesem in einem ersten Schritt eine gewisse Eigenständigkeit zu. Hintergrund hierfür ist, dass man sich bei diesem Blick von der Vorstellung löst, allein durch ein Rechtssubjekt könne ein Rechtsverhältnis bestehen.

Die Anfänge für das Rechtsverhältnis als solches stellt Savnigys Lehre vom Rechtsverhältnis dar.[392] Dieser betrachtet das Rechtsverhältnis als Gebiet unabhängiger Herrschaft des individuellen Willens[393] und versteht daher Eigentum aus einem subjektbezogenen Blickwinkel. Diesem folgt Puchta[394], der die Auffassung vertritt, dass das Vermögen kein objektiver Begriff sei und nur durch ein Subjekt bestehen könne, dem es zugeschrieben werden müsse. Dem schließt sich Kuntze[395] an, der subjetklose Rechte ausdrücklich ablehnt. Ein wesentliches Argument von Kuntze ist hierbei der Begriff des Rechtsverhältnisses, bei dem es um die Wechselbeziehung zwischen Subjekt und Objekt geht. Er argumentiert damit, dass wenn bei einer solchen Betrachtung einer der Bezugspunkte – also das real existierende Subjekt – entfalle, es kein Verhältnis mehr geben könne, sei das Rechtsverhältnis doch gerade dadurch gekennzeichnet, dass es die Wechselbeziehung zwischen beiden sei.[396] Diese für sich genommene Argumentation

---

392 Vgl. u.a. Friedrich Carl von Savigny, System des heutigen Römischen Rechts, Band 1, 1840, § 4, S. 6–8 und § 52, S. 331–334.

393 Savigny, System des heutigen Römischen Rechts, Band 1, 1840, § 52, S. 334 und 338.

394 Georg Friedrich Puchta, Cursus der Institutionen, Band 2, 1842 (Nachdruck 1997), 4. Buch, 1. Kapitel, S. 265. Zur historischen Schule, insbesondere auch zur Person Puchtas: Meder, Rechtsgeschichte, 5. Auflage 2014, S. 295ff.

395 Johannes Emil Kuntze, Die Obligation und die Singularsuccession des römischen und heutigen Rechts, 1856, S. 264ff.; ders., Die Lehre von den Inhaberpapieren oder Obligationen au porteur, rechtsgeschichtlich, dogmatisch und mit Berücksichtigung der deutschen Partikularrechte, 1857, S. 234; ders., Rezension von Koeppens »Die Erbschaft« in Schletters Jahrbücher der deutschen Rechtswissenschaft, Bd. III, 1857, S. 259–263 (261ff.).

396 Kuntze, Die Obligation und die Singularsuccession des römischen und heutigen Rechts,

besticht in ihrer Klarheit und wird von den Vertretern dieses Standpunktes auch als so unabdingbar wie ein »Kreis ohne Mittelpunkt«[397] oder ein »Messer ohne Klinge« angesehen. Anderweitige Annahmen und Ansichten seien eine »contradictio in adjecto.«[398]

Ändert man allerdings den Standpunkt und blickt vom Rechtsobjekt auf das Rechtsverhältnis, so kommt es für die Annahme von subjektlosen Rechten darauf an, ob man dem Recht eine Eigenständigkeit einräumt und soweit geht, auch Rechte ohne Subjekt für gegeben anzunehmen. Windscheid[399], der die Zusammengehörigkeit eines Vermögens auch nach Fortfall des Subjektes – kraft Anordnung des positiven Rechts – als gegeben ansieht, lässt damit beispielsweise Rechte ohne Subjekt zu. Er begründet dies damit, dass die Zusammengehörigkeit durch die »Souveränität des Rechts« ermöglicht werde.[400] Um die Überlegung Windscheids nachvollziehen zu können, ist es erforderlich, die zwei wesentlichen, flankierenden Argumente Windscheids mit einzubeziehen. Zum einen argumentiert er damit, dass bei der Übertragung von Rechten das Recht beständig, das Subjekt dagegen austauschbar sei. Wenn dem aber so sei, dann könne man dem Recht auch eine Existenz ohne Subjekt zubilligen. Zum anderen stützt er seine Gedanken durch das Argument, dass auch solche Subjekte Träger von Rechten sein können, die selbst nicht in der Lage sind, einen Willen zu bilden. Wenn aber die Willensbildung für das Subjekt maßgeblich sei und diese Eigenschaft bei Subjekten fehle, die trotzdem Träger von Rechten sein könnten,

---

1856, S. 264ff.; ders., Die Lehre von den Inhaberpapieren oder Obligationen au porteur, rechtsgeschichtlich, dogmatisch und mit Berücksichtigung der deutschen Partikularrechte, 1857, S. 234.

397 Kuntze, Die Obligation und die Singularsuccession des römischen und heutigen Rechts, 1856, S. 264ff.

398 Rudolf von Jhering, Passive Wirkungen der Rechte, in: Jherings Jahresbücher 10, 1871, S. 387–586 (415ff.); Hohner, Subjektlose Rechte unter besonderer Berücksichtigung der Blankozession, 1969, S. 61; Becker, Die Fiducie von Québec und der trust. Ein Vergleich mit verschiedenen Modellen fiduziarischer Rechtsfiguren im civil law, 2007, S. 300–301 und 303, dort insb. Fn. 10. Contradictio in adiecto ist in der Terminologie der traditionellen Logik ein Widerspruch innerhalb eines Begriffs, das heißt ein Widerspruch, der darin besteht, dass der Begriff Merkmale enthält, die ihm selbst widersprechen (z.B.: »rundes Quadrat«, »weißer Rappe«). Hierzu Günter Drosdowski, Duden, 2. erweiterte Auflage 1993, Band 2, Bin-Far, S. 646.

399 Bernhard Windscheid, Die ruhende Erbschaft und die vermögensrechtliche Persönlichkeit, Kritische Überschau der deutschen Gesetzgebung und Rechtswissenschaft, Band I, 1853, S. 181–207; ders., Zur Lehre von der Correalobligation, Kritische Überschau der deutschen Gesetzgebung und Rechtswissenschaft, Band VI, 1859, S. 219–237; ders., Die actio des römischen Zivilrechts vom Standpunkte des heutigen Rechts, 1856, S. 233ff.

400 Windscheid, Die ruhende Erbschaft und die vermögensrechtliche Persönlichkeit, Kritische Überschau der deutschen Gesetzgebung und Rechtswissenschaft, Bd. I, 1853, S. 181–207 (187).

dann könnten auch Rechte ohne Subjekt existieren.[401] Auch diese Gedankenführung überzeugt.

In der Gegenüberstellung der Postionen zeigt sich, dass beide konsistent sind und der jeweilige Blickwinkel für das Ergebnis entscheidend ist. Betrachtet man das Recht ausschließlich aus dem Subjekt heraus, kann es kein Recht ohne Subjekt geben. Wechselt man allerdings den Standpunkt und betrachtet die Dinge aus der Position des Objektes heraus, scheinen subjektlose Rechte als logische Konsequenz möglich.

Im weiteren Verlauf des Diskurses werden die einzelnen Blickwinkel sublimiert. So tritt bei Koeppen[402] für den objektbezogenen Blickwinkel die Überlegung hinzu, dass die ideelle Herrschaft im Gegensatz zur physischen Herrschaft einer Person ausreiche. Dies war für ihn die Möglichkeit, im Rahmen der »Natur der ruhenden Erbschaft« im römischen Recht das Fortbestehen der Rechte bis zum Eintritt des Berechtigten zu begründen. Dieser Überlegung traten die Vertreter eines subjektbezogenen Blickwinkels mit dem Argument entgegen, dass eine idelle Herrschaft gleichwohl eine Herrschaft sei. Letztere verlange aber stets auch einen Herrschenden, also ein Subjekt.[403]

Es ist nachvollziehbar, dass gerade die Vertreter der »Theorie vom Zweckvermögen«[404] den objektbezogenen Blickwinkel einnehmen. Sie lösen das Vermögen gänzlich von der Person und ersetzen diese durch einen Zweck und kommen somit unausweichlich zu dem Ergebnis, dass es auch Vermögen ohne ein Subjekt geben muss. Diese Überlegungen wurden soweit fortgesetzt, dass sogar die juristischen Personen als Bestand von subjektlosen Rechten angesehen wurden, da kein physisches Subjekt vorhanden war.[405] Insbesondere gegen die Theorie des Zweckvermögens, aber zugleich auch gegen die subjektlosen Rechte, wurde von den Vertretern der Gegenansicht vorgebracht, dass nur real existierende Subjekte Träger von Rechten sein könnten.[406] Ebenso lehnten die Vertreter

401 Bernhard Windscheid, Zur Lehre von der Correalobligation, Kritische Überschau der deutschen Gesetzgebung und Rechtswissenschaft, Bd. VI, 1859, S. 219–237 (219f.).

402 Carl Friedrich Albert Koeppen, De natura hereditatis nondum aditae, 1850, S. 125ff.

403 Carl Friedrich Albert Koeppen, Die Erbschaft: Eine civilistische Abhandlung, 1856, S. 10ff.; vgl. auch Johannes Emil Kuntze, Rezension von Koeppens »Die Erbschaft« in Schletters Jahrbücher der deutschen Rechtswissenschaft, Bd. III, 1857, S. 259–263 (S. 260f.).

404 Alois von Brinz, Lehrbuch der Pandekten, 1. Bd., 2. Auflage 1873, §§ 64ff., S. 209ff.; ders., Lehrbuch der Pandekten, 3. Bd., 2. Abt. 1889, §§ 432ff., S. 453ff.

405 Gustav Demelius, Die Rechtsfiktion in ihrer geschichtlichen und dogmatischen Bedeutung, 1858, S. 79ff., 90.

406 Karl Ludwig Arndts von Arnesberg, Lehrbuch der Pandekten, 9. Auflage 1877, § 24, S. 41ff.; Anton Randa, Das Zweckvermögen, die juristische Person usw. in: Siebenhaars Archiv für deutsches Handelsrecht und Wechselrecht, Bd. 15, 1866, S. 1–36.; ders., Die nichtkaufmännischen sogenannten Collectivgesellschaften in: Siebenhaars Archiv für deutsches Handelsrecht und Wechselrecht, Bd. 15, 1866, S. 337–404; Hugo Böhlau, Rechtssubject und Personenrolle, 1871, S. 3ff.

der germanistischen Theorie gerade für juristische Personen subjektlose Rechte ab, gingen sie doch davon aus, dass zivilrechtliche Gesellschaften als real existierende Subjekte anzusehen sind.[407]

Ebenso wurde für den objektbezogenen Blickwinkel hervorgehoben, dass das Recht selbst »aufgrund seiner Souveränität« ein Recht auch ohne Subjekt fortbestehen lassen könne.[408] Dies umso mehr, als dass subjektive Rechte nicht nur für einzelne Individuen existierten, sondern – bei Erweiterung des Wesens und des Zwecks – auch für die Allgemeinheit.[409] Wobei insgesamt stets betont wird, dass subjektlose Rechte nur für ein Durchgangsstadium anzunehmen seien.[410]

Im Rahmen des subjektbezogenen Blickwinkels wurde das Argument herausgearbeitet, dass ohne Subjekt dem Recht als Gegenstand des Wollendürfens keine Bedeutung zukomme.[411] Beim Fehlen eines Subjektes sei daher vielmehr von einem »Zustand der Schwebe«[412] auszugehen. An dieser Überlegung zeigt sich deutlich, dass nunmehr auch aus dem subjektbezogenen Blickwinkel die Situation einer »subjektlosen Phase« für möglich gehalten wird, wobei noch immer klar zum Ausdruck gebracht wird, dass die subjektlose Phase nicht zugleich die Existenz von subjektlosen Rechten bedeute, letzere seien unzulässig, da sie »der Natur der Sache zuwiderlaufende Warheiten schaffen« würden.

Ähnlich argumentiert der philosophische Ansatz, der bei dem subjektbezogenen Blickwinkel noch eine übergeordnete Idee mit ins Spiel bringt, nämlich dass jede Rechtserscheinung stets von einem »Wollendürfen« geprägt sein muss. Dieser Ansatz geht auf Zitelmann zurück.[413] Er entkräftet mit dieser Überlegung zunächst die Argumentation hinsichtlich des objektbezogenen Blickwinkels, die aus dem Umstand, dass auch Willensunfähige Träger von Rechten sein können, schließt, dass es dann auch Rechte ohne Subjekte geben könne. Insoweit sei nach Zitelmann nämlich zwischen der potentiellen Möglichkeit der Willensbildung einerseits und der tatsächlichen Möglichkeit der Willensbildung andererseits zu

---

407 Vgl. u. a. Otto von Gierke, Deutsches Privatrecht, Band 1, Allgemeiner Teil und Personenrecht, 2. Auflage 1936, § 29, S. 257 bei Fn. 1; Hans Albrecht Fischer, Subjekt und Vermögen, Sonderabdruck aus der FS für Eduard Rosenthal, 1923, S. 4–5; vgl. auch: Hohner, Subjektlose Rechte unter besonderer Berücksichtigung der Blankozession, 1969, S. 14.

408 Joseph Unger, Das österreichische Erbrecht, 4. Auflage 1894, § 7.

409 Karl Georg Bruns in, Franz von Holtzendorffs Enzyklopädie der Rechtswissenschaft in systematischer Bearbeitung, Bd. I, 1870, S. 270.

410 Beispielsweise Ferdinand Regelsberger, Pandekten, Band 1, 1893, § 15 I und III, S. 77ff.

411 Carl Neuner, Wesen und Art der Privatrechtsverhältnisse. Eine civilistische Ausführung, nebst einem Anhang, dem Grundriss zu einem neuen Systeme für die Darstellung des Pandektenrechts enthaltend, 1866, S. 109ff.

412 Neuner, Wesen und Art der Privatrechtsverhältnisse. Eine civilistische Ausführung, nebst einem Anhang, dem Grundriss zu einem neuen Systeme für die Darstellung des Pandektenrechts enthaltend, 1866, S. 112.

413 Ernst Zitelmann, Begriff und Wesen der sogenannten juristischen Personen, 1873, S. 27ff., 64ff.

differenzieren. Erste reiche aber bereits aus, um Träger von Rechten zu sein. Damit greift gerade das Argument nicht mehr, dass wenn ein Willensunfähiger Träger eines subjektiven Rechtes sein kann, auch ein subjektives Recht ohne Subjekt möglich sein muss, denn der Willensunfähige verfügt noch über die Potenz der Willensbildung, das fehlende Subjekt aber nicht.[414]

Der bisher noch nicht besprochene Blickwinkel auf das Rechtsverhältnis selbst stellt sich als der eines danebenstehenden Betrachters dar, der das »Wechselspiel« zwischen Rechtssubjekten und Rechtsobjekten innerhalb des Systems betrachtet. Diesen Blickwinkel kann man wohl Jhering[415] zuordnen, denn dieser analysiert das Rechtverhältnis eingehend und lehnt im Ergebnis subjektlose Rechte ausdrücklich ab. Allerdings stellt er deutlich heraus, dass das Recht – also die Beziehung zwischen Subjekt und Objekt – einem Zweck folge und es daher aus einer aktiven und passiven Seite bestehe, wobei letztere auch ohne aktive Seite bestehen könne.[416] Dabei taucht auch hier wieder die Überlegung der Zwischenstadien bzw. der »Zustand der Schwebe«[417], wie es Neuner beschreibt, auf. Gegen diese Überlegung von Jhering ist vor allem vorgebracht worden, dass unklar sei, warum die passive Seite allein fortbestehen könne.[418]

Ein Aufzeigen aller Argumentationsstränge in der mannigfachen Literatur zu der Problematik subjektloser Rechte im 19. Jahrhundert scheint ausgesprochen schwierig, denn die Diskussion selbst ist auch noch mit der Fragestellung über den Begriff des subjektiven Rechts überlagert. Allerdings lässt sich festhalten, dass es letztlich stets um die oben aufgezeigten Argumente geht und sich der Diskurs dahingehend verfestigt, dass der Ausgangspunkt der Argumentation nicht mehr einer der beiden Pole – also Subjekt oder Objekt – ist, sondern das Verhältnis als solches betrachtet wird.

b) Überblick über den Meinungsstand im 20. Jahrhundert

Auf diesen Ausgangspunkt setzt die Diskussion um subjektlose Rechte innerhalb des 20. Jahrhunderts auf, wobei auch hier wieder auf die bereits ausgetauschten Argumente zurückgegriffen wird. Es finden sich zahlreiche Befürworter für

414 Zitelmann, Begriff und Wesen der sogenannten juristischen Personen, 1873, S. 27ff., 64ff.

415 Jhering, Passive Wirkungen der Rechte, in: Jherings Jahrbücher 10, 1871, S. 387–586 (390f.).

416 Jhering, Passive Wirkungen der Rechte, in: Jherings Jahresbücher 10, 1871, S. 387–586 (406ff., 444ff., 447ff.).

417 Neuner, Wesen und Art der Privatrechtsverhältnisse. Eine civilistische Ausführung, nebst einem Anhang, dem Grundriss zu einem neuen Systeme für die Darstellung des Pandektenrechts enthaltend, 1866, S. 112.

418 Lübtow, Die Struktur der Pfandrechte und Reallasten, in: Nipperdey (Hrsg.), FS für Heinrich Lehmann, Das Deutsche Privatrecht in der Mitte des 20. Jahrhunderts, Band 1, 1956, S. 328–387 (380).

subjektlose Rechte.[419] Aber auch eine Vielzahl von Anhängern der Gegensansicht kann ausgemacht werden.[420] Wie bereits eingangs erwähnt, stellt die Arbeit von

419 Für subjektlose Rechte: Ernst Cohn, Das rechtsgeschäftliche Handeln für denjenigen, den es angeht, in dogmatischer und rechtsvergleichender Darstellung, 1931, S. 99; Fischer, Subjekt und Vermögen, Sonderabdruck aus der FS für Eduard Rosenthal, 1923, S. 51ff.; ders., Fiktionen und Bilder in der Rechtswissenschaft, in: AcP 117, 1918, S. 143–192 (172ff.); Hans Dölle, Bemerkungen zur Blankozession. Ein Beitrag zur Lehre von den subjektlosen Rechten, in: FS für Martin Wolff, 1952, S. 23–32 (27); Gustav Schwarz, Kritisches über Rechtssubjekt und Rechtszweck, ArchBürgR 35, 1910, S. 10–90 (61, 66); Hellwig, Lehrbuch des deutschen Zivilprozessrechts in 3 Bänden, Band II, 1907, § 124, S. 378; ders., Anspruch und Klagerecht. Beiträge zum bürgerlichen und zum Prozessrecht, Neudruck der Ausgabe 1924, § 32, S. 233; Alfred Schultze, Treuhänder im geltenden bürgerlichen Recht, Jherings Jahresbücher 43, 1901, S. 1–104 (37); Martin Wolff, Lehrbuch des Bürgerlichen Rechts, 3. Band, Das Sachenrecht, 9. Auflage 1932, § 94 III, S. 326; Martin Wolff/Ludwig Raiser, Sachenrecht, 10. Auflage 1957, § 78 I, S. 288; Ernst Wolf/Hans Naujoks, Anfang und Ende der Rechtsfähigkeit des Menschen, 1955, Band 11 der Frankfurter Wissenschaftlichen Beiträge, S. 186ff. (189); Gerhard Buchda, Geschichte und Kritik der deutschen Gesamthandlehre, 1936, S. 251; Theodor Süß, Durchgangs-Herrenlosigkeit, AcP 151, 1950/1951, S. 1–32 (9ff.); Heinrich Lange, BGB Allgemeiner Teil, 8. Auflage 1966, § 11 IV, S. 84; Paul Krückmann, Einführung in das Recht, 1912, S. 162; Emil Seckel, Die Gestaltungsrechte des Bürgerlichen Rechts, in: FS für Richard Koch, 1903, S. 205–253 (206, Fn. 2); Josef Esser, Wert und Bedeutung der Rechtsfiktionen, 1940, S. 169; Fritz Fabricius, Relativität der Rechtsfähigkeit, 1963; S. 120, Fn. 4; Friedrich Endemann, Lehrbuch des Bürgerlichen Rechts. Einführung in das Studium des Bürgerlichen Gesetzbuchs, 8. und 9. Auflage, Band I, Einleitung Allgemeiner Teil, Recht der Schuldverhältnisse, 1903, § 14, S. 62; Alfred Thal, Die Vereinigung von Recht und Verbindlichkeit beim Pfandrecht an Forderungen, 1905, in: Rudolf Leonhard (Hrsg.), Studien zur Erläuterungen des bürgerlichen Rechts, 15. Heft, S. 116ff.; Hermann Büttner, Identität und Kontinuität bei der Gründung juristischer Personen, 1967, Schriften zum deutschen und europäischen Zivil-, Handels- und Prozessrecht, Band 44, S. 94; Arthur Baumgarten, Die Wissenschaft vom Recht und ihre Methode, II–III (Kasuistik und zusammenfassende Darstellung), 1922, § 3, S. 40f.; Lübtow, Die Struktur der Pfandrechte und Reallasten, in Nipperdey (Hrsg.), FS für Heinrich Lehmann, Das Deutsche Privatrecht in der Mitte des 20. Jahrhunderts, Band 1, 1956, S. 328–387 (371); Gregor Semeka, Das Wartrecht, ArchBürgR 35, 1910, S. 121–190; Paul Langheineken, Anspruch und Einrede nach dem Deutschen Bürgerlichen Gesetzbuch, 1903, S. 121ff.; Theodor Kipp/Helmut Coing, Erbrecht, 12. Auflage 1965, § 91 IV, S. 405; Hans Christoph Hirsch, Die Übertragung der Rechtsausübung, 1. Teil, 1910, S. 154; Herwig Unnerstall, Rechte zukünftiger Generationen, 1999, S. 115f.; Hohner, Subjektlose Rechte unter besonderer Berücksichtigung der Blankozession, 1969, S. 63ff., 81ff.; Wolf/Neuner, Allgemeiner Teil des Bürgerlichen Rechts, 10. Auflage 2012, § 20 Rn. 12; Arwed Blomeyer, Der unbestimmte Gläubiger, in FS für Ernst Rabel, Band 1, 1954, S. 307ff., 321f.; Albrecht W. Bender, Das postmortale allgemeine Persönlichkeitsrecht: Dogmatik und Schutzbereich, VersR 2001, S. 815–825; Christoph Luther, Postmortaler Schutz nichtvermögenswerter Persönlichkeitsrechte, 2009, insb. S. 65–71; Becker, Die Fiducie von Québec und der trust. Ein Vergleich mit verschiedenen Modellen fiduziarischer Rechtsfiguren im civil law, 2007, S. 308f., der die Möglichkeit subjektloser subjektiver Rechte grundsätzlich anerkennt, aber Subjektlosigkeit als Dauerzustand ablehnt.

420 Gegen subjektlose Rechte: Carl Crome, System des Deutschen Bürgerlichen Rechts, Erster Band, Einleitung und Allgemeiner Teil, 1900, S. 163; Ernst Rudolph Bierling, Zur Kritik der juristischen Grundbegriffe, 2. Teil, 1883, S. 92ff.; Konrad Engländer, Die regelmäßige

Hohner einen gewissen Abschluss in der Thematik dar. Neuere Tendenzen zeigen aber wieder ein klares Auseinanderdriften der Ansichten, meistens allerdings ohne ausführliche Begründung bzw. ohne auf die ursprünglichen Argumentationsstränge einzugehen.

Zunächst scheint es im 20. Jahrhundert allerdings so, dass sich die Dinge durch Hölders Argumentation zu Lasten der Möglichkeit von subjektlosen Rechten entscheiden. Dieser wendete sich nämlich gegen das Argument von Windscheid, der aus dem Subjektwechsel auf die Existenz des Objekts ohne Subjekt schließt. Hölder argumentiert dahingehend, dass aus einem Inhaltswechsel noch nicht auf die Existenz ohne Inhalt geschlossen werden könne, und fasst seine Argumentation in dem prägnanten Lehrsatz zusammen, dass kein Ding eine von seinen Eigenschaften losgelöste unabhängige Existenz haben könne.[421]

Diesem entwaffnenden Argument ist Fischer[422] mit seinen grundlegenden Überlegungen entgegengetreten, indem er aufzeigt, dass zwar diese Aussage grundsätzlich richtig sei, aber den falschen Bezugspunkt wähle, denn diese Aussage setze das Subjekt mit seinen Eigenschaften, den Eigenschaften des subjektiven Rechts gleich, dies treffe aber nicht zu.[423] Er begründet seine

---

Rechtsgemeinschaft, Teil 1, Grundlegung, 1914, S. 328f.; Richard Fuchs, Das gesetzliche Pfandrecht an bedingt übereigneten Sachen, ArchBürgR 34, 1910, S. 368–438 (377, 407, 419); Andreas von Tuhr, Der Allgemeine Teil des Deutschen Bürgerlichen Rechts, 1. Band, 1910, § 2, S. 76f.; Julius Binder, Das Problem der juristischen Persönlichkeit, 1907, S. 127; Felix Somló, Juristische Grundlehre, 2. Auflage 1927, S. 524; Rudolf Stammler, Theorie der Rechtswissenschaft, 1911, S. 194, 201; Ludwig Enneccerus/Hans Carl Nipperdey, Allgemeiner Teil des bürgerlichen Rechts. Ein Lehrbuch. Erster Halbband: allgemeine Lehren, Personen, Rechtsobjekte, 1952, § 75 III, S. 446; Giorgio del Vecchio, Lehrbuch der Rechtsphilosophie, Archiv für Rechts- und Wirtschaftsphilosophie, Beiheft 34 für die Mitglieder der Internationalen Vereinigung für Rechtsphilosophie, 1937, S. 332; Bruno Wieck, Die Prozesspflegschaft für herrenlos gewordene Grundstücke und die damit zusammenhängenden Fragen, 1932, S. 13ff.; Heinrich Lehmann/Heinz Hübner, Allgemeiner Teil des Bürgerlichen Gesetzbuches, 15. Auflage 1966, § 11 IV, S. 85; Paul Oertmann, Die Rechtsbedingung, 1924, S. 126; Hans Julius Wolff, Organschaft und juristische Person, 1. Band, Juristische Person und Staatsperson, 1933, S. 226ff.; Albert Kocourek, Jural Relations, 2nd Edition, 1928, S. 54f.; Stefan Christian Schweers, Die vermögenswerten und ideellen Bestandteile des Persönlichkeitsrechts nach dem Tod des Trägers, 2006, S. 183; Günther Roth/Eva-Maria Kieninger, in: Münchener Kommentar zum Bürgerlichen Gesetzbuch, Band 2, Schuldrecht, §§ 241–432, 7. Auflage 2016, § 398 Rn. 32, zur Thematik »Blankozession«.

421 Eduard Hölder, Natürliche und juristische Personen, Neudruck der Ausgabe 1905, S. 161; vgl. hierzu auch: Fischer, Subjekt und Vermögen, Sonderabdruck aus der FS für Eduard Rosenthal, 1923, S. 54.

422 Fischer, Subjekt und Vermögen, Sonderabdruck aus der FS für Eduard Rosenthal, 1923, S. 3ff.; ders., Fiktionen und Bilder in der Rechtswissenschaft, in: AcP 117, 1918, S. 143–192 (168ff.).

423 Fischer, Subjekt und Vermögen, Sonderabdruck aus der FS für Eduard Rosenthal, 1923, S. 54f.

Überlegung damit, dass sich die Entstehung und Übertragung eines subjektiven Rechts in vier unterschiedliche Phasen gliedere.[424] Die erste Phase beginnt bei Fischer mit dem Umstand, dass das subjektive Recht als solches noch nicht existent sei und es sich lediglich als ein Können und Dürfen einerseits und ein Sollen anderseits darstelle. In der sich daran anschließenden zweiten Phase bilde sich jetzt das subjektive Recht heraus, das wirtschaftliche Bedeutung gewinnt. Beispielhaft lässt sich dies an einer Forderung, die durch den Abschluss eines Vertrages entsteht, nachvollziehen. Diese ist an das Subjekt angelehnt und hat damit Eigenschaften des Subjekts, aber sie kann zugleich am geschäftlichen Verkehr teilnehmen. In der sich nunmehr bei Fischer anschließenden dritten Phase – also der Teilnahme am Tauschverkehr – zeige sich sodann, dass das Objekt – im Beispiel die Forderung – beständig sei, die Subjekte aber wechseln könnten, denn die Forderung könne auf einen Dritten übertragen werden, ohne dass sie jetzt noch ihre Eigenschaft verändere. Dies zeige, dass das Objekt auch ohne Subjekt Bestand haben kann, und wiederlege den Satz von Hölder. Fischer zeigt auf, dass Hölders prägnanter Lehrsatz aus dieser Gedankenkette herausgelöst wurde und daher nicht richtig sein kann, denn entgegen der Aussage von Hölder kann hiernach eine Sache durchaus Bestand haben, auch wenn der Bezugspunkt Subjekt (vorübergehend) entfällt, insbesondere kann die Sache eine eigenständige Eigenschaft losgelöst vom Subjekt haben.[425] In der vierten Phase kommt Fischer zu der Überlegung, dass die subjektlosen Rechte nicht nur vorübergehend existieren, sondern – insbesondere in Stiftungs- und Anstaltsvermögen – in einer dauernden Einheit zusammengefasst werden könnten.

Die Klarheit dieser Beweisführung zeigt sich – bei aller Kritik[426] – wenn man in Anlehnung an Fischer's Phasen den Eigentumswechsel als Prozess betrachtet,

---

424 Fischer, Subjekt und Vermögen, Sonderabdruck aus der FS für Eduard Rosenthal, 1923, S. 53.

425 Hans Albrecht Fischer, Fiktionen und Bilder in der Rechtswissenschaft, in: AcP 117, 1918, S. 143–192 (169f.). Siehe hierzu auch ausführlich Süß, Durchgangs-Herrenlosigkeit, AcP 151, 1950/1951, S. 1–32 (8ff.). In diesem Aufsatz beschäftigt sich Süß mit der These, dass bei der Ersitzung und dem Funderwerb – je nachdem wo der logische Prius gesetzt wird – eine »Durchgangs-Herrenlosigkeit« angenommen werden kann. Hohner nimmt auf diesen Aufsatz Bezug und konkretisiert die angenommene »Durchgangs-Herrenlosigkeit« zum vorübergehenden subjektlosen Eigentum (vgl. Hohner, Subjektlose Rechte unter besonderer Berücksichtigung der Blankozession, 1969, S. 66). Ebenso befasst sich Thal mit dieser Thematik und kommt zu dem Ergebnis, dass der Tatbestand für die Entstehung des Rechts maßgeblich sei und die konkrete Zuordnung des Rechts zu einem Subjekt für die Zuständigkeit maßgeblich sei (vgl. Thal, Die Vereinigung von Recht und Verbindlichkeit beim Pfandrecht an Forderungen, 1905, in: Leonhard (Hrsg.), Studien zur Erläuterungen des bürgerlichen Rechts, 15. Heft, S. 115ff.; hierzu auch ausdrücklich Hohner, Subjektlose Rechte unter besonderer Berücksichtigung der Blankozession, 1969, S. 66).

426 Siehe hierzu ausführlich Hohner, Subjektlose Rechte unter besonderer Berücksichtigung der Blankozession, 1969, S. 69ff.

wobei einleitend zunächst festzustellen ist, dass es eine der Kernfunktionen des Sachenrechts ist, eine eindeutige Zuordnung zu einem Rechtsträger vornehmen zu können. Löst man sich für einen Moment hiervon, so stellt sich der Prozess des Eigentumswechsels im Sinne eines zeitlichen Ablaufes so dar, dass sich das Eigentum mit zunehmender Erfüllung des Übertragungstatbestandes vom ursprünglichen Eigentümer löst und auf den neuen Eigentümer übergeht.[427] Es gibt dann aber einen Moment, in dem das Eigentum von dem einen soweit gelöst ist, dass es genauso »weit« auf den anderen übergegangen ist. Dieser »Nullpunkt« ist der Punkt, an dem das Subjekt wechselt, in aller Regel ist das die Erfüllung des Tatbestandes. An dieser Stelle setzt die Kritik von Hölder an, der sagt, dass aus einem Inhaltswechsel nicht auf die Möglichkeit einer Existenz des Rechts ohne Inhalt gefolgert werden könne. Der Beweis von Fischer zeigt im Prozess des Eigentumswechsels auf, dass genau dieser »Nullpunkt« existiert, an dem für eine juristisch logische Sekunde der Gegenstand, als der Überdauernde, keinem Subjekt zugeordnet ist.[428] Dass man allerdings keinen weitergehenden Beweis für diesen Prozess – als den von Fischer geführten – erbringen kann, liegt genau an der eingangs genannten Kernaufgabe des Sachenrechts, das gerade eine eindeutige Zuordnung zu einem Rechtsträger gewährleisten will. Darüber hinaus muss man der Kritik Hölders entgegenhalten, dass zwar aus einem Inhaltswechsel nicht auf die Möglichkeit einer Existenz ohne Inhalt geschlossen werden kann, aber auch das Umgekehrte gelten muss, nämlich dass aufgrund eines Inhaltswechsels nicht darauf geschlossen werden kann, dass eine Existenz nur mit Inhalt möglich ist.

Die Möglichkeit subjektloser Rechte zeigt sich auch in der Teilbarkeit der subjektiven Rechte und der damit verbundenen Verselbstständigungswirkung des subjektiven Rechts. Diese begegnet uns bei der Annahme von subjektiven Rechten an anderen Rechten, z. B. bei den Pfandrechten an Forderungen gemäß §§ 1279ff. BGB. Ein weiteres Argument für die Verselbstständigungswirkung des subjektiven Rechts stellt die Möglichkeit des Fortbestandes eines subjektiven Rechts trotz Übergangs auf den Verpflichteten dar. Hierbei handelt es sich um die Fälle der Vereinigung von Recht und Verbindlichkeit, in denen kein Erlöschen – im Rahmen der Konfusion – angenommen wird.[429] Diese Fälle

427 Süß geht darauf ein, dass die temporale Betrachtung natürlich nicht zwingend die einzige Betrachtung sein muss. Es kommt darauf an, wo man – beispielsweise bei der Ersitzung – den logischen prius loziert (vgl. Süß, Durchgangs-Herrenlosigkeit, AcP 151, 1950/1951, S. 1–32 [7]).

428 Süß spricht in diesem Zusammenhang von »Durchgangs-Herrenlosigkeit« (vgl. Süß, Durchgangs-Herrenlosigkeit, AcP 151, 1950/1951, S. 1–32 [4]); Bender, Das postmortale allgemeine Persönlichkeitsrecht: Dogmatik und Schutzbereich, VersR 2001, S. 815–825 (821), Schweers, Die vermögenswerten und ideellen Bestandteile des Persönlichkeitsrechts nach dem Tod des Trägers, 2006, S. 171.

429 Vgl. zur Konfusion Grüneberg, in: Palandt, Bürgerliches Gesetzbuch, 75. Auflage 2016, vor

wurden in dogmatischer Hinsicht unter dem Gesichtspunkt des ruhenden Rechts, aber auch über die Möglichkeit subjektloser Rechte[430] erfasst.

Die bereits angesprochene Verselbstständigungswirkung kommt auch in der Anerkennung nicht fälliger subjektiver Rechte zum Ausdruck. Dies gilt auch für die Verfügung über künftige Forderungen, die zugelassen wird, obwohl die Person des Schuldners noch nicht feststeht.[431] Beispiele für die oben erwähnte Verselbstständigungswirkung finden sich auch im Prozessrecht. So ist eine Drittwiderspruchklage nach § 771 ZPO möglich, wenn der Intervenient anführen kann, die gepfändete Forderung stehe ihm und nicht dem Schuldner zu, bei dem gepfändet wurde.[432]

Vereinzelt wird in der neueren Literatur der Theorie der subjektlosen Rechte im Zusammenhang mit dem postmortalen Persönlichkeitsrecht entgegengehalten, es solle durch sie eine Fortgeltung der Rechtsfähigkeit über den Tod hinaus konstruiert werden. Dabei wird zugleich eingeräumt, dass eine Teilrechtsfähigkeit oder allgemeine Rechtssubjektivität konsequenter und logischer sei.[433] Diese Überlegung mag im Zusammenhang mit dem postmortalen Persönichkeitsrecht – also einem auf »Dauer« angelegten Rechtsbestand – greifen, verkennt allerdings, dass subjektlose Rechte grundsätzlich nur dann angenommen werden können, wenn es sich um einen – trotz Verselbstständigung – vorübergehenden Zustand handelt.[434] Beim postmortalen Persönlichkeitsrecht ist genau dieser »nur« vorübergehende Zustand nicht gegeben, so dass die Argumentation, die gegen eine Annahme von subjektlosen Rechten im Zusammenhang mit dem postmortalen Persönlichkeitsrecht eingreifen mag, für den vorliegenden Fall nicht greift, denn § 928 BGB sieht für den Regelfall nur einen vorübergehenden Zustand vor.

Zum Abschluss des ersten Schritts – also der Frage danach, ob subjektloses

---

§ 362 Rn. 4. Beispiele, in denen das Gesetz keine Konfusion annimmt: §§ 1976, 1991 Abs. 2, 2143, 2175, 2377 BGB; vgl. auch Hohner, Subjektlose Rechte unter besonderer Berücksichtigung der Blankozession, 1969, S. 73

430 Thal, Die Vereinigung von Recht und Verbindlichkeit beim Pfandrecht an Forderungen, 1905, in: Leonhard (Hrsg.), Studien zur Erläuterungen des bürgerlichen Rechts, 15. Heft, S. 109 f; vgl. auch Hohner, Subjektlose Rechte unter besonderer Berücksichtigung der Blankozession, 1969, S. 74.

431 Fischer, Fiktionen und Bilder in der Rechtswissenschaft, in: AcP 117, 1918, S. 143–192 (182f.).

432 RG, Urteil vom 24.04.1901 (VII 68/01), RGZ 49, S. 347–349; Fischer, Fiktionen und Bilder in der Rechtswissenschaft, in: AcP 117, 1918, S. 143–192 (143, 181).

433 Schweers, Die vermögenswerten und ideellen Bestandteile des Persönlichkeitsrechts nach dem Tod des Trägers, 2006, S. 183.

434 Süß, Durchgangs-Herrenlosigkeit, AcP 151, 1950/1951, S. 1–32 (8ff.); Fischer, Fiktionen und Bilder in der Rechtswissenschaft, in: AcP 117, 1918, S. 143–192 (169f.). Wohl auch Thal, Die Vereinigung von Recht und Verbindlichkeit beim Pfandrecht an Forderungen, 1905, in Rudolf Leonhard (Hrsg.), Studien zur Erläuterungen des bürgerlichen Rechts, 15. Heft, S. 115ff.

subjektives Eigentum überhaupt denkbar ist – lässt sich festhalten, dass gute Gründe dafür sprechen, dass jedem subjektiven Recht auch ein objektiver Moment immanent ist, der dieses – obwohl das Subjekt nicht mehr vorhanden ist – überdauert. Das subjektive Recht wird in diesem Moment subjektlos, so dass subjektlose subjektive Rechte in bestimmten Konstelltationen begrifflich und logisch – also als Beschreibung eines objektiven Rechtszustands – denkbar sein dürften.[435]

2. Subjektloses Eigentum. Die Auslegung »aufgegebenes Grundstück« – zugleich die eigene Auffassung

Überträgt man diese grundsätzlichen Überlegungen zu subjektlosen subjektiven Rechten auf das Eigentum in der Phase zwischen Verzicht und Aneignung, wird nunmehr in einem zweiten Schritt untersucht, welche Argumente in der konkreten Auslegung »aufgegebenes Grundstück« und Anwendung des § 928 BGB für und gegen ein Erlöschen des Eigentums sprechen.

Dem Wortlaut des § 928 Abs. 2 BGB lässt sich zunächst entnehmen, dass das Gesetz das Rechtsobjekt in seinem Bestand immer noch als Grundstück ansieht, denn dem Fiskus steht das Aneignungsrecht am »aufgegebenen Grundstück« zu und nicht etwa an einer Freifläche. Das Rechtsobjekt verliert nicht durch die Dereliktion sein Wesen als Grundstück, es existiert als solches fort. Dieser Befund lässt sich auch mit anderen gesetzlichen Vorschriften untermauern. In der ZPO finden sich Vorschriften, die Regelungen für das Rechtsobjekt »aufgegebenes Grundstück« enthalten (vgl. §§ 58, 787 ZPO). Damit verbleibt jedenfalls das Grundstück im rechtlichen System, es tritt als solches nicht aus den Rechtsbeziehungen aus, die mit Dritten bestehen. Lediglich die Rechtsbeziehung zum ursprünglichen Eigentümer ist beendet.

Der Wortlaut des § 928 BGB nennt in der gesetzlichen Überschrift die »Aufgabe des Eigentums« und steht unter dem Titel »Erwerb und Verlust des Eigentums an Grundstücken«. Durch den Verzicht wird das rechtliche »Band« zwischen dem Rechtssubjekt und dem Rechtsobjekt getrennt. Ob aber damit das Band, nämlich das Eigentum als solches, wegfällt oder »zerschnitten« fortbesteht, ergibt sich weder aus dem Begriff »Aufgabe« noch aus dem Begriff »Verlust«. Diese Frage bleibt vielmehr offen. Anders wäre die Lage zu beurteilen, wenn der Wortlaut des § 928 BGB von einem »Aufheben« sprechen würde oder der Titel »Erwerb und Erlöschen des Eigentums an Grundstücken« lauten würde.

435 So bereits Hohner, Subjektlose Rechte unter besonderer Berücksichtigung der Blankozession, 1969, S. 75; vgl. auch Becker, Die Fiducie von Québec und der trust. Ein Vergleich mit verschiedenen Modellen fiduziarischer Rechtsfiguren im civil law, 2007, S. 306.

Damit wäre zum Ausdruck gebracht, dass ein »aufgehobenes« Recht nicht mehr existiert bzw. dass mit der Aufgabe des Eigentums zugleich das Erlöschen des Rechts verbunden ist. Doch gerade der Umstand, dass der Gesetzgeber nicht diesen Wortlaut verwendet hat, spricht eher dafür, dass im Rahmen der historischen Auslegung »Aufgeben« in diesem Zusammenhang die Existenz des Eigentums über die Dereliktion hinaus zulässt.[436]

Dagegen schreibt § 928 Abs. 2 BGB deutlich vor, dass dem Fiskus ein Aneignungsrecht am aufgegebenen Grundstück zusteht und nicht am aufgegebenen Eigentum. Dies spricht im ersten Moment deutlich gegen den Fortbestand des Eigentums. Allerdings könnte es sich hierbei auch »nur« um eine sprachliche Unschärfe handeln. Denn auch im Hinblick auf die Grundpfandrechte spricht das Gesetz jeweils davon, dass ein »Grundstück in der Weise belastet werden kann« (§§ 1113, 1191 BGB). Das Grundpfandrecht bezieht sich damit zwar auf das Rechtsobjekt »Grundstück«, es ist aber die Verwertungsbefugnis, die durch das Pfandrecht unter bestimmten Bedingungen eingeräumt wird, und diese folgt aus dem subjektiven Recht, also dem Eigentum, und nicht aus dem Rechtsobjekt. Grundpfandrechte verpflichten den Eigentümer, die Zwangsvollstreckung in das Grundstück zu dulden, da er bei Pfandreife nicht mehr die Verwertungsbefugnis innehat.[437] Vor diesem Hintergrund ließe sich argumentieren, dass es sich bei der Formulierung in § 928 Abs. 2 BGB lediglich um eine sprachliche Unschärfe handeln könnte. Dies wird auch aus den Motiven deutlich, denn auch dort heißt es an mehreren Stellen: »aufgegebenes Eigenthum«.[438]

Ein weiteres Argument aus dem Wortlaut, das gegen ein Erlöschen des Eigentums sprechen könnte, ist, dass § 928 Abs. 2 BGB ein aufgegebenes Grundstück nennt und kein herrenloses. Dass allerdings im Zusammenhang mit der Aneignung durch den Fiskus auch ein herrenloses Grundstück in Betracht kommen kann, zeigt sich in Art. 190 EGBGB, der ausdrücklich von herrenlosen Grundstücken spricht. Hiermit sind allerdings Grundstücke gemeint, die bisher noch nicht in das Rechtssystem eingetreten sind. Bei einem Grundstück, bei dem

436 Die Tatsache, dass der Wortlaut »aufheben« zwischenzeitlich für den § 928 BGB vorgesehen war (vgl. Mugdan, Die gesammten Materialien zum bürgerlichen Gesetzbuch für das Deutsche Reich, III. Band, Sachenrecht, 1899, S. XX), dann aber im Rahmen der zweiten Kommission wieder geändert wurde, spricht eher für einen Fortbestand des Eigentums als für sein Erlöschen (vgl. 1. Kapitel III.); zum lateinischen Begriff der Dereliktion und der Übersetzung Stowasser/Petschenig/Skutsch, Lateinisch-deutsches Schulwörterbuch, Neubearbeitung 2013, S. 150: derelictio, onis, f. = Vernachlässigung. Von derelinquo, liqui, lictus = ganz verlassen, im Stich lassen; derelictum solum = herrenlos. Hieraus wird deutlich, dass in der historischen Wortbedeutung die Existenz des Eigentums zwingend ist, denn das Eigentum wird aufgegeben, es wird im »Stich gelassen«. Einen gesetzlichen Erlöschenstatbestand hierin zu sehen, vermag der Terminus »Dereliktion« nicht zu implizieren.

437 Meder/Czelk, Grundwissen Sachenrecht, 2. Auflage 2008, S. 206.

438 Mugdan, Die gesammten Materialien zum bürgerlichen Gesetzbuch für das Deutsche Reich, III. Band: Sachenrecht, 1899, S. 181.

auf das Eigentum verzichtet wurde, wäre – würde man die Begriffe gleichsetzen – zugleich ein Austritt aus diesem System verbunden. Das dürfte allerdings fraglich sein, denn das Grundstück verbleibt gerade im System, es hatte – im Gegensatz zu den Grundstücken im Sinne des Art. 190 EGBGB – bereits einen Eigentümer. Dies zeigt, dass ein herrenloses Grundstück mit einem aufgegebenen Grundstück nicht identisch ist. Ebenso wird deutlich, dass Herrenlosigkeit und Subjektlosigkeit keine identischen Begriffe sind,[439] denn es kommt vor – wie im vorliegenden Sachverhalt –, dass sich Herrenlosigkeit auf die Subjektlosigkeit des Eigentums bezieht, oder – wie im Fall des Art. 190 EGBGB – kein Eigentum besteht. In jedem Fall spricht einiges dafür, dass »aufgegeben« nicht zugleich »herrenlos« in einem engen Sinne – also eigentumslos – bedeutet. Dies umso mehr, als aus den Materialien folgt, dass zwischen herrenlosen Grundstücken und Grundstücken, an denen das Eigentum aufgegeben worden war, dahingehend ein Unterschied gesehen wurde, dass für erstere häufig kein Grundbuchblatt bestehe.[440] Darüber hinaus lässt sich festhalten, dass der Wortlaut des § 928 BGB im Hinblick auf das Erlöschen des Eigentums nicht eindeutig ist, er lässt sowohl einen Fortbestand als auch ein Erlöschen zu.[441]

Für den Fortbestand des Eigentums scheinen auf den ersten Blick die §§ 58, 787 ZPO, die eine »Vertreterbestellung« für das aufgegebene Grundstück unter bestimmten Voraussetzungen vorsehen, zu sprechen. Hier argumentiert Hellwig ausgehend vom Wortlaut der Normen damit, dass dieser von »sich aus dem Eigentum ergebenden Rechten und Verpflichtungen« spricht.[442] Aus dem Eigentum können sich aber nur dann Rechte und Verpflichtungen ergeben, wenn das Gesetz vom Fortbestand des Eigentums nicht von seinem Erlöschen ausgeht. Der Verzicht wirke damit zwar für das Subjekt, das Eigentum als solches bestehe aber fort.[443]

---

439 So im Ergebnis auch Hohner, Subjektlose Rechte unter besonderer Berücksichtigung der Blankozession, 1969, S. 68.

440 Mugdan, Die gesammten Materialien zum bürgerlichen Gesetzbuch für das Deutsche Reich, III. Band: Sachenrecht, 1899, S. 619.

441 So auch im Ergebnis: Hohner, Subjektlose Rechte unter besonderer Berücksichtigung der Blankozession, 1969, S. 85.

442 Hellwig, Lehrbuch des deutschen Zivilprozessrechts in 3 Bänden, Band II, 1907, § 124, S. 378; ders., System des deutschen Zivilprozessrechts, 1. Teil, 1912, S. 152; ders., Anspruch und Klagerecht. Beiträge zum bürgerlichen und zum Prozessrecht. Neudruck der Ausgabe 1924, § 32, S. 232; ders., Wesen und subjektive Begrenzung der Rechtskraft, 1901, § 40, S. 274ff.; ebenso: Hohner, Subjektlose Rechte unter besonderer Berücksichtigung der Blankozession, 1969, S. 86.

443 Lübtow spricht davon, dass der Verzicht nicht objektive, sondern nur subjektive Aufhebungswirkung habe, diese Ansicht ist allerdings nicht mit der von Bendix vertretenen Ansicht der relativen Unwirksamkeit des Verzichts gleichzusetzen [vgl. 4. Kapitel I.]); vgl. ebenso: Hohner, Subjektlose Rechte unter besonderer Berücksichtigung der Blankozession, 1969, S. 86.

Hiergegen lässt sich einwenden, dass das Gesetz nicht zwingend von einem Fortbestand des konkreten Eigentums ausgehen muss, sondern hier lediglich eine abstrakte Eigentümerstellung umschrieben wird, um den Pflichtenkanon des Vertreters zu umreißen. Hinzu tritt, dass es sich um prozessrechtliche Vorschriften handelt, die lediglich ein Verfahren regeln wollen und nicht einen materiellrechtlichen Begriff in das Rechtssystem einführen wollen.[444] Dieser Kritik ist im Ergebnis zuzustimmen, wobei stets zu berücksichtigen ist, dass aus dem Ruhen von Befugnissen nicht geschlossen werden kann, dass keine Befugnisse vorhanden sind.[445] Wesentliches Argument gegen die Annahme, dass sich aus dem Wortlaut der §§ 58, 787 ZPO der Fortbestand des Eigentums herleiten lasse, ist das Gesetzgebungsverfahren und damit die historische Auslegung. Der Vorläufer zum § 928 BGB war noch wie folgt gefasst: »Erklärt der eingetragene Eigenthümer vor dem Grundbuchamt, dass er das Eigenthum an dem Grundstück aufgebe, so erlischt das Eigenthum mit der Eintragung dieser Erklärung in das Grundbuch.« Absatz 3 des § 872 enthielt die den heutigen §§ 58, 787 ZPO wörtlich entsprechenden Bestimmungen, die allerdings in einem Obersatz zusammengefasst waren. Sie wurden von der zweiten Kommission getrennt und in die ZPO verwiesen. Der § 841 des zweiten Entwurfes hatte bereits die Fassung des heutigen § 928 BGB. Hieraus folgt, dass im ersten Entwurf noch von einem Erlöschen des Eigentums ausgegangen wurde und bei der Wahl des Wortlautes des Absatzes 3 somit gerade nicht die Idee von subjektlosem Eigentum hinter dem Wortlaut zu finden ist.[446] Dies widerlegt aber die oben angeführte Argumentation Hellwigs.

Umgekehrt lässt sich allerdings aus der Änderung des Wortlautes des Vorläufers – sprich aus der Umformulierung, die kein Erlöschen mehr vorsieht und dem heutigen § 928 Abs. 1 BGB entspricht – auch kein Argument gewinnen, das dafür sprechen würde, dass das Eigentum fortbesteht. Die Materialien nennen keine entsprechende Motivlage.

Ein Blick auf die Dereliktion bei beweglichen Sachen führt an dieser Stelle zu keiner weiteren Erkenntnis. Denn selbst wenn sich hier eine ausdrückliche Regelung des Gesetzgebers finden würde, wäre es fraglich, ob dies für Immobilien ebenso zu gelten habe. Denn aus der Tatsache, dass das Gesetz deutlich zwischen beweglichen und unbeweglichen Sachen differenziert, wird klar, dass es zwar

444 Lenhard, Die Eigentumsaufgabe von Grundstücken, die Eigentümerhypothek (Eigentümergrundschuld), ihr Verhältnis zueinander, ArchBürgR, Band 35, 1910, S. 369–403 (378ff.); ebenso Hohner, Subjektlose Rechte unter besonderer Berücksichtigung der Blankozession, 1969, S. 86.

445 Hohner, Subjektlose Rechte unter besonderer Berücksichtigung der Blankozession, 1969, S. 87.

446 So im Ergebnis auch Hohner, Subjektlose Rechte unter besonderer Berücksichtigung der Blankozession, 1969, S. 88).

grundsätzlich Gemeinsamkeiten gibt,[447] aber insbesondere bei der Aufgabe von Eigentum Unterschiede bestehen (§§ 928, 958 BGB).

Ein starkes Argument, das für den Fortbestand des Eigentums und damit gegen eine Auslegung des aufgegebenen Grundstückes im Sinne des § 928 Abs. 2 BGB als herrenloses Grundstück im engen Sinne (also eigentumslos) spricht, lässt sich aus der Systematik im Zusammenhang mit den Grundpfandrechten gewinnen. Hierzu wurde bereits oben (S. 136) herausgearbeitet, dass diese sich auf die Verwertungsbefugnis, die Teil des Eigentums ist, beziehen. Wenn man aber annimmt, dass das Eigentum erlischt, müsste zwingend auch die Verwertungsbefugnis und damit das Grundpfandrecht erlöschen.[448] Dies ist aber nicht der Fall – wie die Existenz der Normen der §§ 58, 787 ZPO belegen.[449] Dadurch wird deutlich, dass die eigentlich absolut wirkende Verfügung über das Eigentum relativ keine Wirkungen auf die Realgläubiger zeitigt.

Ein weiteres Argument, das gegen die Auslegung »herrenloses Grundstück« im engen Sinne (also eigentumslos) und damit für den Fortbestand des Eigentums ohne Subjekt spricht, ist das Schicksal von subjektiv-dinglichen Rechten und damit ebenfalls ein Argument der systematischen Auslegung. Eine zugunsten des derelinquierten (herrschenden) Grundstücks bestehende Grunddienstbarkeit besteht auch nach der Dereliktion fort. Dies ist herrschende Meinung.[450] Allerdings wäre diese Annahme inkonsequent, wenn man vom Erlöschen des Eigentums als Folge der Dereliktion ausginge. Genauer: Der Fortbestand lässt sich eigentlich nur dann begründen, wenn man davon ausgeht, dass das Eigentum fortbesteht, weil diese Rechte mit dem Eigentum verbunden sind (§ 96 BGB).[451] Sie sind damit gerade nicht Bestandteil des Grundstücks – wie es der Wortlaut des § 96 BGB nahe legt, es handelt sich um

447 Bei Meder/Czelk, Grundwissen Sachenrecht, 2. Auflage 2008, S. 163ff. findet sich ein guter Überblick im Hinblick auf die Gemeinsamkeiten und Unterschiede zwischen Mobiliar- und Immobiliarsachenrecht.

448 Hohner, Subjektlose Rechte unter besonderer Berücksichtigung der Blankozession, 1969, S. 381; Es sei denn, man würde die Verwertungsbefugnis durch die Bestellung vom Eigentum »trennen«, was allerdings dann nicht den automatischen Rückfall bei Ablösung der Hypothek erklären würde.

449 siehe statt vieler Bassenge, in: Palandt, Bürgerliches Gesetzbuch, 75. Auflage 2016, § 928 Rn. 3.

450 Kanzleiter, in: Münchener Kommentar zum Bürgerlichen Gesetzbuch, Band 6, Sachenrecht, §§ 854–1296, 6. Auflage 2013, § 928 Rn. 11; Pfeifer, in: Staudingers Kommentar zum Bürgerlichen Gesetzbuch, 3. Buch, Sachenrecht, §§ 925–984, Anhang zu §§ 929ff.: Sonderformen der Übereignung (Eigentum 2), Neubearbeitung 2011, § 928 Rn. 27 a); Bassenge, in: Palandt, Bürgerliches Gesetzbuch, 75. Auflage 2016, § 928 Rn. 3; Prütting, Sachenrecht, 35. Auflage 2014, Rn. 368; Müller, Sachenrecht, 4. Auflage 1997, Rn. 2741 g.

451 Pfeifer, in: Staudingers Kommentar zum Bürgerlichen Gesetzbuch, 3. Buch, Sachenrecht, §§ 925–984, Anhang zu §§ 929ff.: Sonderformen der Übereignung (Eigentum 2), Neubearbeitung 2011, § 928 Rn. 27a); Bassenge, in: Palandt, Bürgerliches Gesetzbuch, 75. Auflage 2016, § 928 Rn. 3.

eine Fiktion –, sondern sie sind nach wie vor an das Eigentum gebunden.[452] Dass hier ein Problem vorliegt, wenn man vom Erlöschen des Eigentums ausgeht, zeigen die Kommentierungen. So heißt es bei Staudinger: »... ein subjektiv-dingliches Recht, das für die Dauer der Herrenlosigkeit subjektlos ist ...«[453] und bei Palandt: »Subjektiv-dingliche Rechte (§ 96 BGB) werden bis zur Aneignung subjektlos«.[454]

Ein weiteres Argument, das für den Fortbestand des Eigentums ohne Subjekt und damit gegen die Auslegung »herrenloses Grundstück« im engen Sinne (also eigentumslos) spricht, ergibt sich wiederum im Rahmen der systematischen Auslegung. Ausgangspunkt für dieses Argument sind nachbarrechtliche Ansprüche, und zwar sowohl solche zugunsten des derelinquierten Grundstücks als auch solche, die sich gegen dasselbe richten. Zu denken ist hier an unzulässige Immissionen (§ 906 BGB), an eine potentielle Einsturzgefahr eines sich auf dem derelinquierten Grundstück befindlichen baufälligen Gebäudes (§ 908 BGB), an Überhang und Überwuchs (§ 910 BGB) oder auch an Überbau (§ 912 ff. BGB). Bei letzterem entsteht eine Rentenberechtigung für den Nachbarn.[455] Auch nach der Dereliktion stellt der Überbau eine Beeinträchtigung des Nachbargrundstücks dar und der Nachbar hat weiterhin einen Anspruch auf seine Rente, denn eine Beseitigung des Überbaus kommt nach wie vor nicht in Betracht. Dies folgt aus den Wertungen des § 912 ff. BGB. So formuliert Hohner hierzu zutreffend, dass das Fehlen des einen Eigentümers bei zwei benachbarten Grundstücken nicht etwa ein Erlöschen der nachbarrechtlichen Beziehungen der Grundstücke zueinander herbeiführt.[456]

Erlischt das Eigentum, dann dürfte es nicht möglich sein, dass überhaupt ein Anspruch besteht, nimmt man den Fortbestand des Eigentums – zwar subjektlos – an, dann ließe sich die Entstehung des Anspruchs auch in der Phase zwischen Verzicht und Aneignung begründen. Dies ist sachgerecht, denn im umgekehrten Fall – also bei Beeinträchtigungen des derelinquierten Grundstücks durch das Nachbargrundstück – erscheint es nicht nachvollziehbar,

452 Lübtow, Die Struktur der Pfandrechte und Reallasten, in: Nipperdey (Hrsg.), FS für Heinrich Lehmann, Das Deutsche Privatrecht in der Mitte des 20. Jahrhunderts, Band 1, 1956, S. 328–387 (379 ff.); Hohner, Subjektlose Rechte unter besonderer Berücksichtigung der Blankozession, 1969, S. 99.

453 Pfeifer, in: Staudingers Kommentar zum Bürgerlichen Gesetzbuch, 3. Buch, Sachenrecht, §§ 925–984, Anhang zu §§ 929 ff.: Sonderformen der Übereignung (Eigentum 2), Neubearbeitung 2011, § 928 Rn. 27a).

454 Bassenge, in: Palandt, Bürgerliches Gesetzbuch, 75. Auflage 2016, § 928 Rn. 3; ebenso Kanzleiter, in: Münchener Kommentar zum Bürgerlichen Gesetzbuch, Band 6, Sachenrecht, §§ 854–1296, 6. Auflage 2013, § 928 Rn. 10.

455 Vgl. zur Aufzählung und Argumentation Hohner, Subjektlose Rechte unter besonderer Berücksichtigung der Blankozession, 1969, S. 89).

456 Hohner, Subjektlose Rechte unter besonderer Berücksichtigung der Blankozession, 1969, S. 89.

warum durch die Aufgabe des Eigentums des einen Nachbarn der andere Nachbar von der Gewährung einer Rente für einen Überbau frei werden sollte.[457] Die Bejahung des Anspruchs ist auch deswegen geboten, weil damit der Wert des Grundstücks erhöht wird; auch kommt dies den dinglich Berechtigten zugute.[458] Der Rückgriff auf das Aneignungsrecht dürfte dagegen nicht sinnvoll sein, denn dann wäre die Geltendmachung des Rentenanspruchs erst vom Zeitpunkt der Ausübung des Aneignungsrechts möglich, wohingegen nach hier vertretener Auffassung eine sofortige Geltendmachung des Rentenanspruchs durch die dinglich Berechtigten möglich ist.

Ein Indiz für den Fortbestand des Eigentums lässt sich auch aus den Überlegungen zu der Ansicht von Bendix (vgl. oben S. 98f.) gewinnen. Dort wurde ausgeführt, dass das Grundbuch als »Spiegel« für das Grundeigentum angesehen werden könne und dass nach der Aufgabe der Eigentümer nicht gelöscht, sondern der Verzicht erfasst werde. Bendix will aus dieser Konstellation die Rechtsvermutung des § 891 weiter gelten lassen. Seine Ansicht widerspricht dem Sinn und Zweck der §§ 58, 787 ZPO. Nimmt man hingegen – wie hier vertreten – lediglich den Fortbestand des Eigentums ohne Subjekt an, widerspricht man nicht dem Sinn und Zweck der prozessrechtlichen Vorschriften und aus der Buchungstechnik im Grundbuch lässt sich darüber hinaus ein Argument für den Fortbestand des Eigentums gewinnen, denn das Rechtsobjekt und das bestehende Rechtsverhältnis, sprich das Eigentum ohne Subjekt, lässt sich am Grundbuch ablesen. Hierbei ist aber zu berücksichtigen, wie bereits oben ausgeführt, dass es sich um Verfahrensvorschriften handelt, die keinen materiellrechtlichen Begriff begründen wollen.

Ein weiteres Argument für den Fortbestand des Eigentums sind praktische Erwägungen. Nimmt man den Fortbestand des Eigentums – auch ohne Subjekt an – dürfte eine Enteignung möglich sein, und der Staat müsste nicht sein Aneignungsrecht ausüben, wenn er für ein zu begünstigendes Unternehmen nur einen kleinen Teil des Grundstücks benötigt.[459]

Aus der vorgenannten Untersuchung ergibt sich zweierlei. Zum einen sind subjektlose subjektive Rechte denkbar und zum anderen sprechen viele Argumente dafür, in der konkreten Anwendung des § 928 BGB subjektloses Eigentum anzunehmen, insbesondere wenn Grundpfandrechte involviert sind. Durch die Annahme des Fortbestandes des Eigentums ohne Subjekt lassen sich systematische Widersprüche vermeiden bzw. rechtliche Konsequenzen leichter herlei-

457 Hohner, Subjektlose Rechte unter besonderer Berücksichtigung der Blankozession, 1969, S. 90.

458 Hohner, Subjektlose Rechte unter besonderer Berücksichtigung der Blankozession, 1969, S. 90.

459 Hohner, Subjektlose Rechte unter besonderer Berücksichtigung der Blankozession, 1969, S. 91.

ten. Vor diesem Hintergrund wird nachfolgend der Begriff »aufgegebenes Grundstück« dahingehend ausgelegt, dass das Eigentum nicht erloschen ist, sondern subjektlos fortbesteht, es sich somit nicht um ein herrenloses Grundstück im engen Sinne (also eigentumslos) handelt. Dabei soll aber zugleich untersucht werden, ob sich rechtliche Fragestellungen in diesem Zusammenhang tatsächlich leichter begründen lassen. Auch soll aufgezeigt werden, ob die Annahme des subjektlosen Eigentums im Gegensatz zum Erlöschen des Eigentums zu anderen Ergebnissen führt.

II. Verhältnis von dinglichen Belastungen und aufgegebenem Grundstück

Dingliche Belastungen bleiben trotz des Verzichts des Eigentümers bestehen. Gleichwohl ist hierbei zu berücksichtigen, dass der ursprüngliche Eigentümer nunmehr Dritter in Bezug auf das Grundstück ist, ihm gegenüber tritt die Wirkung der Eigentumsaufgabe voll ein. Daraus lassen sich für die einzelnen Belastungen – bei denen es nicht allein auf das Grundstück ankommt[460] – folgende Ergebnisse herleiten:

1. Grundpfandrechte

Die Dereliktion hat auf den Bestand von Grundpfandrechten keine Auswirkung.[461] Allerdings ist das Meinungsspektrum zu den Folgen von Zahlungen der verschiedenen Beteiligten in dieser Konstellation komplex und divergierend. Um sich der Thematik zu nähern, erfolgt daher zunächst eine Zusammenfassung der wesentlichen Aspekte, die im Zusammenhang mit Grundpfandrechten zu berücksichtigen sind. Im Anschluss hieran werden die einzelnen Ansichten dargestellt, die im Zusammenhang mit Zahlungen in dieser Phase vertreten werden, sodann folgt eine Analyse der Problematik – beginnend mit der Hypothek – und im Anschluss werden die Überlegungen auf die Grundschuld übertragen.

Die Rechtsnatur der Grundpfandrechte besteht in der Sicherung einer Forderung.[462] Nach Eintritt der Fälligkeit und Uneinbringlichkeit der gesicherten

460 Hinsichtlich der Dienstbarkeiten ergeben sich keine Besonderheiten, die Dereliktion stellt auch keinen Vorkaufsfall dar.

461 Herrschende Meinung, siehe Pfeifer, in: Staudingers Kommentar zum Bürgerlichen Gesetzbuch, 3. Buch, Sachenrecht, §§ 925–984, Anhang zu §§ 929 ff.: Sonderformen der Übereignung (Eigentum 2), Neubearbeitung 2011, § 928 Rn. 27 a).

462 Bei der Hypothek trifft dies offensichtlich zu, aber auch die Grundschuld und die Reallast

Forderung ist der Gläubiger des Grundpfandrechts berechtigt, Befriedigung aus dem Grundpfandrecht im Wege der Zwangsvollstreckung zu suchen (§§ 1147, 1192 Abs. 1 Satz 1 BGB).[463] Die Duldung der Zwangsvollstreckung bedeutet, dass entweder die Zwangsverwaltung des Grundstücks angeordnet wird, so dass eine Befriedigung der Forderung aus den Erträgen des Grundstücks herbeigeführt wird oder aber die Zwangsversteigerung gemäß den §§ 864–866 ZPO erfolgt.[464]

In Bezug auf die Grundpfandrechte sind stets drei wesentliche Beziehungen zwischen dem Gläubiger und dem Schuldner zu berücksichtigen. Die erste Beziehung ist das Kreditverhältnis oder jeglicher andere Schuldgrund. Bei diesen handelt es sich um einen schuldrechtlichen Vertrag zwischen dem Gläubiger und dem Schuldner. Verzichtet der Eigentümer auf sein Eigentum am Grundstück – sei er Schuldner oder »nur« Sicherungsgeber –, so hat dies keine Auswirkung auf diese schuldrechtliche Verpflichtung. Die zweite Beziehung ist das Sicherungsverhältnis oder auch der Sicherungsvertrag. Dieser stellt den Schuldgrund für die Bestellung der dinglichen Sicherheit dar. Aus ihm ergeben sich die Einreden des Eigentümers. Gibt der Eigentümer, der das Grundstück als Sicherheit gewährt hat, das Eigentum am Grundstück auf, so stellt sich die Frage, welche Auswirkungen der Eigentumsverzicht auf die »causa« der dinglichen Sicherheit hat. Da der schuldrechtliche Sicherungsvertrag nicht Inhalt des dinglichen Sicherungsrechts ist, besteht er zwischen dem ursprünglichen Eigentümer und dem Gläubiger fort. Die »causa« wirkt lediglich relativ, hat also keinen absoluten Charakter. Ihr kann sich der ursprüngliche Eigentümer durch die Dereliktion demnach nicht entziehen. Es tritt aber insbesondere keine nachträgliche Unmöglichkeit des Sicherungsvertrages ein, denn die geschuldete Bestellung der Sicherheit ist erfolgt. Der Sicherungsnehmer kann auch weiterhin Befriedigung aus dem Sicherungsrecht verlangen. Die dritte Beziehung ist das Grundpfandrecht selbst. Dieses beinhaltet einen dinglichen Anspruch auf Duldung der Zwangsvollstreckung (§ 1147 BGB). Er richtet sich nach der Aufgabe des Eigentums nur noch gegen das »Grundstück« selbst, mit der Durchsetzung dieses Anspruchs hat der ehemalige Eigentümer nichts mehr zu tun.

In den Regelfällen, d.h. ohne Dereliktion, ist Folgendes bei der Hypothek vorgesehen: Bei Zahlung des Schuldners, der zugleich Eigentümer des belasteten Grundstücks ist, erlischt die Forderung und es entsteht eine Eigentümergrundschuld (§ 1163 Abs. 1 Satz 2 i.V.m. § 1177 Abs. 1 BGB).[465] Zahlt der Ei-

---

sind trotz Fehlens einer gesicherten Forderung echte Pfandrechte; hierzu Bassenge, in: Palandt, Bürgerliches Gesetzbuch, 75. Auflage 2016, Überbl. vor § 1113 Rn. 1; Lübtow, Das Grundpfandrecht am Vorbehaltseigentum – BGHZ 35, 85, JuS 1963, S. 171–177 (176).

463 Bassenge, in: Palandt, Bürgerliches Gesetzbuch, 75. Auflage 2016, Überbl. vor § 1113 Rn. 1.

464 Meder/Czelk, Grundwissen Sachenrecht, 2. Auflage 2008, S. 206f., speziell zur Hypothek auch S. 219f.

465 Statt vieler Meder/Czelk, Grundwissen Sachenrecht, 2. Auflage 2008, S. 222.

gentümer, der nicht Schuldner ist, so entsteht eine Eigentümerhypothek.[466] Zahlt ein Schuldner, der nicht Eigentümer ist, so kommt es darauf an, ob ihm ein Rückgriffsanspruch gegen den Eigentümer zusteht, denn dann wird dieser Rückgriffsanspruch gesichert, anderenfalls entsteht eine Eigentümergrundschuld (§ 1163 Abs. 1 Satz 2 i. V. m. § 1177 Abs. 1 BGB).[467] Zahlt ein ablösungsberechtigter Dritter, gilt für die Forderung, dass diese gemäß §§ 1150, 268 Abs. 3 BGB auf ihn übergeht, die Hypothek folgt gemäß den §§ 401 Abs. 1, 412, 1153 Abs. 1 BGB.[468] Zahlt hingegen ein unbeteiligter Dritter, so erlischt die Forderung (§§ 267, 362 Abs. 1 BGB), der Eigentümer erwirbt die Hypothek als Eigentümergrundschuld. Bei Zahlungen auf das Grundpfandrecht entsteht eine Eigentümerhypothek.

In den Fällen der Dereliktion zeichnet sich folgendes Meinungsspektrum ab: Die Rechtsprechung geht zunächst davon aus, dass – in der Phase zwischen Verzicht und Aneignung – kein Eigentümer vorhanden ist und demnach Leistungen zur Abwendung oder aufgrund von § 1147 BGB nicht zu einem Eigentümerpfandrecht führen.[469] Die vormals herrschende Meinung – nunmehr herrschende Meinung in der Literatur – geht davon aus, dass im Hinblick auf die Hypothek § 1164 BGB analog gelten solle, wenn der ursprüngliche Eigentümer Zahlungen nach Wegfall seines Eigentums leistet. Mit anderen Worten soll eine »Fremdgrundschuld« zu Gunsten des ursprünglichen Eigentümers entstehen.[470] Begründet wird dies mit dem Argument, dass sich der Verzicht nur auf das Eigentum beziehe, nicht auf das hinter dem Fremdkapitalrecht bestehende Eigentümerkapitalrecht. Zahlt hingegen ein Dritter, soll zu Lasten des ursprünglichen Eigentümers § 1143 BGB nicht gelten.[471] Das bedeutet, dass durch Leistungen Dritter zur Abwendung der Zwangsvollstreckung die Forderung gegen

466 Statt vieler Meder/Czelk, Grundwissen Sachenrecht, 2. Auflage 2008, S. 224f.

467 Statt vieler Meder/Czelk, Grundwissen Sachenrecht, 2. Auflage 2008, S. 225f.

468 Statt vieler Meder/Czelk, Grundwissen Sachenrecht, 2. Auflage 2008, S. 223f.

469 BGH, Beschluss vom 10.05.2012 (V ZB 36/12), ZInsO 2012, S. 1262, wobei die Vorinstanz – OLG Frankfurt am Main, Beschluss vom 05.01.2012 (20 W 162/11) – noch anderer Auffassung war.

470 Bassenge, in: Palandt, Bürgerliches Gesetzbuch, 75. Auflage 2016, § 928 Rn. 3; Kanzleiter, in: Münchener Kommentar zum Bürgerlichen Gesetzbuch, Band 6, Sachenrecht, §§ 854–1296, 6. Auflage 2013, § 928 Rn. 11; Pfeifer, in: Staudingers Kommentar zum Bürgerlichen Gesetzbuch, 3. Buch, Sachenrecht, §§ 925–984, Anhang zu §§ 929ff.: Sonderformen der Übereignung (Eigentum 2), Neubearbeitung 2011, § 928 Rn. 27; Stürner, in: Soergel, Bürgerliches Gesetzbuch, Band 14, Sachenrecht 1, §§ 854–984, 13. Auflage 2002, § 928 Rn. 2; Artz, in: Erman Bürgerliches Gesetzbuch, 14. Auflage 2014, § 928 Rn. 7.

471 Eine gute Übersicht über den Meinungsstand bietet Pfeifer, in: Staudingers Kommentar zum Bürgerlichen Gesetzbuch, 3. Buch, Sachenrecht, §§ 925–984, Anhang zu §§ 929ff.: Sonderformen der Übereignung (Eigentum 2), Neubearbeitung 2011, § 928 Rn. 28; offengelassen beispielsweise bei: Jürgen F. Baur/Rolf Stürner, Sachenrecht, 18. Auflage 2009, Anhang zu § 53 Rn. 75–76.

den ursprünglichen Eigentümer nicht auf diese übergehen soll und so kein Rückgriff gegen diesen möglich ist. Begründet wird dies damit, dass der Eigentümer gerade durch den Verzicht frei von den Verpflichtungen aus dem Eigentum werden wolle, so dass ein Forderungsübergang nicht erfolgen kann und darf.[472] Ist der Dritte allerdings der Aneignungsberechtigte, so soll zu seinen Gunsten § 1163 BGB gelten,[473] d.h. in diesem Fall entsteht zu seinen Gunsten eine Eigentümergrundschuld. Aber auch hier soll § 1143 BGB nicht gelten, mit der Begründung, dass, wenn man dem Fiskus die Lastenfreistellung des unentgeltlich angeeigneten Grundstücks auf Kosten des Verzichtenden ermöglichen würde, der Sinn der Eigentumsaufgabe in das Gegenteil verkehrt wäre. Die Eigentumsaufgabe ziele nämlich gerade darauf ab, die Befreiung von der »Last des Eigentums« herbeizuführen. Der Fiskus und der Verzichtende seien wirtschaftlich so zu stellen, als hätte der Fiskus eine Schuldbefreiung bis zur Höhe des Grundstückswertes übernommen.[474]

Eine andere Ansicht[475] wendet für den Fall, dass der persönliche Schuldner zahlt, § 1163 BGB an, d.h. es entsteht eine Eigentümergrundschuld, und für den Fall, in dem der neue Eigentümer (oder Aneignungsberechtigte) zahlt, § 1143 BGB, d.h. er erwirbt die Forderung gegen den ursprünglichen Eigentümer. Sie argumentiert zum einen mit dem Wortlaut der Normen und zum anderen damit, dass die Gegenansicht rechtspolitisch bedenklich sei, denn sie schaffe einen Anreiz zur Aufgabe überschuldeter Grundstücke.[476]

Um die Problematik genauer analysieren zu können, sollen zunächst für die Fälle der Dereliktion zwei Phasen unterschieden werden, nämlich erstens die Phase zwischen erfolgter Dereliktion bis zu dem Zeitpunkt der wirksamen Aneignungserklärung und zweitens die Phase ab dem Zeitpunkt der wirksamen Aneignungserklärung. Hintergrund für diese Trennung ist es, eine klarere Zuordnung der einzelnen Beteiligten zu ermöglichen. Für die erste Phase gilt, dass der ursprüngliche Eigentümer alle Rechtsbeziehungen zum Grundstück beendet

---

472 Pfeifer, in: Staudingers Kommentar zum Bürgerlichen Gesetzbuch, 3. Buch, Sachenrecht, §§ 925–984, Anhang zu §§ 929ff.: Sonderformen der Übereignung (Eigentum 2), Neubearbeitung 2011, § 928 Rn. 28; Stürner, in: Soergel, Bürgerliches Gesetzbuch, Band 14, Sachenrecht 1, §§ 854–984, 13. Auflage 2002, § 928 Rn. 2.

473 Bassenge, in: Palandt, Bürgerliches Gesetzbuch, 75. Auflage 2016, § 928 Rn. 3.

474 Pfeifer, in: Staudingers Kommentar zum Bürgerlichen Gesetzbuch, 3. Buch, Sachenrecht, §§ 925–984, Anhang zu §§ 929ff.: Sonderformen der Übereignung (Eigentum 2), Neubearbeitung 2011, § 928 Rn. 28.

475 Kanzleiter, in: Münchener Kommentar zum Bürgerlichen Gesetzbuch, Band 6, Sachenrecht, §§ 854–1296, 6. Auflage 2013, § 928 Rn. 11.

476 Pfeifer, in: Staudingers Kommentar zum Bürgerlichen Gesetzbuch, 3. Buch, Sachenrecht, §§ 925–984, Anhang zu §§ 929ff.: Sonderformen der Übereignung (Eigentum 2), Neubearbeitung 2011, § 928 Rn. 28; zur a.A. vgl. Kanzleiter, in: Münchener Kommentar zum Bürgerlichen Gesetzbuch, Band 6, Sachenrecht, §§ 854–1296, 6. Auflage 2013, § 928 Rn. 11 (vgl. dort insbesondere Fn. 15).

hat. War er zugleich Kreditnehmer, ist er auch weiterhin aus diesem Vertrag verpflichtet und damit Schuldner. Ist er nicht Schuldner und leistet er gleichwohl Zahlungen, sind diese wie Zahlungen eines fremden Dritten zu behandeln. Der Fiskus ist in dieser Phase nicht Eigentümer, er ist Inhaber des Aneignungsrechts, das kein Anwartschaftsrecht ist, sondern ein dingliches Recht eigener Art,[477] es bedeutet eine »wirtschaftliche Nähe« zum Grundstück. Diese Nähe bedingt, dass er ein ablösungsberechtigter Dritter ist, denn er ist eben Inhaber eines dinglichen Rechts – wenn auch eigener Art –, welches durch eine Zwangsversteigerung erlöschen würde.[478] Ein solches dingliches Recht ist die Voraussetzung für eine Ablösungsberechtigung und die Anwendbarkeit des § 268 BGB.[479] Bei Anwendung dieser »Justierung« ergibt sich folgendes Bild:

Zahlt der ursprüngliche Eigentümer, der Schuldner aus dem Kreditverhältnis ist, auf die Forderung aus dem Kreditverhältnis, so erlischt diese (§ 362 BGB); es entsteht eine Eigentümergrundschuld (§ 1163 Abs. 1 Satz 2 i. V. m. § 1177 Abs. 1 BGB).[480] Zahlt er zur Abwendung des § 1147 BGB, so entsteht ebenfalls eine Eigentümergrundschuld (§ 1163 Abs. 1, Satz 2 i. V. m. § 1177 Abs. 1 BGB). Verneint man die Möglichkeit der Entstehung eines Eigentümerrechts ohne Subjekt – so dürfte in jedem Fall die Rechtsprechung zu verstehen sein[481] –, geht das Eigentümerkapitalrecht unter.

Zahlt ein Dritter, der nicht ablösungsberechtig ist (beispielsweise der ursprüngliche Eigentümer, der nicht Schuldner ist), auf die Forderung, so erlischt die Forderung (§§ 267, 362 BGB). Es entsteht eine Eigentümergrundschuld (§ 1163 Abs. 1 Satz 2 i. V. m. § 1177 Abs. 1 BGB). Zahlt er zur Abwendung des § 1147 BGB, so entsteht gemäß §§ 1153 Abs. 1, 412, 401 BGB eine Eigentümerhypothek (§ 1143 Abs. 1 Satz 1 BGB), wobei nach der Rechtsprechung auch hier kein Eigentümerkapitalrecht entstehen können dürfte. Die Forderung geht in jedem Fall nicht auf diesen Dritten über.

Zahlt allerdings ein ablösungsberechtigter Dritter – also insbesondere der Fiskus – auf die Forderung, so geht diese gemäß §§ 1150, 268 Abs. 3 BGB auf ihn über; die Hypothek folgt nach §§ 1153 Abs. 1, 401, 412 BGB, d. h. der ablösungsberechtigte Dritte ist Inhaber der Forderung gegen den ursprünglichen

477 VG Weimar, Beschluss vom 08.06.2012 (3 E 441/12 We); Kanzleiter, in: Münchener Kommentar zum Bürgerlichen Gesetzbuch, Band 6, Sachenrecht, §§ 854–1296, 6. Auflage 2013, § 928 Rn. 12.

478 § 268 BGB erfordert das Bestehen eines dinglichen Rechts (vgl. Grüneberg, in: Palandt, Bürgerliches Gesetzbuch, 75. Auflage 2016, § 268 Rn. 4). Im Fall des Zuschlags in der Zwangsvollstreckung würde das Aneignungsrecht gemäß § 91 ZVG untergehen. Im Falle eines Übererlöses bezieht sich das Aneignungsrecht nur noch auf diesen (vgl. Bassenge, in: Palandt, Bürgerliches Gesetzbuch, 75. Auflage 2016, § 928 Rn. 4).

479 Grüneberg, in: Palandt, Bürgerliches Gesetzbuch, 75. Auflage 2016, § 268 Rn. 4.

480 Meder/Czelk, Grundwissen Sachenrecht, 2. Auflage 2008, S. 225.

481 BGH, Beschluss vom 10.05.2012 (V ZB 36/12), ZInsO 2012, S. 1262.

Eigentümer, falls der Eigentümer Schuldner war, und die Hypothek – als akzessorisches Sicherungsrecht – steht ihm ebenfalls zu. Dieses Ergebnis ist sachgerecht, denn selbst für den Fall, dass man die Anwendung des § 1143 BGB verneinen wollte, würde die persönliche Schuld – aus dem Kreditverhältnis gegen den Schuldner – trotzdem weiterbestehen.[482] Ein weiteres Argument, das für dieses Ergebnis spricht, ist die Tatsache, dass der ursprüngliche Eigentümer sich dazu entschieden hat, das Grundstück ohne Gegenleistung aufzugeben. Hätte er es veräußert, dann wäre die Gegenleistung eines Erwerbers zur Minderung der Schuld verwendet worden,[483] verzichtet er aber im Falle der Dereliktion bewusst auf eine solche Gegenleistung, kann eine spätere – zufällige Leistung eines Dritten – keine Berücksichtigung zu seinen Gunsten finden, denn er hat bewusst jegliche Beziehung zum Grundstück durch die Dereliktion gekappt und er stünde sonst besser, als wenn er das Grundstück veräußert hätte.[484] Für eine Konstruktion einer Schuldübernahme durch den Fiskus fehlt jeglicher Raum.

In der zweiten Phase – also ab wirksamer Ausübung des Aneignungsrechts – gibt es einen Eigentümer, dieser ist aber nicht mit dem Schuldner aus dem Kreditverhältnis identisch. Hier gilt bei Zahlung durch diesen auf die Forderung, dass diese gemäß §§ 267 Abs. 1, 362 BGB erlischt und eine Eigentümergrundschuld gemäß §§ 1163 Abs. 1, Satz 2, 1177 BGB entsteht. Zahlt der Eigentümer hingegen zur Abwendung der Zwangsvollstreckung, also »auf den § 1147 BGB«, so entsteht eine Eigentümergrundschuld (§ 1177 Abs. 2 BGB), weil die Forderung gemäß § 1143 BGB auf den Eigentümer übergeht und die Hypothek gemäß §§ 401, 412, 1153 Abs. 1 Satz 1 BGB – aufgrund ihrer Akzessorietät – folgt. Auch dieses Ergebnis dürfte interessengerecht sein, denn wenn der neue Eigentümer den ursprünglichen Eigentümer, der jetzt »nur noch« Schuldner ist, von seiner persönlichen Schuld befreien wollte, so kann er eine entsprechende Tilgungsbestimmung treffen. Will er das aber gerade nicht und sich den »Rückgriff bewahren«, so ist es interessengerecht, dass die Forderung auf ihn übergeht. Denn auch hier gilt die Argumentation wie zuvor: Der ursprüngliche Eigentümer, der zugleich Schuldner aus dem Kreditverhältnis war bzw. ist, hat sich bewusst ohne Gegenleistung von seinem Eigentum getrennt. Spätere Leistungen eines Dritten, die im Zusammenhang mit diesem Eigentum stehen, können ihm

---

482 Benning, in: Herberger/Martinek/Rüßmann/Weth, JurisPK-BGB Band 3, 7. Auflage 2014, § 928 Rn. 3 und 17; Pfeifer, in: Staudingers Kommentar zum Bürgerlichen Gesetzbuch, 3. Buch, Sachenrecht, §§ 925–984, Anhang zu §§ 929ff.: Sonderformen der Übereignung (Eigentum 2), Neubearbeitung 2011, § 925 Rn. 7.

483 Der Grundpfandrechtsgläubiger muss zustimmen und erhält in der Regel hierfür einen Teil des Kaufpreises.

484 Zu denken ist hier unter Umständen an eine aufgedrängte Bereicherung, vgl. hierzu: Sprau, in: Palandt, Bürgerliches Gesetzbuch, 75. Auflage 2016, § 812 Rn. 52.

als Schuldner nicht zum Vorteil gereichen, er hat sich bewusst als damaliger Eigentümer hiergegen entschieden. Die Ansicht, die in dieser Konstellation § 1143 BGB nicht zur Anwendung kommen lassen will, lässt auch hier außer Acht, dass die persönliche Schuld aus dem Kreditverhältnis ohnehin fortbesteht, so dass ihr Argument, der Eigentümer solle frei von allen Verpflichtungen werden, nur in der Konstellation greifen könnte, in der der Schuldner nicht zugleich der Eigentümer ist. Die Argumentation dürfte daher vor diesem Hintergrund ins Leere laufen. Zahlt hingegen der ursprüngliche Eigentümer, der Schuldner aus dem Kreditverhältnis ist, auf die Forderung, so erlischt sie und zu Gunsten des Eigentümers entsteht eine Eigentümergrundschuld (§§ 1163 Abs. 1 Satz 2, 1177 Abs. 1 BGB); dies gilt ebenfalls, wenn ein sonstiger Dritter zahlt (§ 1143 BGB für die Forderung und für die Hypothek gelten die §§ 401, 412, 1153 Abs. 1 Satz 1 BGB). Zahlt hingegen ein sonstiger ablösungsberechtigter Dritter, geht die Forderung und mit ihr die Hypothek auf diesen über (§§ 1150, 268 Abs. 3 BGB bzw. §§ 1153 Abs. 1, 401, 412).

In der Zusammenfassung ergeben sich daraus sachlich richtige und begründbare Resultate, wenn man die allgemeinen Grundsätze der herrschenden Meinung zur Zahlung im Zusammenhang mit einer Hypothek anwendet. Wichtig ist allerdings, dass man hierbei den ursprünglichen Eigentümer als Schuldner auffasst, der keine Beziehung mehr zum Grundstück hat, er ist in Bezug auf das Grundstück ein Dritter. Ebenso gilt es, in Bezug auf den Fiskus darauf zu achten, dass er bis zur Aneignung ein ablösungsberechtigter Dritter ist. Raum für eine analoge Anwendung – mangels Regelungslücke(n) – verbleibt dann nicht. Im Hinblick auf die Rechtsprechung,[485] die kein Eigentümerkapitalrecht ohne Eigentümer entstehen lassen will, ist anzumerken, dass im Hinblick auf die Möglichkeit von subjektlosem Eigentum die Entstehung eines Eigentümerkapitalrechts zu Gunsten des subjektlosen Eigentums möglich ist. Das gilt im vorliegenden Fall umso mehr, als in dieser Spezialkonstellation eine rangwahrende Wirkung und die Erreichung günstigen Bodenkredites im Hinblick auf den zukünftigen Eigentümer ebenso treffende Gründe sein dürften wie im Regelfall.[486] Als Faustformel lässt sich daher merken: Nur wenn ein ablösungsberechtigter Dritter auf die Hypothek zahlt, gehen die Forderung und das Grundpfandrecht auf ihn über. Nach der Aneignung ist der Fiskus allerdings kein ablösungsberechtigter Dritter mehr, da er Eigentümer ist.

Wendet man sich mit dieser Überlegung der Grundschuld zu, so stellt sich die erste Phase, also die Phase zwischen Verzicht und Aneignung, wie folgt dar:

Zahlt der Schuldner oder ein nicht ablösungsberechtigter Dritter, so gilt bei

485 BGH, Beschluss vom 10.05.2012 (V ZB 36/12), ZInsO 2012, S. 1262.

486 Hohner, Subjektlose Rechte unter besonderer Berücksichtigung der Blankozession, 1969, S. 93.

Zahlung auf die Forderung, dass diese erlischt (§ 362 BGB bzw. §§ 267, 372 Abs. 1 BGB), wobei in beiden Fällen dem ursprünglichen Eigentümer ein Rückübertragungsanspruch aus der Sicherungsabrede zusteht. Zahlt der ursprüngliche Eigentümer oder ein nichtablösungsberechtigter Dritter dagegen auf die Grundschuld, so entsteht eine Eigentümergrundschuld, die Forderung erlischt nicht.[487] Gegen die Erfüllung steht jetzt dem Schuldner die Einrede zu, dass er nur noch leiste, wenn ihm die Grundschuld zurückübertragen wird. Dies gilt nur dann, wenn man entgegen der Rechtsprechung[488] – die kein Eigentümerkapitalrecht ohne Eigentümer entstehen lassen will – die Entstehung einer Grundschuld annimmt. Darüber hinaus würde der Gläubiger aber auch arglistig handeln, wenn er zum zweiten Mal die Leistung fordert.

Zahlt ein ablösungsberechtigter Dritter – also beispielsweise der Fiskus –, ist zu differenzieren, welche Tilgungsbestimmung er trifft. Erfolgt die Zahlung zur Tilgung der Forderung, so geht diese auf den ablösungsberechtigten Dritten über (§ 268 Abs. 3 BGB). Die Grundschuld geht nicht über, denn sie ist nicht akzessorisch. Allerdings ist ein Vorgehen aus der Grundschuld für den Gläubiger nicht mehr möglich, da er sonst arglistig handeln würde (doppelte Befriedigung). Der ursprünglichen Partei – also dem ursprünglichen Eigentümer – steht ein Anspruch auf Rückübertragung der Grundschuld gegen den Gläubiger zu. Zahlt der Dritte hingegen auf die Grundschuld, so erwirbt er diese gemäß §§ 1192 Abs. 1, 1150, 268 Abs. 3 BGB). Die Forderung erlischt nicht, sie verbleibt beim ursprünglichen Gläubiger.[489] Der ursprüngliche Eigentümer wird in der Regel gegen eine Inanspruchnahme durch den ursprünglichen Gläubiger geschützt sein, da er nur Zahlung gegen »Rückabtretung« der Grundschuld schuldet.[490] Er hat damit eine dauerhafte Einrede gegen den ursprünglichen Gläubiger. An dieser Stelle unterscheiden sich Hypothek und Grundschuld; erstere lässt den Schuldner – der zuvor Eigentümer war – nicht aus seiner Verpflichtung frei werden, im Hinblick auf die Grundschuld steht ihm dagegen eine dauerhafte – sprich eine peremptorische – Einrede für die Fälle zu, in denen auf das Grundpfandrecht geleistet wird. Allerdings dürfte dieses Auseinanderfallen der Rechtsfolgen bei den beiden Sicherungsrechten auf den akzessorischen Charakter der Hypothek zurückzuführen und damit interessengerecht sein.

487 Bassenge, in: Palandt, Bürgerliches Gesetzbuch, 75. Auflage 2016, § 1191 Rn. 38, m.w.N.
488 BGH, Beschluss vom 10.05.2012 (V ZB 36/12), ZInsO 2012, S. 1262.
489 BGH, Urteil vom 27.03.1981 (V ZR 202/79), BGHZ 80, S. 228–235; OLG Celle, Beschluss vom 05.07.2000 (4 W 109/00), OLGR Celle 2000, S. 302–304. Laut BGH: »Die vereinzelt vertretene Meinung, dass auch in diesen Fällen die persönliche Forderung erlösche berücksichtigt nicht hinreichend die sachenrechtliche Selbstständigkeit der Grundschuld und die Vielfältigkeit der denkbaren Rechtsbeziehungen zwischen den Beteiligten (Gläubiger, persönlicher Schuldner und dinglicher Schuldner).«.
490 BGH, Urteil vom 05.02.1991 (XI ZR 45/90), NJW 1991, S. 1821–1822.

2. Reallasten

Die Reallast bleibt zunächst als solche bestehen.[491] Bei einer Reallast sind vier verschiedene Rechtspositionen zu unterscheiden: zunächst die Forderung aus dem schuldrechtlichen Vertrag, dann das dingliche Stammrecht (§ 1105 BGB), das Einzelleistungsrecht, welches über § 1147 BGB gesichert ist, und abschließend die persönliche Haftung über § 1108 BGB. Letztere soll - nimmt man ein Erlöschen des Eigentums an - mit der Dereliktion erlöschen, da diese aus dem dinglichen Recht folgt.[492] Da aber die Reallast an dem aufgegebenen Grundstück weiterbesteht, kann die persönliche Haftung nicht den ursprünglichen Eigentümer treffen. Folgt man dieser Überlegung, so ist dem Reallastgläubiger zu empfehlen, für die persönliche Sicherung aus § 1108 BGB einen gesonderten Titel vom Schuldner in der Form des § 780 BGB zu verlangen. Eine solche gesondert übernommene Verpflichtung wirkt auch nach der Dereliktion gegen den ursprünglichen Eigentümer.[493] Nimmt man hingegen subjektloses Eigentum an, lässt sich begründen, dass die persönliche Haftung bestehen bleibt (der ursprüngliche Eigentümer wird von der Haftung frei), allerdings ist kein Rechtssubjekt vorhanden. Erst mit der Aneignung durch den Fiskus oder einem Dritten erhält das subjektlose Eigentum wieder ein Rechtssubjekt. Hier entsteht aber die persönliche Haftung nicht neu, sondern sie besteht fort.

III. Durchsetzung dinglicher Ansprüche

1. Rechtliche Grundlagen der Vertreterbestellung (§§ 58, 787 ZPO, 1141 BGB)

In der Phase zwischen wirksamem Verzicht und dessen Eintragung bis zur potenziellen Aneignung wurde bereits die materiellrechtliche Folge einer Zahlung untersucht, so dass sich nunmehr die Frage nach den Möglichkeiten für Realgläubiger anschließt, wie diese ihre Ansprüche gerichtlich durchsetzen können. Aus dem Gesetzgebungsverfahren ergibt sich, dass die Realgläubiger bewusst nicht schutzlos gestellt worden sind, allerdings erst Schutz gewährt

491 Allgemeine Meinung, siehe statt vieler: Pfeifer, in: Staudingers Kommentar zum Bürgerlichen Gesetzbuch, 3. Buch, Sachenrecht, §§ 925–984, Anhang zu §§ 929ff.: Sonderformen der Übereignung (Eigentum 2), Neubearbeitung 2011, § 928 Rn. 27 a).

492 Kanzleiter, in: Münchener Kommentar zum Bürgerlichen Gesetzbuch, Band 6, Sachenrecht, §§ 854–1296, 6. Auflage 2013, § 928 Rn. 11.

493 Kanzleiter, in: Münchener Kommentar zum Bürgerlichen Gesetzbuch, Band 6, Sachenrecht, §§ 854–1296, 6. Auflage 2013, § 928 Rn. 11.

wird, wenn dieser begehrt wird.[494] Das Schutzinteresse des Realgläubigers besteht in zweierlei Hinsicht. Zum einen muss es ihm möglich sein, sofern die Fälligkeit des Grundpfandrechts zunächst von einer Kündigung abhängt, diese wirksam aussprechen zu können. Zum anderen muss er seine Ansprüche aus der Realsicherheit auch wirksam durchsetzen können. Nachfolgend werden zunächst kurz die Voraussetzung für die Bestellung des jeweiligen Vertreters skizziert und dessen Befugnisse, um im Anschluss hieran die Rechtsstellung des »Vertreters« materiellrechtlich zu analysieren.

Für die Kündigung des Grundpfandrechts sieht das Gesetz für die Hypothek in § 1141 BGB die Möglichkeit einer Vertreterbestellung vor.[495] Für die Grundschuld – für die ebenfalls eine Kündigung erforderlich ist (§ 1193 BGB) – ist keine entsprechende Regelung vorgesehen. Eine Anwendbarkeit des § 1141 BGB auf die Grundschuld ergibt sich allerdings aus § 1192 BGB,[496] da die Möglichkeit der Vertreterbestellung nicht die Sicherung einer Forderung voraussetzt.[497] Im Rahmen des § 1141 BGB wird auf Antrag des Gläubigers ein Vertreter bestellt, es ist damit gerade keine öffentliche Zustellung erforderlich.[498] Dem Gläubiger wird so die Möglichkeit gegeben, eine wirksame Kündigung auszusprechen, so dass er letztlich seine Realsicherheit verwerten kann.

Die Bestellung eines Vertreters nach § 1141 BGB ist Teil der freiwilligen Gerichtsbarkeit. Damit gilt das strenge Antragsprinzip.[499] Der Antrag ist beim Amtsgericht, in dessen Bezirk das Grundstück liegt, grundsätzlich formfrei zu stellen. Des Weiteren muss der Antragsteller die Tatbestandsvoraussetzungen

---

494 Mugdan, Die gesammten Materialien zum bürgerlichen Gesetzbuch für das Deutsche Reich, III. Band: Sachenrecht, 1899, S. 619.

495 Für die Fälle, in denen § 1141 BGB keine Anwendung findet – insbesondere im Hinblick auf eine Sicherungshypothek –, ist die Kündigung gegenüber dem Schuldner auszusprechen.

496 Für eine analoge Anwendung: Bassenge, in: Palandt, Bürgerliches Gesetzbuch, 75. Auflage 2016, § 1193 Rn. 2, aber § 1141 Rn. 4; Mathias Rohe, in: Heinz Georg Bamberger/Herbert Roth, Kommentar zum Bürgerlichen Gesetzbuch, Band 2, §§ 611–1296 AGG ErbbauRG WEG, 3. Auflage 2012, § 1193 Rn. 3; Dietrich Joswig, in: Reichsgerichtsrätekommentar: Das Bürgerliche Gesetzbuch mit besonderer Berücksichtigung der Rechtsprechung des Reichsgerichts und des Bundesgerichtshofes, Band III, 1. Teil, §§ 854–1011, 12. Auflage 1979, § 1193 Rn. 2; unklar bzw. verneinend: Wolfram Waldner, in: Hanns Prütting/Gerhard Wegen/Gerd Weinreich, BGB Kommentar, 10. Auflage 2015, § 1192 BGB Rn. 1.

497 § 1141 BGB bezieht sich nur auf die Hypothek und nicht auf die Forderung, Schutzzweck ist der Eigentümer, der nicht zugleich Schuldner ist (vgl. hierzu Waldner, in: Prütting/Wegen/Weinreich: BGB Kommentar, 10. Auflage 2015, § 1141 BGB Rn. 1). Deshalb ist auch für eine Sicherungsgrundschuld die Anwendung des § 1141 BGB ausgeschlossen (vgl. § 1185 Abs. 2 BGB).

498 Waldner, in: Prütting/Wegen/Weinreich, BGB Kommentar, 10. Auflage 2015, § 1141 BGB Rn. 2.

499 Karldieter Schmidt, in: Theodor Keidel/Joachim Kuntze/Lutz Budde, FamFG – Kommentar zum Gesetz über das Verfahren in Familiensachen und die Angelegenheiten der freiwilligen Gerichtsbarkeit, 18. Auflage 2014, § 12 Rn. 7.

für die Bestellung eines Vertreters nachweisen. Gemäß § 1141 BGB darf der Eigentümer keinen Wohnsitz im Inland haben. Da gegenwärtig aber kein Eigentümer existiert, ist die erste Alternative des § 1141 BGB bei einem »aufgegebenen« Grundstück stets gegeben. Den entsprechenden Nachweis kann der Antragsteller mittels eines aktuellen Grundbuchauszugs, in dem der Verzicht eingetragen ist, erbringen. Gegen die Ablehnung steht dem Gläubiger das Rechtsmittel der Beschwerde zu (§§ 58ff. FamFG).

Die Befugnis des Vertreters gemäß § 1141 BGB beschränkt sich auf die Entgegennahme der Kündigung.[500] Für eine etwaige unmittelbar im Anschluss zu erhebende Klage oder Einleitung der Zwangsvollstreckung in das Grundstück fehlt ihm die Passivlegitimation. Hierfür ist die Bestellung eines Vertreters gemäß §§ 58, 787 ZPO erforderlich. Der Wortlaut der Normen stellt aber nur Rechte, die unter den zweiten Abschnitt des dritten Buches des BGB fallen, unter diesen Schutz. Demnach liegen Rechte Dritter, die nicht dem Bereich des zweiten Abschnitts des dritten Buches zuzurechnen sind, grundsätzlich nicht im Anwendungsbereich der §§ 58, 787 ZPO. Im Hinblick darauf, dass es sich hierbei allerdings um eine Ausnahmevorschrift handelt, die die einzige Möglichkeit darstellt, überhaupt Rechte gegen das aufgegebene Grundstück durchzusetzen, stellt sich die Frage, ob diese Vorschriften nicht auch entsprechend auf andere Rechte anzuwenden sind. Allgemein anerkannt ist, dass bei dem Anspruch auf Grundbuchberichtigung (§ 894 BGB), Löschung einer Grundschuld, den nachbarrechtlichen Ansprüchen (§§ 906ff. BGB), den durch Vormerkung oder Veräußerungsverbot gesicherten persönlichen Ansprüchen (§§ 883, 888 BGB), Rentenansprüchen aus dem Überbau (§ 912 BGB), dem Anspruch gegen den Überbaurentenverpflichteten auf Grundabnahme (§ 915 BGB), Ansprüchen, die sich gegen den Eigentümer als solchen richten (§ 894 BGB), usw. sowohl die Regelungslücke als auch die Interessenlage vergleichbar sind, so dass die §§ 58, 787 ZPO auf diese Ansprüche entsprechend anzuwenden sind.[501] Im Übrigen ist zu berücksichtigen, dass es sich um prozessrechtliche Vorschriften handelt. Sie sollen dem Gläubiger auch ohne Eigentümer des Grundstücks ermöglichen,

500 Bassenge, in: Palandt, Bürgerliches Gesetzbuch, 75. Auflage 2016, § 1141 Rn. 1.

501 Reinhard Bork, in: Friedrich Stein/Martin Jonas/Christian Berger, Kommentar zur Zivilprozessordnung, Band 2, §§ 41–127a, 22. Auflage 2004, § 58 Rn. 2; Wolfgang Münzberg, in: Friedrich Stein/Martin Jonas/Christian Berger, Kommentar zur Zivilprozessordnung, Band 7, §§ 704–827, 22. Auflage 2002, § 787 Rn. 2; allerdings nicht für die Grundbuchberichtigung gemäß § 27 GBO, da dieser auf den Eigentümer zum Zeitpunkt der Löschung abstellt und es zu diesem Zeitpunkt keinen Eigentümer gibt (vgl. hierzu BGH, Beschluss vom 10.05.2012 [5 ZB 36/12], ZInsO 2012, S. 1262; Demharter, Grundbuchordnung: mit dem Text der Grundbuchverfügung und weiterer Vorschriften, 29. Auflage 2014, § 27 Rn. 15; a.A. OLG Frankfurt am Main, Beschluss vom 05.01.2012 [20 W 162/11], FGPrax 2012, S. 147–148).

seinen Anspruch durchzusetzen. Sie sind daher nach Sinn und Zweck weit auszulegen.

Die Bestellung eines Vertreters nach §§ 58, 787 ZPO ist, wie bereits erwähnt, ebenso wie die Bestellung eines Vertreters nach § 1141 BGB Teil der freiwilligen Gerichtsbarkeit, so dass auch hier nur auf Antrag ein Vertreter bestellt wird.[502] Der Antrag ist beim Prozessgericht zu stellen, also dem Gericht, das auch in der Hauptsache zuständig ist. Die Zuständigkeit in der Hauptsache wird sich regelmäßig nach den §§ 24, 25 oder 26 ZPO richten. Für die Zwangsvollstreckung schreibt § 1 ZVG vor, dass das zuständige Gericht das Gericht ist, in dessen Bezirk das Grundstück liegt. Antragsberechtigt ist grundsätzlich jedermann, dem ein oben genannter Anspruch zusteht. Der Antrag ist formfrei, zum Nachweis der Voraussetzung genügt die Vorlage eines aktuellen Grundbuchauszuges, aus dem der Verzicht ersichtlich ist. Gegen die Ablehnung des Antrags ist die sofortige Beschwerde nach § 567 ZPO möglich.[503] Bestand bereits die Rechtshängigkeit gegen den ursprünglichen Eigentümer, bevor dieser den Verzicht erklärt hat, verbleibt der ursprüngliche Eigentümer gemäß § 265 ZPO passivlegitimiert.[504] Die Befugnis des Vertreters gemäß §§ 58, 787 ZPO erstreckt sich – nach Zugang des Beschlusses[505] – auf die Wahrnehmung der sich aus dem Eigentum ergebenden Rechte und Verpflichtungen im Rechtsstreit. Diese Verpflichtung endet mit Widerruf der Bestellung oder mit Eintragung des neuen Eigentümers.[506]

Ein Vertreter, der gemäß § 58 ZPO bestellt ist, ist für den Prozess über alle Instanzen passivlegitimiert. Im Rahmen dieser Passivlegitimation wird dem wirksam bestellten Vertreter völlige Bewegungsfreiheit zugestanden.[507] Dies

502 Schmidt, in: Keidel/Kuntze/Budde, FamFG – Kommentar zum Gesetz über das Verfahren in Familiensachen und die Angelegenheiten der freiwilligen Gerichtsbarkeit, 18. Auflage 2014, § 12 Rn. 7.

503 Max Vollkommer, in: Richard Zöller, Zivilprozessordnung – mit Gerichtsverfassungsgesetz, und den Einführungsgesetzen, mit Internationalem Zivilprozessrecht, EG-Verordnungen, Kostenanmerkungen – Kommentar, 31. Auflage 2016, § 58 Rn. 3.

504 Walter F. Lindacher, in: Wolfgang Krüger/Thomas Rauscher, Münchener Kommentar zur Zivilprozessordnung, Band 1, §§ 1–354, 4. Auflage 2013, § 58 Rn. 8; Vollkommer, in: Zöller, Zivilprozessordnung – mit Gerichtsverfassungsgesetz, und den Einführungsgesetzen, mit Internationalem Zivilprozessrecht, EG-Verordnungen, Kostenanmerkungen – Kommentar, 31. Auflage 2016, § 58 Rn. 1.

505 Der Gläubiger erhält eine formlose Mitteilung hierüber (§ 329 Abs. 2 Satz 1 ZPO), hierzu Vollkommer, in: Zöller, Zivilprozessordnung – mit Gerichtsverfassungsgesetz, und den Einführungsgesetzen, mit Internationalem Zivilprozessrecht, EG-Verordnungen, Kostenanmerkungen – Kommentar, 31. Auflage 2016, § 58 Rn. 1.

506 Lindacher, in: Krüger/Rauscher, Münchener Kommentar zur Zivilprozessordnung, Band 1, §§ 1–354, 4. Auflage 2013, § 58 Rn. 11.

507 Rainer Hüßtege, in: Heinz Thomas/Hans Putzo, Zivilprozessordnung: mit Gerichtsverfassungsgesetz, den Einführungsgesetzen und europarechtlichen Vorschriften – Kommentar, 36. Auflage 2015, zu § 58 Rn. 1f.

bedeutet, dass ihm die Möglichkeit der Widerklage zusteht.[508] Darüber hinaus kann er den Prozess durch Verzicht, Anerkennung oder Vergleich beenden. Er kann insbesondere den Rechtsstreit bis zur letzten Instanz durch Einlegung von Berufung bzw. Revision durchführen (§§ 33, 278, 279, 280, 281 ZPO). Eine Legitimation auf der Aktivseite, also als Kläger, wird man ihm – ausgenommen für den Fall der Widerklage – dagegen nicht zusprechen dürfen.[509] Dies gilt insbesondere auch dann, wenn die Verhältnisse des Grundstücks dies erfordern würden. Auch ist er nicht – sollte sich erst im Prozess herausstellen, dass eine Kündigung gemäß § 1141 BGB erforderlich ist – für die Entgegennahme der materiellrechtlichen Kündigungserklärung befugt.

Im Hinblick auf einen nach § 787 ZPO bestellten Vertreter handelt es sich um einen Vertreter im Rahmen der Zwangsvollstreckung. Es handelt sich damit um einen anderen Vertreter als den Prozessvertreter nach § 58 ZPO. Dies folgt bereits aus der Gesetzessystematik, denn in der Zwangsvollstreckung kennt die ZPO einen weiteren Vertreter, der gerade für die Zwangsvollstreckung bestellt wird. Die systematische Stellung des § 58 ZPO befindet sich im allgemeinen Teil der ZPO, so dass auch hier die speziellere Norm die allgemeinere verdrängt. Gegen dieses systematische Argument sprechen allerdings gewichtige wirtschaftliche und prozessökonomische Überlegungen, so dass eine Aufgabenausweitung des Vertreters nach § 58 ZPO auf die Zwangsvollstreckung möglich ist.[510]

Dem Vertreter nach § 787 ZPO wird der Beschluss, durch den die Zwangsversteigerung angeordnet wird, gemäß § 22 ZVG zugestellt. Er erhält gemäß § 41 Abs. 1 ZVG die Terminsbestimmung zugestellt, ebenso erhält er die Mitteilung aus § 41 Abs. 2 ZVG bzw. bei der Zwangsverwaltung die Benachrichtigung nach § 146 Abs. 2 ZVG. Auch der Zuschlagsbeschluss (§ 81 ZVG) sowie die Terminsbestimmung zur Verteilung des Versteigerungserlöses (§ 105 ZVG) sind ihm zuzustellen. Aus diesen Vorschriften ergibt sich aber auch für den Vertreter nach § 787 ZPO, dass sich seine Rolle lediglich auf den passiven Bereich beschränkt.[511] Materielle Eingriffe in den Bestand des Grundstücks sind ihm ver-

508 Lindacher, in: Krüger/Rauscher, Münchener Kommentar zur Zivilprozessordnung, Band 1, §§ 1–354, 4. Auflage 2013, § 58 Rn. 10.

509 Lindacher, in: Krüger/Rauscher, Münchener Kommentar zur Zivilprozessordnung, Band 1, §§ 1–354, 4. Auflage 2013, § 58 Rn. 10.

510 Hartmann, in: Baumbach/Albers/Hartmann, Zivilprozessordnung: mit Gerichtsverfassungsgesetz und anderen Nebengesetzen, 74. Auflage 2016, § 787 Rn. 1; Rolf Lackmann, in: Hans-Joachim Musielak, Kommentar zur Zivilprozessordnung: mit Gerichtsverfassungsgesetz, 12. Auflage 2015, § 787 Rn. 2; Kurt Stöber, in: Richard Zöller, Zivilprozessordnung – mit Gerichtsverfassungsgesetz, und den Einführungsgesetzen, mit Internationalem Zivilprozessrecht, EG-Verordnungen, Kostenanmerkungen – Kommentar, 31. Auflage 2016, § 787 Rn. 1.

511 Lackmann, in: Musielak, Kommentar zur Zivilprozessordnung: mit Gerichtsverfassungs-

wehrt, selbst wenn diese dem Schuldner gestattet wären (z. B. § 23 Abs. 1 ZVG). Andererseits darf er im Rahmen der Zwangsvollstreckung Rechtsbehelfe ergreifen, soweit diese nach der ZPO zulässig sind.[512] Zu denken ist hier insbesondere an die Erinnerung gemäß § 766 ZPO und die Vollstreckungsgegenklage aus § 767 ZPO. Im Rahmen der Zwangsvollstreckung selbst wird man dem Vertreter gemäß § 787 ZPO aber kein Bietungsrecht (gemäß § 68 Abs. 3 ZVG) zugestehen dürfen.

Das Amt des Vertreters nach §§ 58, 787 ZPO endet durch Tod des Vertreters, durch Widerruf seiner Bestellung, Entlassung seitens des Prozessgerichtes oder durch das Eintreten eines neuen Eigentümers in die bisher subjektlosen Rechte und Verpflichtungen. Der Zweck der Vertreterbestellung ist damit erschöpft, das Amt des »Vertreters« ist beendet. Für seine Kosten haften der Antragsteller und das Grundstück.[513]

Immer wieder war Gegenstand der juristischen Diskussion, ob eine Pflegerbestellung für den »Eigentümer« nach § 1913 BGB möglich ist.[514] Bei § 1913 BGB handelt es sich um eine Vorschrift aus dem Familienrecht. Eine unmittelbare Anwendung scheidet damit aus. Aber auch für eine analoge Anwendung fehlt es im Hinblick auf die Vertreter gemäß § 1141 BGB bzw. §§ 58, 787 ZPO an einer Regelungslücke.

---

gesetz, 12. Auflage 2015, § 787 Rn. 3; Karsten Schmidt, in: Wolfgang Krüger/Thomas Rauscher, Münchener Kommentar zur Zivilprozessordnung, Band 2, §§ 355–1024, 4. Auflage 2012, § 787 Rn. 6.

512 Lackmann, in: Musielak, Kommentar zur Zivilprozessordnung: mit Gerichtsverfassungsgesetz, 12. Auflage 2015, § 787 Rn. 3.

513 Stephan Weth, in: Hans-Joachim Musielak, Kommentar zur Zivilprozessordnung: mit Gerichtsverfassungsgesetz, 12. Auflage 2015, § 58 Rn. 4, der darauf abstellt, ob das Recht des Antragstellers die dingliche Haftung für solche Kosten vorsieht (bspw. § 1118 BGB; §§ 10 Abs. 2, 162 ZVG); Hartmann, in: Baumbach/Albers/Hartmann, Zivilprozessordnung: mit Gerichtsverfassungsgesetz und anderen Nebengesetzen, 74. Auflage 2016, § 58 Rn. 6.

514 Die Ansicht wird derzeit (nur) noch von Kanzleiter, in: Münchener Kommentar zum Bürgerlichen Gesetzbuch, Band 6, Sachenrecht, §§ 854–1296, 6. Auflage 2013, § 928 Rn. 11 vertreten; zur allgemeinen Entwicklung: AG Unna, Beschluss vom 15.06.1982 (7 VIII 3908), Rpfleger 1982, S. 379–380; Artz, in: Erman Bürgerliches Gesetzbuch, 14. Auflage 2014, § 928 Rn. 7; Augustin, in: Reichsgerichtsrätekommentar: Das Bürgerliche Gesetzbuch mit besonderer Berücksichtigung der Rechtsprechung des Reichsgerichts und des Bundesgerichtshofes, Band III, 1. Teil, §§ 854–1011, 12. Auflage 1979, § 928 Rn. 9, so aber noch im älteren Schrifttum: Bernhard Wieczorek, Zivilprozessordnung und Nebengesetze, 1. Band, §§ 1–252, 2. Auflage 1976, § 58 C I a, nunmehr Rainer Hausmann, in: Bernhard Wieczorek/Rolf A. Schütze, Zivilprozessordnung und Nebengesetze, Band 1, 2: §§ 50–127a; 3. Auflage 1994, Band 1, 2 § 58 Rn. 1 nicht mehr differenzierend, aber mit guter Meinungsübersicht über die in der Literatur ursprünglich vertretenen Ansichten (insbesondere Fn. 4). Unbestritten ist dagegen die Möglichkeit der Bestellung eines Sequesters gemäß §§ 938, 848 ZPO im Wege der einstweiligen Verfügung zur einstweiligen Regelung der Verhältnisse und Verhütung von Schäden, siehe Artz, in: Erman Bürgerliches Gesetzbuch, 14. Auflage 2014, § 928 Rn. 7 m.w.N.

2. Der Begriff des »Vertreters«

In den oben genannten Vorschriften (§§ 58, 787 ZPO) wird stets vom »Vertreter« gesprochen. Im Rahmen der Analyse der Möglichkeit von subjektlosem Eigentum am Grundstück und der Aufarbeitung der Gesetzgebung wurde bereits herausgearbeitet, dass diese Vorschriften ursprünglich »Teil« des § 928 BGB waren und damit nicht für das Prozessrecht, sondern für das materielle Recht vorgesehen waren.[515]

Vor diesem Hintergrund würde es nahe liegen, den Begriff des Vertreters in diesen Vorschriften technisch zu verstehen, nämlich als Vertreter im Sinne der §§ 164ff. BGB. Hiernach erfordert die Stellvertretung einen Vertretenen. Im Anwendungsbereich der §§ 58, 787 ZPO existiert dieser aber gerade nicht,[516] denn nur wenn es diesen nicht gibt, ist ein Vertreter nach diesen Vorschriften zu bestellen. Die herrschende Meinung nimmt daher an, dass der Vertretene der zukünftige Eigentümer sei.[517] Diese Annahme ist allerdings zweifelhaft, weil der zukünftige Eigentümer zum Zeitpunkt der Vertretung keine Verfügungsmacht über das Grundstück hat. Der Vertreter, der ihn vertritt, hat diese allerdings inne. Es ist in den §§ 164ff. BGB aber nicht vorgesehen, dass der Vertreter mehr Rechtsmacht hat als der Vertretene. Darüber hinaus muss man berücksichtigen, dass die Vertretungsmacht auf das Grundstück bzw. das Eigentum beschränkt ist. Eine solche Beschränkung der Vertretungsmacht auf ein Objekt ist dem Zivilrecht fremd.[518] Allerdings ist zu berücksichtigen, dass die Vertretungsmacht und deren Beschränkung auf Gesetz beruhen. Betrachtet man die Interessen, die dieser »Vertreter« vertritt, so wird deutlich, dass der Grund für diese Vorschriften nicht (nur) die Interessen des zukünftigen Eigentümers, sondern

515 Genauer: Sie waren Teil des § 872 des ersten Entwurfes.

516 Bork, in: Stein/Jonas/Berger, Kommentar zur Zivilprozessordnung, Band 2, §§ 41–127a, 22. Auflage 2004 § 58 Rn. 6.

517 Vgl. statt vieler Weth, in: Musielak, Kommentar zur Zivilprozessordnung: mit Gerichtsverfassungsgesetz, 12. Auflage 2015, § 58 Rn. 4; aber Hartmann, in: Baumbach/Albers/Hartmann, Zivilprozessordnung: mit Gerichtsverfassungsgesetz und anderen Nebengesetzen, 74. Auflage 2016, § 787 Rn. 2: »Der Vertreter vertritt nicht den Eigentümer, der ja fehlt.«; Lackmann, in: Musielak, Kommentar zur Zivilprozessordnung: mit Gerichtsverfassungsgesetz, 12. Auflage 2015, § 787 Rn. 3: »Der Vertreter handelt im eigenen Namen.«; Schmidt, in: Krüger/Rauscher, Münchener Kommentar zur Zivilprozessordnung, Band 2, §§ 355–1024, 4. Auflage 2012, § 787 Rn. 6; zum Meinungsstreit auch: Hohner, Subjektlose Rechte unter besonderer Berücksichtigung der Blankozession, 1969, S. 109ff. Vor allem im älteren Schrifttum gibt es zahlreiche weitere Ansichten zu diesem Problem, vgl. Schulze, Die Aufgabe des Grundeigentums (§ 928 BGB): Mit besonderer Rücksicht auf Preußen, 1909, S. 114–130.

518 Claus Ott/Mihai Vuia, in: Münchener Kommentar zur Insolvenzordnung, Band 2, §§ 80–216, 3. Auflage 2013, § 80 Rn. 34.

insbesondere die Schutzrichtung dieser Vorschriften auch die Interessen der Realgläubiger sind.[519]

Damit vertritt der Vertreter aber nicht nur den »zukünftigen Eigentümer« und schützt diesen vor unberechtigten Klagen, sondern er schützt auch die Interessen der Realgläubiger, wenn durch ihn die Geltendmachung ihrer Ansprüche in der Phase zwischen Eigentumsaufgabe und Eigentumsaneignung ermöglicht wird, wobei es sich hierbei im Wesentlichen um einen Reflex handelt, denn die Bestellung des Vertreters ist die Voraussetzung zur Durchsetzung der dinglichen Ansprüche. Der Vertreter wird allerdings im Rahmen seiner Tätigkeit ausschließlich die Aufgaben und Pflichten aus dem Eigentum wahrnehmen, dies ist sein Aufgabenbereich (§§ 58, 787 ZPO). Gleichwohl wird er hierdurch auch im Interesse des Gläubigers tätig, es ist aber gerade nicht die Funktion eines Vertreters, widerstreitende Interessen wahrzunehmen, sondern lediglich die Interessen einer Partei. Dieser Befund spricht somit gegen das Verständnis als Vertreter. Bereits im Rahmen der Entstehung der Norm war in der zweiten Kommission der Begriff »Vertreter« anlässlich eines Antrags diskutiert worden, der statt des Begriffs »Vertreter« den Begriff »Verwalter« vorsah. Begründet wurde dieser Antrag damit, dass es sich letztlich um eine Art Güterpflegschaft handele.[520] Die Mehrheit der zweiten Kommission allerdings war der Ansicht, dass es sich mit Rücksicht auf die beschränkten Funktionen des Vertreters nicht empfehle, von einer Bestellung zum Verwalter zu sprechen, d. h. allerdings, dass die Begrifflichkeit »Verwalter« als solche nicht der Grund des Anstoßes war, sondern lediglich der beschränkte Aufgabenbereich. Ungeachtet der Entstehungsgeschichte ist aus den oben genannten Gründen bereits fraglich, ob man tatsächlich davon ausgehen kann, dass hier der zukünftige Eigentümer vertreten wird. Nur wenn man vom Regelfall des § 928 BGB ausgeht, wenn also der Fiskus früher oder später von seinem Aneignungsrecht Gebrauch macht, ist diese Ansicht nachvollziehbar. Geht man allerdings vom Regelfall der §§ 58, 787 ZPO aus, so wird sich hier früher oder später die Zwangsvollstreckung anschließen. Geht man weiterhin davon aus, dass im Rahmen der Zwangsvollstreckung die Zwangsversteigerung zur Anwendung kommt, so ist die Überlegung, dass der Vertreter gemäß §§ 58, 787 ZPO den Ersteher und dessen Interessen vertritt, nicht nachvollziehbar. Im Rahmen der Zwangsverwaltung ist darüber hinaus der Fall denkbar, dass es niemals einen neuen Eigentümer geben wird, nämlich dann, wenn durch die Zwangsverwaltung der dingliche Gläubiger befriedigt

519 Hohner, Subjektlose Rechte unter besonderer Berücksichtigung der Blankozession, 1969, S. 103.

520 Mugdan, Die gesammten Materialien zum bürgerlichen Gesetzbuch für das Deutsche Reich, III. Band, Sachenrecht, 1899, S. 619.

wird und es niemals zu einer Aneignung kommt.[521] Dann hat der Vertreter gemäß §§ 58, 787 ZPO niemanden vertreten. Ebenso spricht gegen die Auffassung, der Vertreter im Rahmen der §§ 58, 787 ZPO vertrete den zukünftigen Eigentümer, dass dieser lediglich auf Antrag eines Gläubigers bestellt wird. Geht es um Ansprüche des zukünftigen Eigentümers (beispielsweise weil ein Dritter einen Schaden am Grundstück verursacht hat), kann dieser Vertreter überhaupt nicht tätig werden. Der Begriff des Vertreters dürfte daher im Rahmen der §§ 58, 787 ZPO nicht technisch zu verstehen sein.

Für die dogmatische Einordnung des Amtes des Vertreters gemäß §§ 58, 787 ZPO kommen verschiedene Ansätze in Betracht.[522] Zum einen wäre denkbar, den Vertreter gemäß §§ 58, 787 ZPO als »neutral Handelnden«[523] einzuordnen, da er objektbezogen agiert. Der neutral Handelnde agiert weder für sich noch für ein bestimmtes anderes Subjekt. Er hat für das ihm anvertraute Objekt kollidierende Interessen auszugleichen.[524] Mit dieser Ansicht wäre es möglich, eine systematische Einordnung des Vertreters vorzunehmen. Hiergegen lässt sich allerdings einwenden, dass letztlich unklar bleibt, wer der Rechtsträger ist.

Darüber hinaus widerspricht ein Handeln weder im fremden noch im eigenen Namen den Wertungen des § 164 Abs. 2 BGB.[525] Denkbar wäre es allerdings, den Vertreter gemäß §§ 58, 787 ZPO als Organ zu verstehen. Dies würde voraussetzen, dass man das Eigentum am Grundstück als »Quasi-Rechtssubjekt« auffasst.[526] Ebenso ist denkbar, den Vertreter gemäß §§ 58, 787 ZPO als Ausübenden eines Amtes anzusehen.[527] Der Vertreter nach §§ 58, 787 ZPO ist dann Inhaber

---

521 So auch schon Fischer, Subjekt und Vermögen, Sonderabdruck aus der FS für Eduard Rosenthal, 1923, S. 52, insbesondere Fn. 67.

522 Vgl. hierzu Hohner, Subjektlose Rechte unter besonderer Berücksichtigung der Blankozession, 1969, S. 100ff.; Fischer, Subjekt und Vermögen, Sonderabdruck aus der FS für Eduard Rosenthal, 1923, S. 63, der darauf abstellt, dass das Grundstück vertreten wird. Jetzt so auch Artz, in Erman Bürgerliches Gesetzbuch, 14. Auflage 2014, § 928 Rn. 7, der vom »…(›Eigentums‹-)Vertreter…« spricht.

523 Die Lehre vom neutralen Handeln wurde von Dölle begründet (vgl. Hans Dölle, Neutrales Handeln im Privatrecht, in: FS für Fritz Schulz, 2. Band, 1951, S. 268–288; vgl. auch Ott/Vuia, in: Münchener Kommentar zur Insolvenzordnung, Band 2, §§ 80–216, 3. Auflage 2013, § 80 Rn. 30; vgl. auch Hohner, Subjektlose Rechte unter besonderer Berücksichtigung der Blankozession, 1969, S. 105.

524 Dölle, Bemerkungen zur Blankozession. Ein Beitrag zur Lehre von den subjektlosen Rechten, in: FS für Martin Wolff, 1952, S. 23–32 (73).

525 Ott/Vuia, in: Münchener Kommentar zur Insolvenzordnung, Band 2, §§ 80–216, 3. Auflage 2013, § 80 Rn. 34.

526 Vgl. zur parallelen Argumentation zur Funktion des Insolvenzverwalters Ott/Vuia, in: Münchener Kommentar zur Insolvenzordnung, Band 2, §§ 80–216, 3. Auflage 2013, § 80 Rn. 29.

527 Pfeifer, in: Staudingers Kommentar zum Bürgerlichen Gesetzbuch, 3. Buch, Sachenrecht, §§ 925–984, Anhang zu §§ 929ff.: Sonderformen der Übereignung (Eigentum 2), Neubearbeitung 2011, § 928 Rn. 35b; zu der Figur »Partei kraft Amtes« Hans-Martin Pawlowski, Allgemeiner Teil des BGB – Grundlehren des bürgerlichen Rechts, 7. Auflage 2003,

eines privatrechtlichen Amtes. Die Rechtsfolgen seines Handelns treffen kraft Gesetzes ein. Der Vertreter nach §§ 58, 787 ZPO ist dann aber gerade nicht Vertreter im technischen Sinne, denn er vertritt niemanden. Er handelt zwar – ebenso wie ein Vertreter – nicht im eigenen Namen, denn er berechtigt und verpflichtet nicht sich selbst, sein Handeln begründet keine Rechtsfolgen, die ihn persönlich treffen sollen.[528]

Die Funktion des Vertreters nach den §§ 58, 787 ZPO ist damit die eines »Amtstreuhänders« des ihm anvertrauten Grundstücks bzw. Eigentums. Um einen echten Treuhänder kann es sich nicht handeln, da seine Stellung auf Gesetz und nicht auf Vertrag beruht. Es ist vielmehr ein Handeln im Namen des Amtes.[529] Durch diese Konstruktion oder die Annahme einer Organstellung gelingt es, die beiden oben beschriebenen Regelfälle der §§ 58, 787 ZPO im Rahmen der Zwangsvollstreckung einer sinnvollen Lösung zuzuführen. Die Wirkungen des Handelns des Vertreters treffen das Grundstück bzw. das Eigentum durch gesetzliche Ermächtigung. Die §§ 58, 787 ZPO stellen den Kompetenzbereich des Vertreters auf. Durch ein Obsiegen der klagenden Partei ist der Vertreter nach §§ 58, 787 ZPO verurteilt, eine fremde Schuld zu erfüllen bzw. die Duldung der Zwangsvollstreckung hinzunehmen. Seine Beziehungen zum klagenden Gläubiger sind rein prozessualer Art. Die Beschränkung auf die passive Prozessführungsmacht begründet sich jetzt aus seinem Amt. Der oben aufgezeigte Widerspruch, dass ihm es gerade nicht obliegt, Aktivansprüche durchzusetzen, löst sich hiermit auf; bei der Partei kraft Amtes ist eine gesetzliche Beschränkung, wie sie §§ 58, 787 ZPO darstellt, gerade die Grundlage der Ermächtigung. Im Hinblick auf die Beschränkungen des § 181 BGB, die für die Ansicht eines Vertreters sprechen, wäre allerdings eine analoge Anwendung geboten. Beide Einordnungen – Partei kraft Amtes oder Organ – stehen nach hier vertretener Ansicht gleichberechtigt nebeneinander, eine Entscheidung

---

Rn. 687 ff.; Heinz Hübner, Allgemeiner Teil des Bürgerlichen Gesetzbuches, 2. Auflage 1996, § 45 B III Rn. 1175 mit übersichtlicher Streitdarstellung. In der neueren Literatur wird die »Partei kraft Amtes« auch als »Organ« des jeweiligen Sondervermögens bezeichnet, siehe z. B. Eduard Bötticher, Erbe und Gemeinschuldner als gewillkürte Prozessstandschafter des Nachlass- und des Konkursverwalters, JZ 1963, S. 582–586 (583 f.); zum Problem der Funktion des Vertreters Hohner, Subjektlose Rechte unter besonderer Berücksichtigung der Blankozession, 1969, S. 106 f.; Lübtow, Die Struktur der Pfandrechte und Reallasten, in: Nipperdey (Hrsg.), FS für Heinrich Lehmann, Das Deutsche Privatrecht in der Mitte des 20. Jahrhunderts, Band 1, 1956, S. 328–387 (383) m. w. N.

528 Dölle, Neutrales Handeln im Privatrecht, in: FS für Fritz Schulz, 2. Band, 1951, S. 268–288 (285); vgl. auch Hohner, Subjektlose Rechte unter besonderer Berücksichtigung der Blankozession, 1969, S. 106.

529 Dölle, Neutrales Handeln im Privatrecht, in: FS für Fritz Schulz, 2. Band, 1951, S. 268–288 (288); vgl. auch Hohner, Subjektlose Rechte unter besonderer Berücksichtigung der Blankozession, 1969, S. 106.

zwischen ihnen ist nicht möglich. Allenfalls ist bei Annahme des subjektlosen Eigentums die Konstruktion der Organstellung leichter möglich.

Hinsichtlich des Vertreters im Sinne des § 1141 BGB, dessen Funktion darin besteht, die Kündigung des Grundpfandrechts in Empfang zu nehmen, lässt sich für den Fall, dass ein Vertreter gemäß §§ 58, 787 ZPO bestellt wird, dieser als sein Vertreter umschreiben. Denkbar ist es aber auch, dass er in dem Ausnahmefall des § 928 BGB ebenfalls als Partei kraft Amtes oder als Organ aufgefasst werden kann.

IV. Sonstige Ansprüche

1. Schuldrechtliche Ansprüche

Schuldrechtliche Ansprüche gegen den ursprünglichen Eigentümer in Bezug auf die Sache bleiben bestehen, dies verlangt ihr relativer Charakter.

Der Mietvertrag verpflichtet den Vermieter weiterhin zur Gebrauchsüberlassung gegen Entgelt. Das Recht des Eigentümers zum Besitz folgt aus seinem Eigentumsrecht. Gibt er das Eigentum auf, so erlischt aber auch das Recht zum Besitz, soweit es aus dem Eigentum fließt.[530] Vermietet er dennoch, so kann er zwar dem Mieter die Gebrauchsüberlassung gewähren,[531] aber es besteht ein Rechtsmangel. Dieser berechtigt den Mieter jedoch erst zur Minderung der Miete, wenn der Dritte sein Recht geltend macht.[532] Übt der Dritte jedoch sein Recht aus, so tritt er in einer entsprechenden Anwendung des § 566 BGB in das Mietverhältnis ein,[533] es besteht dann kein Rechtsmangel mehr. Insofern besteht für den Mieter kein Minderungsrecht aufgrund der Dereliktion.

Im Rahmen eines Pachtvertrages schuldet der Verpächter neben der Gebrauchsüberlassung auch die Gewährung von Nutzungen im Sinne des § 100 BGB, also Vorteile und Früchte. Letztere stehen vor der Trennung vom Grundstück dem Aneignungsberechtigten zu.[534] Nach der Trennung ist das Schicksal der Nutzungen ungeklärt.[535] So wird zum einen angenommen, sie würden herrenlos, so dass ein Aneignungsrecht jedermann zukommt

530 Pfeifer, in: Staudingers Kommentar zum Bürgerlichen Gesetzbuch, 3. Buch, Sachenrecht, §§ 925–984, Anhang zu §§ 929ff.: Sonderformen der Übereignung (Eigentum 2), Neubearbeitung 2011, § 928 Rn. 16.

531 Walter Weidenkaff, in: Otto Palandt, Bürgerliches Gesetzbuch, 75. Auflage 2016, § 536 Rn. 27.

532 Weidenkaff, in: Palandt, Bürgerliches Gesetzbuch, 75. Auflage 2016, § 536 Rn. 27.

533 Siehe hierzu 5. Kapitel II. 2.

534 Allgemeine Meinung Kanzleiter, in: Münchener Kommentar zum Bürgerlichen Gesetzbuch, Band 6, Sachenrecht, §§ 854–1296, 6. Auflage 2013, § 928 Rn. 13.

535 Zum Meinungsstand Kanzleiter, in: Münchener Kommentar zum Bürgerlichen Gesetzbuch, Band 6, Sachenrecht, §§ 854–1296, 6. Auflage 2013, § 928 Rn. 13, insbesondere Fn. 25.

(§ 958 BGB), zum anderen wird angenommen, dass das Aneignungsrecht an den getrennten Früchten allein dem Fiskus zusteht. Es kann allerdings nicht richtig sein, dass sich das Aneignungsrecht, das sich ausschließlich auf das Grundstück – und nach hier vertretener Auffassung auf das subjektlose Eigentum hieran – bezieht, auf Mobilien erstreckt, dies sieht der Wortlaut nicht vor. Im umgekehrten Fall, nämlich dass bereits bei der Dereliktion Gegenstände vorhanden sind – beispielsweise die Früchte etc. –, wird deren Schicksal nicht davon abhängig gemacht, ob es zu einer Eintragung im Grundbuch kommt. Hier ist die Dereliktion bereits nach § 958 BGB wirksam. Warum nunmehr von der Rechtsfolge des § 958 BGB abgewichen werden sollte, ist nicht nachvollziehbar. Dies sieht das Gesetz gerade nicht vor, sondern hat für Mobilien eine eigene Regelung getroffen. Gründe, die für eine einschränkende Auslegung des § 958 BGB für diesen Fall sprechen, sind nicht ersichtlich. Somit kann der Pächter wirksam an den Nutzungen Eigentum erwerben, so dass kein Mangel, der zur Minderung berechtigen würde, vorliegt.

2. Possessorische Ansprüche und sonstige Ansprüche

Sonstige Ansprüche, die das Grundstück betreffen, richten sich ausschließlich gegen dieses, sie betreffen den ursprünglichen Eigentümer nicht mehr, soweit sie nicht schon vor der Aufgabe des Eigentums entstanden sind.[536] Dies gilt auch für einen Anspruch aus § 1004 BGB.[537] Insbesondere treffen weder den Fiskus noch den ursprünglichen Eigentümer Verkehrssicherungspflichten,[538] so dass Schadensersatz aufgrund eines fehlenden Verschuldens regelmäßig ausgeschlossen ist (§§ 823ff. BGB). Unbefriedigend ist allerdings der Umstand, dass Schäden, die durch das aufgegebene Grundstück verursacht werden, nicht kompensiert werden können.[539] Zu denken ist hier an Fälle, in denen beispielsweise der ursprüngliche Eigentümer auf dem Grundstück einen Brunnen errichtet hat und dann im Anschluss hieran wirksam sein Eigentum nach § 928 BGB am Grundstück aufgibt. Nach Ablauf sämtlicher Verjährungsfristen[540] wird der errichtete

536 Sliwiok-Born, Die Flucht aus dem Privateigentum am Beispiel der Grundstücksdereliktion, NJW 2014, S. 1047–1052 (1048).

537 KG, Urteil vom 19.06.2006 (Az. 8 U 263/05), WuM 2006, S. 535.

538 Lediglich sofern der Verzichtende den Eigenbesitz behält, besteht seine Haftung für Schäden gemäß § 836 BGB weiter; hierzu Pfeifer, in: Staudingers Kommentar zum Bürgerlichen Gesetzbuch, 3. Buch, Sachenrecht, §§ 925–984, Anhang zu §§ 929ff.: Sonderformen der Übereignung (Eigentum 2), Neubearbeitung 2011, § 928 Rn. 32).

539 Siehe hierzu Wilhelm Weimar, Die Schadenersatzpflicht bei Schäden durch herrenlose Sachen, in: VersPr 1953, S. 170–171 (170).

540 Grundsätzlich verjähren Schadensersatzansprüche erst mit Entstehung des Schadens (El-

Brunnen schadhaft und infolgedessen ergießen sich auf das tiefer liegende Nachbarsgrundstück Wassermassen, die dieses überfluten und erheblichen Schaden anrichten. Wäre der ursprüngliche Eigentümer noch Eigentümer, würden sich hier Ansprüche im Zusammenhang mit Verkehrssicherungspflichten ergeben. Aber der Eigentümer ist gerade nicht mehr Eigentümer und folglich treffen ihn auch keine Verkehrssicherungspflichten mehr. Die Zustandsverantwortlichkeit des ursprünglichen Eigentümers endet mit der Aufgabe des Eigentümers am Eigentum.[541] Auch ein Anspruch aus § 836 BGB würde am Zeitablauf scheitern, da der frühere Eigenbesitzer des Grundstücks für den Schaden nur verantwortlich ist, sofern dieser innerhalb eines Jahres nach der Beendigung seines Besitzes eintritt. Überlegt worden ist, ob eine Analogie zu den §§ 29ff. BJagdG möglich ist.[542] Aus diesen Vorschriften ergibt sich, dass denjenigen, der aufgrund seiner Jagdausübungsberechtigung ein Aneignungsrecht besitzt, für Wildschaden eine Ersatzpflicht trifft. Hieraus ließe sich folgern, dass die Gewährung eines Aneignungsrechts zugleich auch die Gefahrtragung mit einschließen würde. Dies würde dazu führen, dass man dem Fiskus als Aneignungsberechtigten eine Fürsorgepflicht auflegen würde, die einen Anspruch gegen diesen ermöglicht.[543] Eine solche Analogie ist allerdings abzulehnen. Im Hinblick auf den oben genannten Fall wird für das Nachbarsgrundstück die Gebäudeversicherung – soweit eine abgeschlossen ist – eintreten (Wasserschaden) und damit das Problem solidarisieren. Aber auch in Fällen, in denen ein Dachziegel sich vom Dach löst oder Schnee vom Dach rutscht und einen Vorbeilaufenden verletzt, kann dem Staat grundsätzlich keine Fürsorgepflicht für das aufgegebene Grundstück zukommen (eine Ausnahme kann sich hier aus der Unterhaltspflicht von öffentlichen Wegen ergeben). Denn es besteht ein wesentlicher Unterschied zwischen dem Aneignungsrecht nach dem BJagdG und dem Aneignungsrecht nach § 928 BGB; letzteres entsteht kraft Gesetzes. Ihm ist auf Seiten des Fiskus kein rechtsgeschäftlicher Erwerb, d.h. irgendein willensgetragenes Handeln vorausgegangen; eine Gefährdungshaftung ist gerade nicht vorgesehen. Das Risiko, das sich hier verwirklicht, ist also bewusst durch den Gesetzgeber in Kauf genommen. Eine analoge Anwendung der §§ 29ff. BJagdG ist daher abzulehnen, es muss daher dabei verbleiben, dass

lenberger, in: Palandt, Bürgerliches Gesetzbuch, 75. Auflage 2016, § 199 Rn. 15), hier wird aber auf die Höchstfristen des § 199 BGB abgestellt.

541 Siehe ausführlich Steiner, Besonderes Verwaltungsrecht, 8. Auflage 2006, Rn. 179f., S. 275 f; Götz, Allgemeines Polizei- und Ordnungsrecht, 15. Auflage 2013, Rn. 68ff. mit Darstellung der Aufgabe der liberalen Haltung des Gesetzgebers; Schoch, in: ders., Besonderes Verwaltungsrecht, 15. Auflage 2013, Rn. 204.

542 Weimar, Die Schadenersatzpflicht bei Schäden durch herrenlose Sachen, in: VersPr 1953, S. 170–171 (170).

543 Hohner, Subjektlose Rechte unter besonderer Berücksichtigung der Blankozession, 1969, S. 92.

keine Ersatzpflicht gegeben ist. Auch hier wird – in aller Regel – die Solidargemeinschaft in Form der Krankenversicherung etc. zur Regulierung des Schadens – jedenfalls der Heilbehandlung – ihren Beitrag leisten.

V. Resümee

Hinsichtlich der Phase nach wirksamem Verzicht einerseits und vor Aneignung des Eigentums durch den Fiskus andererseits sprechen – insbesondere systematische – Argumente dafür, dass das Eigentum – trotz Verzicht – fortbesteht. In der Phase zwischen erfolgter Dereliktion und möglicher Aneignung geht das Eigentum an dem Grundstück also nicht unter; vielmehr wird das Eigentum subjektlos und besteht weiter fort. Es existiert demnach auch ein Unterschied zwischen einem herrenlosen Grundstück im engeren Sinne (also eigentumslos) und einem aufgegebenen Grundstück.

In dieser Phase ist der Fiskus, der ein dingliches Recht eigener Art innehat, im Zusammenhang mit Grundpfandrechten als ein Dritter im Sinne des § 268 BGB aufzufassen. Ein etwaiger Vertreter nach den §§ 58, 787 ZPO bzw. § 1141 BGB ist nicht als Vertreter des zukünftigen Eigentümers anzusehen. Vielmehr handelt es sich bei dem Vertreter gemäß §§ 58, 787 ZPO um eine Partei kraft Amtes oder um ein »Organ«.

5. Kapitel: Die Aneignung durch den Fiskus; Konkurrenzen sowie Bezüge zu anderen Rechtsgebieten

I. Der Tatbestand des § 928 Abs. 2 BGB

1. Das Aneignungsrecht – Entstehung, Erlöschen, Durchsetzbarkeit und Übertragbarkeit

Das Recht zur Aneignung am aufgegebenen Grundstück[544] steht gemäß § 928 Abs. 2 BGB dem Fiskus des Bundesstaats[545] zu, in dessen Gebiet das Grundstück liegt. Es entsteht kraft Gesetzes an aufgegebenen Grundstücken in dem Moment, in dem die beiden Tatbestandsvoraussetzungen des § 928 Abs. 1 BGB - Verzicht und Eintragung - vorliegen. Dies gilt für jede wirksame Dereliktion des Grundeigentums. Hinsichtlich herrenloser Grundstücke im Sinne des Art. 190 EGBGB ist das Aneignungsrecht mit dem Zeitpunkt, zu dem das Grundbuch als angelegt anzusehen ist, entstanden. Sonstige herrenlose Grundstücke, die erst später entstanden oder eigentumsfähig geworden sind, fallen ebenfalls unter den Anwendungsbereich des § 928 Abs. 2 BGB.[546] Ebenso solche Grundstücke, die

544 Zur entsprechenden Anwendung auf sonstige herrenlose Grundstücke Pfeifer, in: Staudingers Kommentar zum Bürgerlichen Gesetzbuch, 3. Buch, Sachenrecht, §§ 925–984, Anhang zu §§ 929ff.: Sonderformen der Übereignung (Eigentum 2), Neubearbeitung 2011, § 928 Rn. 23.

545 Richtigerweise: Bundesland. Der Landesgesetzgeber ist berechtigt, einen anderen Berechtigten zu bestimmen, davon wird aber derzeit kein Gebrauch gemacht, vgl. Säcker, in: Münchener Kommentar zum Bürgerlichen Gesetzbuch, Band 11, Einführungsgesetz zum Bürgerlichen Gesetzbuch (Art. 25–248), 6. Auflage 2015, Art. 129 EGBGB.

546 Pfeifer, in: Staudingers Kommentar zum Bürgerlichen Gesetzbuch, 3. Buch, Sachenrecht, §§ 925–984, Anhang zu §§ 929ff.: Sonderformen der Übereignung (Eigentum 2), Neubearbeitung 2011, § 928 Rn. 23 mit folgenden Beispielen: Anlandungen: RGZ 71, S. 67; OLG Schleswig, Urteil vom 25.08.1993 (4 U 157/92), NJW 1994, S. 949; Trockenlegung von Teilen eines Flussbettes: vgl. BGH, Urteil vom 21.05.1958 (V ZR 179/56) mit Hinweis auf eine Entscheidung des Reichsgerichts; neu entstandenen Inseln (z.B. vor der ostfriesischen Küste): RG, Urteil vom 24.09.1932 (V 97/32), RGZ 137, S. 263–270; Einverleibung eines bisher im Ausland gelegenen Grundstücks in das Bundesgebiet, an dem kein Eigentum in Sinne des BGB besteht.

durch den Ausschließungsbeschluss herrenlos geworden sind, wenn der Eigenbesitzer auf sein Aneignungsrecht des § 927 Abs. 2 BGB verzichtet hat.[547] Nicht unter das Aneignungsrecht fallen allerdings solche Flächen des Küstenmeeres (Dreimeilenzone), die durch stetige Versandung[548] zu Land geworden sind, sie stehen im Eigentum des Bundes und unterliegen damit nicht dem Aneignungsrecht aus § 928 Abs. 2 BGB.[549]

Das Aneignungsrecht ist ein Recht dinglicher Art, wobei es kein Anwartschaftsrecht ist.[550] Es ist selbstständig rechtsgeschäftlich übertragbar.[551] Allerdings ist im Hinblick auf die Nähe des Aneignungsrechts zum Eigentum die Form des § 925 Abs. 1 BGB – allerdings ohne Eintragung –, zu berücksichtigen. Ebenso sind bei der Übertragung Bedingung und Befristungen unzulässig.[552] Dem Bestimmtheitsgrundsatz entsprechend ist es grundsätzlich erforderlich – da dem Aneignungsberechtigten nur durch die Verzichtseintragung und zwar für jedes aufgegebene Grundstück einzeln das Aneignungsrecht zusteht –, dass die Abtretung des Aneignungsrechts für jedes aufgegebene Grundstück erfolgt. Allerdings ist es möglich, dass beispielsweise der Fiskus für ein bestimmtes Gebiet einer Bodengesellschaft vertraglich das Recht zugesteht, sich sämtliche in diesem Gebiet aufgegebenen Grundstücke anzueignen. Ein solcher Vertrag stellt sich als Abtretung des zukünftig in jedem Einzelfall entstehenden Aneignungsrechts des Fiskus dar. In beiden Fällen ist der Zessionar Aneignungsberechtigter an Stelle des Zedenten.

Das Aneignungsrecht erlischt durch wirksame Ausübung. Dabei erlischt das Aneignungsrecht aber erst in dem Augenblick, in dem sowohl die Aneignung erklärt als auch diese im Grundbuch eingetragen ist. Darüber hinaus kann das Aneignungsrecht durch Verzicht erlöschen, denn der Fiskus kann auf sein An-

547 Pfeifer, in: Staudingers Kommentar zum Bürgerlichen Gesetzbuch, 3. Buch, Sachenrecht, §§ 925–984, Anhang zu §§ 929ff.: Sonderformen der Übereignung (Eigentum 2), Neubearbeitung 2011, § 928 Rn. 23.

548 Abzugrenzen ist dies wiederum von Flächen, die durch Aufschüttung entstehen. Für diese besteht ein Aneignungsrecht (vgl. OLG Oldenburg, Beschluss vom 20.06.1963 [3 Wx 32/62]).

549 BGH, Urteil vom 22.06.1989 (III ZR 266/87), BGHZ 108, S. 110–122; BGH, Urteil vom 01.06.1989 (III ZR 286/87), BGHZ 107, S. 342–351; hierzu instruktiv Enno J. Harders, Der Begriff der Seewasserstraße und Anlandungen in der Ostsee, Jura 1991, S. 63–68. Auch kommt es auf den Zeitpunkt der Entstehung an (Stichtag: 01.04.1921), da für die entstandenen Anlandungen Inhaber des Aneignungsrechts das klagende Land war, nicht jedoch das Deutsche Reich oder – nach Inkrafttreten des Grundgesetzes – die Bundesrepublik Deutschland (vgl. im Einzelnen BGH, Urteil vom 01.06.1989 [III ZR 286/87], BGHZ 107, S. 342–351 [344ff.]).

550 Vgl. 3. Kapitel III.

551 Bassenge, in: Palandt, Bürgerliches Gesetzbuch, 75. Auflage 2016, § 928 Rn. 4.

552 Pfeifer, in: Staudingers Kommentar zum Bürgerlichen Gesetzbuch, 3. Buch, Sachenrecht, §§ 925–984, Anhang zu §§ 929ff.: Sonderformen der Übereignung (Eigentum 2), Neubearbeitung 2011, § 928 Rn. 20.

eignungsrecht aus § 928 Abs. 2 BGB verzichten.[553] Im Hinblick auf die Folgen dieses Verzichts war lange offen – ebenso wie in den Materialien zu § 928 BGB –, ob dann das Aneignungsrecht einer anderen Person als dem Fiskus zukommen kann. Diese Frage ist im Wege richterlicher Rechtsfortbildung entschieden.[554] Wenn der Fiskus auf sein Aneignungsrecht verzichtet hat, kann jeder Dritte sich das Grundstück durch entsprechende Erklärung gegenüber dem Grundbuchamt und Eintragung im Grundbuch aneignen.[555] Dies ergibt sich zwar nicht unmittelbar aus dem Gesetz, der Verzicht des Fiskus würde aber sonst dazu führen, dass das Grundstück ohne zeitliche Beschränkung ohne Eigentümer bliebe. Außerdem steht einer Aneignung durch Dritte – nach dem Verzicht des Landes – nichts entgegen. Der Verzicht kann, muss aber nicht, wegen des rechtlichen Charakters des Aneignungsrechts zu seiner Wirksamkeit ins Grundbuch eingetragen werden.[556] Eine solche Eintragung ist jedoch vor dem Hintergrund der

553 Zur Zulässigkeit des Verzichts auf das Aneignungsrecht Pfeifer, in: Staudingers Kommentar zum Bürgerlichen Gesetzbuch, 3. Buch, Sachenrecht, §§ 925–984, Anhang zu §§ 929ff.: Sonderformen der Übereignung (Eigentum 2), Neubearbeitung 2011, § 928 Rn. 19.

554 BGH, Urteil vom 07.07.1989 (V ZR 76/88), BGHZ 108, S. 278–284; Artz, in: Erman Bürgerliches Gesetzbuch, 14. Auflage 2014, § 928 Rn. 11; Kanzleiter, in: Münchener Kommentar zum Bürgerlichen Gesetzbuch, Band 6, Sachenrecht, §§ 854–1296, 6. Auflage 2013, § 928 Rn. 12; Stürner, in: Soergel, Bürgerliches Gesetzbuch, Band 14, Sachenrecht 1, §§ 854–984, 13. Auflage 2002, § 928 Rn. 4; Wilhelm, Sachenrecht, 4. Auflage 2010, Rn. 851.

555 BGH, Urteil vom 07.07.1989 (V ZR 76/88), BGHZ 108, S. 278–284; Kanzleiter, in: Münchener Kommentar zum Bürgerlichen Gesetzbuch, Band 6, Sachenrecht, §§ 854–1296, 6. Auflage 2013, § 928 Rn. 12; Artz, in: Erman Bürgerliches Gesetzbuch, 14. Auflage 2014, § 928 Rn. 11; Bassenge, in: Palandt, Bürgerliches Gesetzbuch, 75. Auflage 2016, § 928 Rn. 4; Stürner, in: Soergel, Bürgerliches Gesetzbuch, Band 14, Sachenrecht 1, §§ 854–984, 13. Auflage 2002, § 928 Rn. 4; Pfeifer, in: Staudingers Kommentar zum Bürgerlichen Gesetzbuch, 3. Buch, Sachenrecht, §§ 925–984, Anhang zu §§ 929ff.: Sonderformen der Übereignung (Eigentum 2), Neubearbeitung 2011, § 928 Rn. 24., § 928 Rn. 4; Meder/Czelk, Grundwissen Sachenrecht, 2. Auflage 2008, S. 204.

556 Offengelassen von BGH, Urteil vom 07.07.1989 (V ZR 76/88), BGHZ 108, S. 278–284; Artz, in: Erman Bürgerliches Gesetzbuch, 14. Auflage 2014, § 928 Rn. 11; Augustin, in: Reichsgerichtsrätekommentar: Das Bürgerliche Gesetzbuch mit besonderer Berücksichtigung der Rechtsprechung des Reichsgerichts und des Bundesgerichtshofes, Band III, 1. Teil, §§ 854–1011, 12. Auflage 1979, § 928 Rn. 8; Pfeifer, in: Staudingers Kommentar zum Bürgerlichen Gesetzbuch, 3. Buch, Sachenrecht, §§ 925–984, Anhang zu §§ 929ff.: Sonderformen der Übereignung (Eigentum 2), Neubearbeitung 2011, § 928 Rn. 24; Bassenge, in: Palandt, Bürgerliches Gesetzbuch, 75. Auflage 2016, § 928 Rn. 4; a.A. Wilhelm, Sachenrecht, 4. Auflage 2010, Rn. 851, der zwar einräumt, dass das Grundstück »herrenlos« bleibe, aber dahingehend argumentiert, dass mit dieser Rechtslage nach diesem Grundbuchinhalt die gesetzliche Folge des Aneignungsrechts des Fiskus verbunden sei; damit ändere sich eine im Grundbuch »mittelbar verlautbarte Rechtslage«. Zudem gäbe es – nach Wilhelm – keine Alternative, da es beim Verzicht auf das Aneignungsrecht gar keine Person gäbe, die empfangszuständig für die Verzichtserklärung sei. Somit könne nur das Grundbuchamt zuständig sein. Allerdings übersieht Wilhelm, dass das Aneignungsrecht selbst auch nicht eingetragen wird, sodass seine Argumentation auch nicht zwingend ist. Das AG Unna geht in seiner Entscheidung davon aus, dass eine Eintragung nicht möglich ist (AG Unna, Be-

Rechtsklarheit sinnvoll. Darüber hinaus erlischt das Aneignungsrecht, wenn ein Dritter Eigentum am Grundstück erwirbt. Hier sind unterschiedliche Fälle zu berücksichtigen: Zum einen im Rahmen des Aufgebotsverfahrens (§ 927 BGB), zum anderen durch Zuschlag im Rahmen der Zwangsversteigerung an den Höchstbietenden, wenn einer der Realgläubiger in der Phase zwischen dem wirksamen Verzicht und der Aneignung eine Zwangsversteigerung beantragt hat. Dies ist auch der Grund, warum der Fiskus im Fall der Ablösung eines Sicherungsrechts in jener Phase nicht ein beliebiger Dritter ist, sondern ein ablösungsberechtigter Dritter im Sinne des § 268 BGB (vgl. 4. Kapitel II. 1.).

Da es sich bei dem Aneignungsrecht ebenso wie beim Verzichtsrecht nicht um einen Anspruch handelt, sondern um ein Recht, unterliegt es nicht der Verjährung (§ 194 BGB). Vereinzelt wird allerdings vorgeschlagen, dass aus Haftungsgesichtspunkten und zur Vermeidung eines dauerhaften Zustandes der Herrenlosigkeit eine zeitliche Beschränkung von wenigen Jahren für die Ausübung des Aneignungsrechtes gelten solle.[557] Dieser Vorschlag findet im Gesetz keinen Niederschlag und wäre de lege lata wohl als Verwirkung zu konstruieren. Für das temporale Moment mag der Zeitablauf von »wenigen Jahren« ausreichen, an einem modalen Moment dürfte es allerdings fehlen, so dass sich eine entsprechende Einschränkung über eine Verwirkung de lege lata nicht darstellen lassen dürfte.

2. Der Aneignungsberechtigte

Nach § 928 Abs. 2 BGB ist aneignungsberechtigt der Fiskus des Bundesstaates, in dessen Gebiet das Grundstück liegt. Der Zweck, warum zunächst der Fiskus ein Aneignungsrecht hat, dürfte in der Wahrung öffentlicher Interessen liegen. Der Hintergrund allerdings dürfte in der Gebietshoheit des Staates liegen.[558]

Unter »Fiskus« ist der Staat in seiner Rolle als Wirtschaftssubjekt zu verstehen und ist synonym mit dem Begriff der »öffentlichen Hand«. Es handelt sich also gerade nicht um den Staat als Hoheitsträger, insbesondere nicht um die Finanzverwaltung, da diese gerade hoheitliche Aufgaben wahrnimmt. Der Begriff des Bundesstaates bezieht sich noch auf den Art. 1 der Reichsverfassung

schluss vom 17.07.1990 (Bö 0239), Rpfleger 1991, S. 16–17); Demharter sieht ein Eintragungserfordernis in das Grundbuch (Abteilung I, Spalte 4) leider ohne Begründung, vgl. Demharter, Grundbuchordnung: mit dem Text der Grundbuchverfügung und weiterer Vorschriften, 29. Auflage 2014, Anhang zu § 44 Rn. 5.

557 Sliwiok-Born schlägt einen Zeitraum von 5 Jahren vor, vgl. ders., Die Flucht aus dem Privateigentum am Beispiel der Grundstücksdereliktion, NJW 2014, S. 1047–1052 (1051).

558 Pfeifer, in: Staudingers Kommentar zum Bürgerlichen Gesetzbuch, 3. Buch, Sachenrecht, §§ 925–984, Anhang zu §§ 929ff.: Sonderformen der Übereignung (Eigentum 2), Neubearbeitung 2011, § 928 unter 3.

und die dort aufgezählten Einzelstaaten. Unter dem Grundgesetz sind damit die jeweiligen Bundesländer gemeint, in deren Gebiet das aufgegebene Grundstück liegt. Wer im Bundesland den Fiskus für den Fall der Aneignung vertritt, ergibt sich aus der auf öffentlich-rechtlichen Grundlagen beruhenden Behördenorganisation des jeweiligen Landes.[559]

Beschränkungen des Aneignungsrechts und damit eine Beschränkung der Gestaltungsmöglichkeit kommt nur durch eine einstweilige Verfügung im Sinne des § 938 ZPO in Betracht. Ein Übergang der Verfügungsbefugnis über das Aneignungsrecht im Rahmen eines Insolvenzverfahrens ist – solange der Fiskus Inhaber des Aneignungsrechts ist – undenkbar, da dieser nicht insolvenzfähig ist; auch Fälle der Testamentsvollstreckung u. ä. sind ausgeschlossen.

3. Ausübung des Aneignungsrechts

Für den Eigentumserwerb des Fiskus sieht der Wortlaut des § 928 Abs. 2 BGB lediglich die Eintragung desselben im Grundbuch vor. Eine Aneignungserklärung ist nicht – im Gegensatz zum Verzicht (§ 928 Abs. 1 BGB) – ausdrücklich angesprochen, aber der Wortlaut des § 928 Abs. 2 BGB deutet darauf hin, denn dieser lautet: »… sich als Eigentümer in das Grundbuch eintragen lässt …«. Dies ist aber wohl nicht anders zu verstehen als in § 928 Abs. 1 BGB. Mit anderen Worten ist neben der schlichten Eintragung auch eine materiellrechtliche Erklärung erforderlich.[560] Diese Erklärung ist darauf gerichtet, das Eigentum an dem aufgegebenen Grundstück zu erwerben, sie ist damit eine Willenserklärung. Allerdings enthält § 928 Abs. 2 BGB – anders als § 928 Abs. 1 BGB – keine ausdrückliche Regelung, dass diese gegenüber dem Grundbuchamt abzugeben ist. Berücksichtigt man allerdings, dass der Erwerb erst mit der Eintragung im Grundbuch erfolgt, so muss auch die Aneignungserklärung gegenüber dem zuständigen Grundbuchamt erfolgen. Die Aneignung ist damit eine einseitige amtsempfangsbedürftige Willenserklärung.[561] Da die Aneignung das einzige

559 Seit 2010 werden in Niedersachsen die operativen Liegenschaftsaufgaben von der Oberfinanzdirektion Niedersachen (OFD) – dort Referat BL 41 – wahrgenommen, wobei das Aneignungsrecht dem Liegenschaftsfond zusteht. Laut Auskunft der OFD vom 11.10.2013 macht das Land Niedersachen aber von seinem Aneignungsrecht derzeit – aus wirtschaftlichen Gründen – keinen Gebrauch.

560 BGH, Urteil vom 07.07.1989 (V ZR 76/88), BGHZ 108, S. 278–284; Kanzleiter, in: Münchener Kommentar zum Bürgerlichen Gesetzbuch, Band 6, Sachenrecht, §§ 854–1296, 6. Auflage 2013, § 928 Rn. 14; Bassenge, in: Palandt, Bürgerliches Gesetzbuch, 75. Auflage 2016, § 928 Rn. 4.

561 Kanzleiter, in: Münchener Kommentar zum Bürgerlichen Gesetzbuch, Band 6, Sachenrecht, §§ 854–1296, 6. Auflage 2013, § 928 Rn. 14; Bassenge, in: Palandt, Bürgerliches Gesetzbuch, 75. Auflage 2016, § 928 Rn. 4.

Element ist, das allein vom subjektiven Willen des Fiskus abhängt, stellt sie auch ein Rechtsgeschäft dar. Dies zeigt sich auch in der Entstehungsgeschichte des § 928 BGB. Der Gesetzgeber konnte sich nicht entschließen, einen automatischen Eigentumserwerb des Fiskus vorzusehen; vielmehr ging es ihm darum – auf Intervention des preußischen Finanzministers[562] –, den Erwerb vom Willen des Berechtigten abhängig zu machen, und er wollte dies als ein »sachenrechtliches Geschäft« im BGB regeln.[563]

Fraglich ist, ob es sich hierbei auch um eine Verfügung handelt. Grundsätzlich gilt, dass der Erwerb eines Rechts gerade keine Verfügung darstellt.[564] Daraus könnte man ableiten, dass es sich bei der Erklärung nicht um eine Verfügung handeln kann, da durch sie – im Moment der Eintragung im Grundbuch – der Fiskus das Eigentum am aufgegebenen Grundstück erwirbt. Bei genauerer Betrachtung erscheint es jedoch fraglich, ob der Schwerpunkt der Regelung beim Erwerb des Rechts liegt. Hierbei ist zu berücksichtigen, dass der Fiskus bereits kraft Gesetzes das Aneignungsrecht erworben hat. Dieser Erwerb beruht nicht auf dem rechtsgeschäftlichen Willen von Rechtsvorgänger und Rechtsnachfolger, sondern unmittelbar auf dem Gesetz. Der gesetzliche Erwerb dieses Aneignungsrechts ist in keinem Fall eine Verfügung. Aber bei der Aneignung geht es nicht um den Erwerb dieses Rechts, sondern um die Ausübung dieses Rechts. Es wirkt unmittelbar auf dessen Bestand ein, so dass es sich bei der Aneignung im Sinne des § 928 Abs. 2 BGB – genauso wie beim Verzicht – um eine Verfügung handelt, weil sie den Bestand des Aneignungsrechts betrifft. Auch hier – genauso wie beim Verzicht – ist es unerheblich, dass die Rechtsänderung erst im Zusammenwirken mit anderen rechtserheblichen Tatsachen eintritt, auch in diesem Fall wieder durch die Eintragung im Grundbuch. Die Aneignung ist Teil eines gestreckten Tatbestandes. Die Aneignung im Sinne des § 928 Abs. 2 BGB ist das Rechtsgeschäft und die Verfügung, durch die das Eigentum an einem aufgegebenen Grundstück auf den Ausübenden übergeht.

Auf die Aneignung – als einseitiges empfangsbedürftiges Rechtsgeschäft – sind alle Rechtsnormen anwendbar, die für einseitige Rechtgeschäfte gelten. Insbesondere in den Fällen, in denen das Aneignungsrecht vom Fiskus an einen Dritten übertragen worden ist, sind diese Rechtsnormen zu berücksichtigen. Insoweit sind die Vorschriften, die die Geschäftsfähigkeit betreffen – außer den §§ 108–113 BGB – zu berücksichtigen. Ebenso sind die Bestimmungen über Willenserklärungen anwendbar, wobei solche Regeln ausscheiden, die voraus-

562 Mugdan, Die gesammten Materialien zum bürgerlichen Gesetzbuch für das Deutsche Reich, III. Band, Sachenrecht, 1899, S. 620.

563 Mugdan, Die gesammten Materialien zum bürgerlichen Gesetzbuch für das Deutsche Reich, III. Band, Sachenrecht, 1899, S. 619 ff.

564 Ellenberger, in: Palandt, Bürgerliches Gesetzbuch, 75. Auflage 2016, Überbl. vor § 104 Rn. 16.

setzen, dass sie »einem anderen« gegenüber abzugeben sind (§§ 115 Satz 2, 117, 123 Abs. 2 BGB). Eine Aneignungserklärung im Irrtum oder unter widerrechtlicher Drohung ist möglich. Eine entsprechende Anfechtungserklärung ist gegenüber dem Grundbuchamt abzugeben, da niemand aufgrund der Aneignung unmittelbar einen rechtlichen Vorteil erlangt hat (§ 143 Abs. 4 Satz 1 BGB), außer dem Aneignungsberechtigten selbst. Im Übrigen sind die §§ 130, 133, 134 BGB anwendbar. Die Aneignung kann nicht unter einer Bedingung oder Befristung erklärt werden. Die Rechtslage ist ähnlich wie beim Verzicht. Beides, sowohl Verzicht als auch Aneignung, sind einseitige, amtsempfangsbedürftige Willenserklärungen, durch die ein Gestaltungsrecht (Verzichtsrecht, Aneignungsrecht) ausgeübt wird. Aus diesem Grund liegt eine vergleichbare Interessenlage vor. Insbesondere aus dem Gesichtspunkt der Verkehrssicherheit ist daher eine Bedingung und Befristung als unzulässig zu erachten. Die Vorschriften über Vertretung und Vollmacht sind grundsätzlich anwendbar. Hervorzuheben ist auch bei der Aneignung der § 180 Satz 1 BGB, wonach bei derselben, als einem einseitigen Rechtsgeschäft, Vertretung ohne Vertretungsmacht unzulässig ist. Es empfiehlt sich daher einen entsprechenden Nachweis über die Vertretungsmacht zu führen, wobei zur Vermeidung von Schwierigkeiten im Rahmen der Eintragung die Form des § 29 Abs. 3 GBO im Falle des Fiskus eingehalten werden sollte.

Eine Pflicht, das Aneignungsrecht auszuüben, besteht für den Aneignungsberechtigten nicht. Dies ergibt sich aus dem Wortlaut des § 928 Abs. 2 BGB: »Der Fiskus erwirbt das Eigentum dadurch, dass er sich eintragen lässt.« Die Ausübung des Aneignungsrechts ist also in den freien Willen des Aneignungsberechtigten gestellt.[565] Allerdings sind Fälle denkbar, in denen sich der Aneignungsberechtigte verpflichtet, sein Aneignungsrecht auszuüben, beispielsweise aufgrund eines Vertrages zwischen ihm und einem Realgläubiger. Ein solcher Vertrag würde die Form des § 311 b BGB erfordern. Der Wortlaut des § 311 b Abs. 1 BGB erfasst diesen Fall. Im Übrigen liegt der Erwerber auch im Schutzbereich der Norm.

Gemäß § 130 Abs. 1 und 2 BGB wird die Aneignung in dem Zeitpunkt wirksam, in welchem die Aneignungserklärung dem Grundbuchamt zugeht. Nach dem Wortlaut des § 130 BGB ist die erklärte Aneignung unwirksam, wenn vorher oder gleichzeitig ein Widerruf zugeht. Allerdings ist fraglich, ob bei der Aneignung – ähnlich wie beim Verzicht – überhaupt ein Widerruf möglich ist. § 130 BGB sagt zu dieser Frage nichts aus, er enthält lediglich die Regelung über das Wirksamwerden einer Willenserklärung. § 130 BGB handelt aber nicht von der Möglichkeit, eine abgegebene Willenserklärung zu widerrufen. Gegen die

565 Mugdan, Die gesammten Materialien zum bürgerlichen Gesetzbuch für das Deutsche Reich, III. Band, Sachenrecht, 1899, S. 619ff.

Widerrufsmöglichkeit spricht nicht, dass die Aneignungserklärung die rechtliche Grundlage für die Eintragung ist. Eine ausdrückliche Gesetzesbestimmung über den Widerruf liegt für die Aneignung, anders als beim Verzicht, nicht vor. Auch sprechen weder wirtschaftliche noch rechtspolitische Gründe für eine Unwiderruflichkeit. Die Realgläubiger haben unter keiner Rechtsunsicherheit zu leiden, denn bis zur Eintragung des Aneignungsberechtigten können sie ihre Rechte mit Hilfe des Vertreters nach §§ 58, 787 ZPO bzw. § 1141 BGB geltend machen. Damit dürfte ein Widerruf der Aneignungserklärung möglich sein. Ein Widerruf hebt die wirksame Aneignungserklärung ex nunc auf.

Ebenso wie beim Verzicht handelt es sich bei der Aneignung um einen gestreckten Tatbestand. Ab dem Zeitpunkt der wirksamen Aneignungserklärung liegt ein Tatbestandsmerkmal der Aneignung vor. Der Erwerb des Eigentums hängt dann nur noch von der Eintragung im Grundbuch ab. Ab diesem Zeitpunkt hat der Fiskus ein Anwartschaftsrecht auf Erwerb des Eigentums, denn jetzt hängt der Erwerb vom Erwerbsinteresse ab, wie es für ein Anwartschaftsrecht erforderlich ist.

4. Eintragung der Aneignung im Grundbuch

Die Eintragung der Aneignung vollzieht sich nach den Vorschriften der GBO. Gemäß § 38 GBO hat das Grundbuchamt eine Eintragung dann vorzunehmen, wenn es von einer anderen Behörde hierum ersucht wird. Ein solches Ersuchen würde den Antragsgrundsatz nach § 13 GBO durchbrechen.[566] Unter Ersuchen ist der Eintragungsantrag der Behörde zu verstehen, welcher grundsätzlich auch die weiteren Erfordernisse weitgehend ersetzt. Das Ersuchen hat sich auf eine Grundbucheintragung zu richten. Soweit aufgrund der Mitteilung einer Behörde das Grundbuchamt eine Eintragung von Amts wegen vorzunehmen hat, ist § 38 GBO jedoch nicht unmittelbar anwendbar.[567] Vorliegend handelt es sich aber nicht um ein Ersuchen, denn ein Ersuchen ist das von Behörde zu Behörde gerichtete Verlangen um Rechts- oder Amtshilfe. Vorliegend tritt zwar der Fiskus durch die jeweils zuständige Behörde auf, dies geschieht jedoch nicht, um eine öffentlich-rechtliche Aufgabe zu erfüllen. Insofern kommt eine Rechts- oder Amtshilfe gerade nicht in Betracht, denn antragstellende Behörde und Grundbuchamt stehen nicht auf einer Ebene. Das Recht des Fiskus erwächst aufgrund privaten Rechts, das dem Fiskus als öffentlich-rechtlicher Person zuwächst. Diesen privatrechtlichen Charakter verliert das Aneignungsrecht aber

566 Demharter, Grundbuchordnung: mit dem Text der Grundbuchverfügung und weiterer Vorschriften, 29. Auflage 2014, § 38 Rn. 1.

567 Volmer, in: Keller/Munzig, KEHE Grundbuchrecht, 7. Auflage 2015, § 38 Rn. 3.

nicht dadurch, dass es nunmehr einem Hoheitsträger zugeordnet ist. Sein Schicksal bestimmt sich nach zivilrechtlichen Maßstäben und nicht nach öffentlich-rechtlichen. Somit ist ein Ersuchen unzulässig, denn es ist eine privatrechtliche Erklärung des Fiskus gegenüber dem Grundbuchamt erforderlich. Hieraus ergibt sich, dass das Grundbuchamt nur tätig wird, wenn ein Antrag gemäß § 13 Abs. 1 GBO vorliegt. Auch hier ist noch einmal deutlich zu unterstreichen, dass dieser Antrag in der Regel die materiellrechtliche Aneignungserklärung enthält, aber die materiellrechtliche Aneignung und der Antrag nach § 13 GBO grundsätzlich gedanklich voneinander zu trennen sind. Da § 13 Abs. 1 GBO nur Ordnungsvorschrift ist, hätte die Nichteinhaltung dieser Vorschrift keine Auswirkung auf die materielle Rechtslage. Ein Eigentumserwerb wäre beispielsweise gegeben, wenn das Grundbuchamt unter Nichtbeachtung des § 13 Abs. 1 GBO den Aneignungsberechtigten mit dessen Einverständnis bei Vorliegen sämtlicher sonstiger Voraussetzungen als Eigentümer einträgt.

Insbesondere in der älteren Literatur wurde vertreten, dass der Antrag formfrei ist.[568] Nunmehr wird davon ausgegangen, dass § 29 Abs. 3 GBO zu berücksichtigen ist, denn es handele sich um einen gemischten Antrag. Die Überlegung basiert auf dem Argument, das aus §§ 20, 22 Abs. 2 GBO folge, dass eine Eintragung des Eigentümers nur mit seiner Einwilligung erfolgen dürfe.[569] Des Weiteren wird mit dem Verkehrschutz argumentiert, der von den abweichenden Ansichten nicht ausreichend berücksichtigt werde.[570] Diesen Überlegungen kann gefolgt werden. Ebenso ist dann für den Fall, dass das Aneignungsrecht an einen Dritten übertragen worden ist, § 29 Abs. 1 GBO zu berücksichtigen. Der Antrag kann bis zur Eintragung zurückgenommen werden. Rechtswirksam ist eine solche Rücknahme allerdings nur, wenn auch hier die erforderliche Form eingehalten wird (§ 29 i. V. m. § 31 GBO).

Eine Eintragungsbewilligung eines Dritten ist nicht erforderlich, da kein Recht eines anderen betroffen ist. Die Rechtslage ergibt sich aus der Verzichtseintragung des ursprünglichen Eigentümers.[571] Auch ist im Hinblick auf den

568 Franz Triebel/Georg Güthe, Güthes Grundbuchordnung für das Deutsche Reich und die preußischen Ausführungsbestimmungen, 6. Auflage 1936; zum Meinungsstand auch Schleswig-Holsteinisches OLG, Beschluss vom 21.10.1987 (2 W 47/87).

569 Schleswig-Holsteinisches OLG, Beschluss vom 21.10.1987 (2 W 47/87); in der Literatur statt vieler Pfeifer, in: Staudingers Kommentar zum Bürgerlichen Gesetzbuch, 3. Buch, Sachenrecht, §§ 925–984, Anhang zu §§ 929ff.: Sonderformen der Übereignung (Eigentum 2), Neubearbeitung 2011, § 928 Rn. 22, vgl. aber auch Johann Demharter, Grundbuchordnung: mit dem Text der Grundbuchverfügung und weiterer Vorschriften, 29. Auflage 2014, Anhang zu § 44 Rn. 5.

570 Insb. Schleswig-Holsteinisches OLG, Beschluss vom 21.10.1987 (2 W 47/87).

571 A.A. Schulze, Die Aufgabe des Grundeigentums (§ 928 BGB): Mit besonderer Rücksicht auf Preußen, 1909, S. 209ff., der hier die Vermögensmasse als betroffen ansieht und eine Eintragungsbewilligung des Verwalters fordert.

Fiskus eine Unbedenklichkeitsbescheinigung des Finanzamtes nicht erforderlich,[572] sollte dagegen das Aneignungsrecht auf einen Dritten übertragen worden sein, so muss eine solche vorliegen.[573] Die Buchung erfolgt nach der Grundbuchordnung. Der Fiskus wird in Abteilung I als Eigentümer eingetragen. Der Fiskus hat einen Anspruch auf Eintragung. Für den Fall einer klageweisen Geltendmachung dieses Anspruchs würde der Staat auf beiden Seiten auftreten. Allerdings handelt es sich nicht um einen In-sich-Prozess, denn auf der einen Seite steht der Fiskus – also der Staat privatrechtlich agierend – und auf der anderen Seite die Verwaltung – also hoheitlich handelnd. Für eine etwaige Auseinandersetzung ist daher der Zivilrechtsweg maßgeblich.

II. Rechtsfolgen der Aneignung

Liegen die beiden Tatbestandsmerkmale – also die Eintragung des Fiskus als neuer Eigentümer und seine Aneignungserklärung – vor, so können die Rechtsfolgen der Aneignung eintreten. Es ist dabei unerheblich, in welcher Reihenfolge die Tatbestandsmerkmale erfüllt sind, also ob zuerst die Aneignungserklärung abgegeben wird und dann die Eintragung erfolgt oder umgekehrt.[574] Maßgeblich ist allein, dass beide Tatbestandsmerkmale gegeben sein müssen.

1. Wirkung bei fehlerbehafteten Grundlagen

Nur wenn die gesetzlichen Grundlagen mangelfrei sind, kann die Eintragung der Aneignung ihre volle Wirkung entfalten. Das Aneignungsrecht entsteht kraft Gesetzes mit der Eintragung des Verzichts. Ist das Grundbuch nun aus irgendeinem Grunde durch den Verzichtseintrag unrichtig geworden, so hat der wahre Eigentümer den Berichtigungsanspruch aus § 894 BGB. Dieser Anspruch steht dem wahren Eigentümer auch nach der Eintragung des Fiskus zu. Dieser erwirbt

572 Wohl aber bei Übertragung des Aneignungsrechtes auf einen Dritten, hierzu Pfeifer, in: Staudingers Kommentar zum Bürgerlichen Gesetzbuch, 3. Buch, Sachenrecht, §§ 925–984, Anhang zu §§ 929ff.: Sonderformen der Übereignung (Eigentum 2), Neubearbeitung 2011, § 928 Rn. 29 m.w.N.

573 Pfeifer, in: Staudingers Kommentar zum Bürgerlichen Gesetzbuch, 3. Buch, Sachenrecht, §§ 925–984, Anhang zu §§ 929ff.: Sonderformen der Übereignung (Eigentum 2), Neubearbeitung 2011, § 928 Rn. 22.

574 Pfeifer, in: Staudingers Kommentar zum Bürgerlichen Gesetzbuch, 3. Buch, Sachenrecht, §§ 925–984, Anhang zu §§ 929ff.: Sonderformen der Übereignung (Eigentum 2), Neubearbeitung 2011, § 928 Rn. 21.

das Recht kraft Gesetzes, so dass § 892 BGB nicht anwendbar ist.[575] § 892 BGB setzt nämlich rechtsgeschäftlichen Erwerb in Form eines Verkehrsgeschäfts voraus.

Der ursprüngliche Eigentümer kann die Zustimmung zu der Berichtigung des Grundbuchs von dem eingetragenen neuen Eigentümer (dem früheren Aneignungsberechtigten) als demjenigen, dessen Recht durch die Berichtigung betroffen wird, verlangen. Dringt der Eigentümer mit seinem Berichtigungsanspruch durch, so erweist sich die Verzichtseintragung als unrichtig und damit das Aneignungsrecht als nicht entstanden. Die Eintragung des Aneignungsberechtigten hat keine materiellrechtliche Grundlage mehr und muss dem wahren Eigentum weichen.

Ein Eigentumserwerb tritt ferner nicht ein, wenn die Eintragung aufgrund einer nichtigen oder wirksam angefochtenen Aneignungserklärung – oder ohne dass eine solche überhaupt abgegeben wurde – erfolgt ist. Die Eintragung bringt zwar den buchmäßigen Schein des Eigentumserwerbes hervor, vermag aber nicht, die dingliche Rechtslage zu ändern. Das Grundbuch ist unrichtig. Für den Aneignungsberechtigten wird dann regelmäßig nur der Weg des § 22 GBO gegeben sein.[576]

Liegen Mängel in der Eintragung selbst, so tritt unter Umständen die Wirkung der Aneignung ebenfalls nicht ein. Ist die Eintragung entweder unzulässig oder leidet sie an einem wesentlichen Formmangel, so zeitigt sie keine Wirkung. Ist die Eintragung offenbar unvollständig, kann sie von Amts wegen ergänzt werden.

Hat das Grundbuchamt unter Verletzung gesetzlicher Vorschriften eine Eintragung vorgenommen, durch die das Grundbuch unrichtig geworden ist, so ist von Amts wegen ein Widerspruch einzutragen (§ 54 Abs. 1 GBO). Erweist sich eine Eintragung nach ihrem Inhalt als unzulässig, ist sie von Amts wegen zu löschen (§ 54 Abs. 1 Satz 2 GBO).

Aber nicht nur im Offizialwege kann eine derartige Eintragung beseitigt werden, sondern auch der durch den Bucheintrag Betroffene kann von demjenigen, dem der Eintrag einen Vorteil bringt, seine Zustimmung zur Entfernung verlangen.

575 OLG Zweibrücken, Beschluss vom 30.12.1980 (3 W 161/80) in: OLGZ 81, S. 139–145; Bassenge, in: Palandt, Bürgerliches Gesetzbuch, 75. Auflage 2016, § 928 Rn. 4.

576 Der Nachweis mittels öffentlicher Urkunden im Sinne des § 29 Abs. 2 GBO dürfte allerdings problematisch sein.

2. Wirkung bei mängelfreien Grundlagen

Ist der Tatbestand des § 928 BGB erfüllt, Aneignung und Eintragung sind wirksam erfolgt, so bewirken beide Teiltatbestände in ihrer Verbindung, dass das Eigentum an dem aufgegebenen Grundstück erworben wird. Beide Teiltatbestände sind einander in Bezug auf die Herbeiführung der Gestaltung völlig gleichwertig. Die Wirkung dieses Gestaltungsaktes ist eine Veränderung der dinglichen Rechtslage. Mit dem Moment der Eintragung, also ex nunc, wird der Ausübende Eigentümer. Ihm stehen sämtliche Erzeugnisse und Früchte und die auch sonst dem Eigentümer zufallenden Surrogate zu.[577] An dieser Stelle ist allerdings zu differenzieren: Nimmt man nämlich an, dass das Eigentum durch den Verzicht des ursprünglichen Eigentümers erlischt, entsteht es an dieser Stelle neu. Folgt man hingegen der hier vertretenen Auffassung, dass das Eigentum subjektlos fortbestanden hat, dann wird dieses subjektlose subjektive Eigentum nunmehr wieder einem Subjekt zugeordnet. Das bisher subjektlose Eigentum erhält wieder einen Rechtsträger; insbesondere findet das Grundeigentum in dem Aneignungsberechtigten einen neuen Eigentümer. Es handelt sich aber nicht um einen derivativen Erwerb, auch nicht um einen Rechtsübergang oder eine Rechtsnachfolge, sondern um einen originären Erwerb, da der Erwerb des Eigentums nicht auf dem rechtsgeschäftlichen Willen von Rechtsvorgänger und Rechtsnachfolger beruht.[578] Allerdings behält das Recht seine Identität bei,[579] es entsteht nicht neu. Diese Überlegung spricht deutlich für die Annahme von subjektlosem subjektivem Eigentum am aufgegebenen Grundstück, denn die Rechtslage, die sich jetzt abbildet, ist leichter zu erklären. Würde man ein Erlöschen des Eigentums annehmen, würde sich nicht ohne Weiteres erklären, warum § 96 BGB zur Anwendung kommen würde (vgl. S. 114ff.). Die Anwendbarkeit des § 566 BGB findet so eine leichtere Begründung, weil das Eigentum fortbestand.[580] Der originäre Eigentumserwerb des

577 Pfeifer, in: Staudingers Kommentar zum Bürgerlichen Gesetzbuch, 3. Buch, Sachenrecht, §§ 925–984, Anhang zu §§ 929ff.: Sonderformen der Übereignung (Eigentum 2), Neubearbeitung 2011, § 928 Rn. 20.

578 BGH, Beschluss vom 10.05.2007 (V ZB 6/07), NJW 2007, S. 2254–2256 (Rn. 13); Jürgen Baur/Rolf Stürner, Sachenrecht, 18. Auflage 2009, § 53 Rn. 1.

579 Zu dieser Figur Süß, Durchgangs-Herrenlosigkeit, AcP 151, 1950/1951, S. 1–32 (S. 10); vgl. auch Hohner, Subjektlose Rechte unter besonderer Berücksichtigung der Blankozession, 1969, S. 100 (insb. Fn. 77).

580 so auch Hohner, Subjektlose Rechte unter besonderer Berücksichtigung der Blankozession, 1969, S. 107, der hier noch den Fall differenziert, dass das Grundstück nicht vom ursprünglichen Eigentümer/Vermieter derelinquiert wird, sondern von einem Erwerber, der zwischenzeitlich eingetreten ist. Hohner kommt hier zu dem Ergebnis, dass eine Hinterlegung angebracht ist. Im Hinblick darauf, dass zwischen den Erwerber und Mieter kraft Gesetzes ein neues Mietverhältnis entsteht (vgl. Weidenkaff, in: Palandt, Bürgerliches Gesetzbuch, 75. Auflage 2016, § 566 Rn. 15) und ein schuldrechtlicher Vertrag durch die

Fiskus, genauer der originäre Erwerb des Aneignungsrechts, bezog sich auf das ursprüngliche Eigentum. Aus diesem Grund liegt es auf der Hand, die Anwendbarkeit des § 566 BGB zu bejahen, denn wenn bereits für die Fälle einer entgeltlichen Übertragung des Eigentums die Fortgeltung von Mietverträgen gemäß § 566 BGB postuliert wird, dann muss dies erst recht für den Fall gelten, in dem der neue Eigentümer keine Gegenleistung erbringt, denn er ist weniger schutzwürdig.

Insbesondere lässt sich über die Figur des subjektlosen Eigentums und die mit ihr verbundene Folge der Rechtsidentität die Wirkung einer Vormerkung nach Aneignung erklären. Die herrschende Meinung nimmt ihre Fortwirkung an.[581] Allein aus der dinglichen Wirkung der Vormerkung zu schließen, dass dem so sein müsse, würde verkennen, dass die Vormerkung einen schuldrechtlichen Anspruch auf Übertragung des Eigentums sichert. Geht man davon aus, dass der ursprüngliche Eigentümer gerade diese Verpflichtung eingegangen ist, so ist der ursprüngliche Eigentümer verpflichtet, aufzulassen. Die Vormerkung sichert diesen Auflassungsanspruch. Das Eigentum ist nicht mehr »frei«, sondern es ist damit »belastet«. Eine Fortwirkung der Auflassung unter der Prämisse, dass das Eigentum zwischenzeitlich erloschen ist, erschwert hier die Begründung.

Eignet sich der Fiskus das Grundstück zu einem Zeitpunkt an, zu dem bereits ein Prozess gegen den Vertreter aus §§ 58, 787 ZPO geführt wird, so stellt sich die Frage nach dem Fortgang des Verfahrens. Partei im Prozess war bis zur Eintragung des neuen Eigentümers der Vertreter aus §§ 58, 787 ZPO. Mit der Eintragung des Aneignungsberechtigten endet die »Vertreterstellung«, so dass die bisherige Partei des Prozesses wegfällt. Im Rahmen der Auslegung des Begriffs »Vertreter« wurde aufgezeigt, dass die Annahme, dass dieser Vertreter den zukünftigen Eigentümer vertritt, auf erhebliche Bedenken stößt. Allerdings erklärt diese Ansicht, warum der neue Eigentümer Partei des Rechtsstreits bleibt, denn der Vertreter nach §§ 58, 787 ZPO hatte ihn bereits vertreten. Aber auch die Annahmen, der Vertreter sei gemäß §§ 58, 787 ZPO als Partei kraft Amtes bzw. Organ aufzufassen, erklären diesen Umstand, allerdings ohne die oben aufgezeigten Widersprüche.[582] Hinzu tritt, dass durch die Annahme des Fortbestandes des Eigentums in der Phase zwischen Verzicht und Aneignung diese Ansichten (Partei kraft Amtes oder Organ) dogmatisch unterlegt sind. Auch lässt

---

Aufgabe des Eigentums am Grundstück nicht beendet wird, dürfte diese Differenzierung nicht mehr geboten sein.

581 RG, Urteil vom 18.03.1913 (VII 554/12), RGZ 82, S. 73–77 (74); statt vieler Grün, in: Bamberger/Roth, Kommentar zum Bürgerlichen Gesetzbuch, Band 2, §§ 611–1296 AGG ErbbauRG WEG, 3. Auflage 2012, § 928 Rn. 7.

582 Vgl. zu den Folgen der Beendigung einer Parteistellung kraft Amtes: Reinhard Greger, in: Richard Zöller, Zivilprozessordnung – mit Gerichtsverfassungsgesetz, und den Einführungsgesetzen, mit Internationalem Zivilprozessrecht, EG-Verordnungen, Kostenanmerkungen – Kommentar, 31. Auflage 2016, § 239 Rn. 7.

sich die Wirkung von ergangenen Entscheidungen leichter begründen, weil der Aneignungsberechtigte nach seiner Eintragung – also als neuer Eigentümer – Rechtsnachfolger des subjektlosen Eigentums anzusehen ist. Titel sind demnach umzuschreiben (z.B. § 727 ZPO).

Im Übrigen wird von der herrschenden Meinung eine Anwendbarkeit der §§ 987 ff. BGB auf die Zwischenphase abgelehnt.[583] Die erforderlichen strukturellen Voraussetzungen seien nicht gegeben.[584] Eine entsprechende Anwendung sei »wertungsmäßig« nicht veranlasst.[585] So wird aufgeführt, dass in der Phase zwischen Dereliktion und Okkupation kein Eigentum besteht. Insofern könne schon sachlich kein Eigentümer-Besitzer-Verhältnis entstehen. Einer entsprechenden Anwendung des Eigentümer-Besitzer-Verhältnisses wird entgegengehalten, dass der Besitzer aus den schuldrechtlichen Verträgen Dritten gegenüber verpflichtet sei. Daraus folge, dass ihm auch die Gegenleistungen zustehen würden. Im Übrigen müsse er für die Dauer seines Besitzes auch die Lasten gemäß § 103 BGB tragen.[586] Diese Argumentation – dass die §§ 987 ff. BGB in dieser Phase nicht anwendbar seien – ist im Ergebnis richtig, aber es lässt sich deutlich leichter aus dem Wesen des Eigentümer-Besitzer-Verhältnisses erklären. Das Eigentümer-Besitzer-Verhältnis flankiert den Herausgabeanspruch des Eigentümers aus § 985 BGB.[587] Er spiegelt die Wertungen des § 903 BGB wider. Während der Phase zwischen Aufgabe des Eigentums und Aneignung durch den Fiskus gibt es aber gerade – trotz Fortbestand des subjektlosen Eigentums – keinen Eigentümer, der eine Herausgabe verlangen könnte, so dass es für die Geltendmachung von Ansprüchen an einem Aktivlegitimierten fehlt. Hinzu tritt aber auch der Umstand, dass gegen eine Anwendbarkeit das Wesen des Eigentümer-Besitzer-Verhältnisses spricht. Die §§ 987 ff. BGB sichern Gegenansprüche des Besitzers,[588] sie sollen den redlichen (und unverklagten) Besitzer vor Delikts- und Bereicherungsansprüchen schützen.[589] Aber diesen redlichen Besitzer gibt es in keinem Fall. Der ursprüngliche Eigentümer weiß, dass er kein Recht mehr zum Besitz hat, und ein etwaiger Mieter des Grundstücks oder anderer unmittelbarer Besitzer ist bösgläubig, weil die Kenntnis des Besitzers vom fehlenden Besitzrecht angenommen wird, wenn der Besitzrechtsmangel im

583 Schleswig-Holsteinisches OLG, Urteil vom 25.08.1993 (4 U 157/92), NJW 1994, S. 949; Bassenge, in: Palandt, Bürgerliches Gesetzbuch, 75. Auflage 2016, § 928 Rn. 4; a.A.: Kanzleiter, in: Münchener Kommentar zum Bürgerlichen Gesetzbuch, Band 6, Sachenrecht, §§ 854–1296, 6. Auflage 2013, § 928 Rn. 13.

584 Schleswig-Holsteinisches OLG, Urteil vom 25.08.1993 (4 U 157/92), NJW 1994, S. 949.

585 Schleswig-Holsteinisches OLG, Urteil vom 25.08.1993 (4 U 157/92), NJW 1994, S. 949.

586 Schleswig-Holsteinisches OLG, Urteil vom 25.08.1993 (4 U 157/92), NJW 1994, S. 949.

587 Meder/Czelk, Grundwissen Sachenrecht, 2. Auflage 2008, S. 95.

588 Meder/Czelk, Grundwissen Sachenrecht, 2. Auflage 2008, S. 95.

589 Meder/Czelk, Grundwissen Sachenrecht, 2. Auflage 2008, S. 106.

Grundbuch erkennbar ist.[590] Und der Mangel am Besitzrecht folgt daraus, dass durch den im Grundbuch eingetragenen Verzicht der Eigentümer erkennbar kein Recht mehr zum Besitz hat. Wenn dem aber so ist, dass es keinen Schutzwürdigen gibt, spricht nichts für eine analoge Anwendung des § 987ff. BGB.

Die herrschende Meinung nimmt an, dass dem Aneignungsberechtigen nach erklärter Aneignung Schadensersatzansprüche aus § 823 BGB zustehen, die während der Phase zwischen Dereliktion und Okkupation entstanden sind.[591] Dies umfasst allerdings nur Substanzverletzungen.[592] Begründet wird dies damit, dass es sich beim Aneignungsrecht um ein dingliches Recht handelt, das unter § 823 Abs. 1 BGB fällt. Als verletztes absolutes Recht im Sinne des § 823 BGB dürfte allerdings gerade nicht das Aneignungsrecht in Betracht kommen, denn dieses ist in seiner Substanz nicht verletzt. Der Staat kann auch weiterhin vollumfänglich von seinem Aneignungsrecht Gebrauch machen. Hier lässt sich eine konsistentere Begründung darstellen, wenn man subjektloses Eigentum annimmt und dies als verletztes Recht im Sinne des § 823 BGB ansieht.

In dem bedeutenden Fall, dass das Grundstück allerdings verpachtet ist, lehnt die herrschende Meinung einen Schadensersatzanspruch ab, der auf die Herausgabe des Pachtzinses gerichtet ist. Begründet wird dies damit, dass zwar Erzeugnisse und sonstige Bestandteile des Grundstücks, die an sich nach § 953 BGB in das Eigentum des Grundstückseigentümers gefallen wären, zu einem Anspruch aus § 823 BGB gehören,[593] aber bei einem Pachtzins sei der objektive Tatbestand nicht erfüllt.[594] Es handele sich bei dem vereinnahmten Pachtzins weder um Erzeugnisse (§ 99 Abs. 1 BGB) noch um sonstige Bestandteile des Grundstücks im Sinne der §§ 953ff. BGB, sondern um (nicht substanzimmanente) mittelbare Sachfrüchte (§ 99 Abs. 3 BGB). Anderweitige Ansprüche – insbesondere diejenigen aus § 812 Abs. 1 Satz 1, 2. Alt. BGB – werden abgelehnt mit der Begründung, dass zwar bei der Vermietung oder Verpachtung fremder Sachen grundsätzlich ein solcher Anspruch möglich sei,[595] aber das Aneignungsrecht an einem herrenlosen Grundstück weise dem Inhaber güterrechtlich nur den Zugriff auf die Sachsubstanz selbst oder ggf. deren Surrogate (Enteignungsentschädigung, Zwangsversteigerungserlös) zu, nicht aber auch auf vor der Aneignung gezogene Nutzungen, soweit es sich dabei um (bloße)

590 BGH, Urteil vom 19.05.2000 (V ZR 453/99), BGHZ 144, S. 323–330.

591 Bassenge, in: Palandt, Bürgerliches Gesetzbuch, 75. Auflage 2016, § 928 Rn. 4.

592 Schleswig-Holsteinisches OLG, Urteil vom 25.08.1993 (4 U 157/92), NJW 1994, S. 949.

593 Kanzleiter, in: Münchener Kommentar zum Bürgerlichen Gesetzbuch, Band 6, Sachenrecht, §§ 854–1296, 6. Auflage 2013, § 928 Rn. 13.

594 Schleswig-Holsteinisches OLG, Urteil vom 25.08.1993 (4 U 157/92), NJW 1994, S. 949.

595 Schleswig-Holsteinisches OLG, Urteil vom 25.08.1993 (4 U 157/92), NJW 1994, S. 949. Ablehnend aber damals schon Heinz Thomas, in Otto Palandt, Bürgerliches Gesetzbuch, 52. Auflage 1993, § 816 Rn. 7 und jetzt bspw. Sprau, in: Palandt, Bürgerliches Gesetzbuch, 75. Auflage 2016, § 816 Rn. 4 m.w.N.

Gebrauchsvorteile oder – wie hier – um mittelbare Sachfrüchte handeln würde. In dieser Hinsicht fehle es für den Inhaber des (bloßen) Aneignungsrechts an dem erforderlichen Zuweisungsgehalt und einem ihm entsprechenden Verbotsanspruch, so dass es – vor Ausübung des Rechts – auch noch nicht in seiner Macht steht, die Nutzung des Rechtsguts einem sonst ausgeschlossenen Dritten zur wirtschaftlichen Verwertung zu überlassen.[596] Diese Begründung überzeugt grundsätzlich. Man darf hierbei aber nicht unberücksichtigt lassen, dass die Entscheidung für ein herrenloses Grundstück und nicht für ein aufgegebenes Grundstück ergangen ist. Für letzteres wäre – nimmt man subjektloses subjektives Eigentum in der Phase zwischen Verzicht und Aneignung an – ein solcher Fall wohl dann anders zu beurteilen, wenn man neben der Rechtsidentität entgegen der hier vertretenen Auffassung auch noch ein Rechtsübergang bzw. eine Rechtsnachfolge angenommen würde.

III. Konkurrenzen: Das Verhältnis von § 928 BGB und § 875 BGB

§ 875 Abs. 1 BGB schreibt allgemein vor, dass zur Aufhebung eines Rechts an einem Grundstück, soweit nicht das Gesetz ein anderes bestimmt, die Erklärung des Berechtigten, dass er das Recht aufgebe, sowie die Löschung des Rechts im Grundbuch erforderlich sind. Gemäß § 875 Abs. 1 Satz 2 BGB ist die Erklärung entweder dem Grundbuchamt oder demjenigen gegenüber abzugeben, zu dessen Gunsten sie erfolgt. Dabei umfasst der Begriff »Recht an einem Grundstücke« die grundstücksgleichen Rechte, die auch als Grundstücksbelastungen bezeichnet werden, z. B. Erbbaurecht im Gegensatz zum Bergwerkseigentum und die beschränkten Grundstücksrechte.[597]

Für das Eigentum sind indessen in § 928 Abs. 1 BGB in zweifacher Hinsicht Sonderbestimmungen getroffen: Einmal erfolgt nicht die Löschung des Rechts, sondern die Eintragung des Verzichts im Grundbuch. Darüber hinaus fehlt es bei der Aufgabe des Eigentums an dem Begünstigten im Sinne des § 875 Abs. 1 BGB, da es begrifflich keine Dereliktion zugunsten eines anderen gibt; besteht doch deren Wesen gerade in dem einseitigen Verzicht ohne Übertragung auf einen anderen. Deutlich wird dies darin, dass die Grundstücksaufgabe keine Übertragungsofferte darstellt. Eine Übertragungsofferte würde nämlich voraussetzen, dass der Eigentümer einer Sache sein Eigentum »aufgibt«, um den Erwerb

596 Vgl. BGH, Urteil vom 09.03.1989 (I ZR 189/86), BGHZ 107, S. 117–122 (120f.); Schleswig-Holsteinisches OLG, Urteil vom 25.08.1993 (4 U 157/92), NJW 1994, S. 949.

597 Bassenge, in: Palandt, Bürgerliches Gesetzbuch, 75. Auflage 2016, § 875 Rn. 2 i. V. m. Überbl. vor § 873 Rn. 2 f.

durch einen anderen zu ermöglichen.[598] Das Schicksal eines derelinquierten Grundstücks ist dagegen ein anderes. Der Eigentümer trennt sich vom Eigentum. Für ihn bedeutet dies, dass er das derelinquierte Grundstück seinem Schicksal überlässt. Aus eben diesem Grunde, dass es nämlich keinen »anderen Teil« der Aufgabe gibt, sondern es nur auf den Eigentümer ankommt, ist die Erklärung des Eigentumsverzichts nur dem Grundbuchamt gegenüber abzugeben.

Aus diesen Unterschieden zu § 875 BGB lässt sich entnehmen, dass § 875 BGB die allgemeine und § 928 BGB die speziellere Vorschrift ist.[599] Soweit aber die speziellere Vorschrift Sonderregeln erhält (also § 928 BGB insbesondere in Bezug auf § 875 Abs. 1 BGB), geht sie der allgemeineren vor. Sie verdrängt sie »nur« insoweit, als sie speziellere Regelungen enthält und gilt in diesem Bereich als »lex specialis«. Im Übrigen verbleibt es bei den Regelungen der »lex generalis« (lex specialis derogat legi generali).[600]

IV. Bezug zu anderen Rechtsgebieten

1. Handelsrecht und Steuerrecht

Handelsrechtliche Berührungspunkte kommen dann in Betracht, wenn es sich bei dem Grundstück um Unternehmensvermögen handelt. Für ein Grundstück vor Eigentumsaufgabe gilt, dass dieses regelmäßig gemäß § 266 Abs. 2 HGB im Anlagevermögen unter Sachanlagen zu bilanzieren ist. Des Weiteren ist zu berücksichtigen, dass ein aufstehendes Gebäude als eigenständiger Vermögensgegenstand betrachtet wird. Für den Fall der Aufgabe des Eigentums am Grundstück, ist fraglich, ob es auch handelsrechtlich zum Vermögensabgang aus dem Unternehmensvermögen kommt. Insoweit ist zu berücksichtigen, dass bilanziell das wirtschaftliche Eigentum maßgeblich ist. Wirtschaftliches Eigentum liegt vor, wenn die tatsächliche Herrschaft über ein Wirtschaftsgut in der Weise ausgeübt wird, dass der rechtliche Eigentümer im Regelfall für die gewöhnliche Nutzungsdauer von der Einwirkung auf das Wirtschaftsgut wirtschaftlich ausgeschlossen ist.[601] Rechtlich gibt es keinen Eigentümer, aber der Aneignungsberechtigte kann durch seine Aneignung die Herrschaft über das

598 Pfeifer, in: Staudingers Kommentar zum Bürgerlichen Gesetzbuch, 3. Buch, Sachenrecht, §§ 925–984, Anhang zu §§ 929ff.: Sonderformen der Übereignung (Eigentum 2), Neubearbeitung 2011, § 928 Rn. 10: »das für den dinglichen Vertrag charakteristische Erwerbsgeschäft auf der anderen Seite fehlt.«.

599 Statt vieler Bassenge, in: Palandt, Bürgerliches Gesetzbuch, 75. Auflage 2016, § 875 Rn. 2.

600 Schmalz, Methodenlehre, 4. Auflage 1998, Rn. 78.

601 Vgl. § 39 AO.

Wirtschaftsgut jederzeit und unabhängig vom Willen des ursprünglichen Eigentümers an sich bringen. Damit ist aber auch kein Ausschluss über die gewöhnliche Nutzungsdauer möglich, so dass auch mit der Aufgabe des Eigentums das wirtschaftliche Eigentum endet. Hieraus ergibt sich, dass es sich bei der Aufgabe auch zugleich um einen Vermögensabgang des Grundstücks nebst aufstehendem Gebäude handelt.

Steuerrechtliche Bezugspunkte ergeben sich im Hinblick auf die Grundsteuer und die Grunderwerbsteuer. Schuldner der Grundsteuer ist der Eigentümer des Grundstücks (§ 10 Abs. 1 Grundsteuergesetz). Mit der Aufgabe des Eigentums am Grundstück erfüllt der ursprüngliche Eigentümer daher nicht mehr die Tatbestandsvoraussetzungen, das Grundstück ist ihm ab dem 1. Januar des Kalenderjahres, das auf den Verzicht folgt, nicht mehr zuzurechnen, seine Steuerpflicht endet.[602] Erst nach der Aneignung durch den Fiskus oder durch einen Dritten, dem das Aneignungsrecht übertragen wurde, ist wieder ein Grundsteuerschuldner vorhanden, wobei der Fiskus gemäß § 3 GrStG regelmäßig von der Grundsteuer befreit ist. Weder der Erwerb des Aneignungsrechts noch dessen Ausübung unterliegen der Grunderwerbssteuer.[603]

Einkommenssteuerrechtliche bzw. körperschaftssteuerrechtliche Bezüge können sich dann ergeben, wenn das Grundstück Teil eines Betriebsvermögens ist. Für die Aufgabe des Eigentums am Wirtschaftsgut und die Überlegungen, ob dann auch das wirtschaftliche Eigentum endet, gelten dieselben Ausführungen wie zu den Vermögensgegenständen im Handelsrecht.

2. Verwaltungsrecht

Im Rahmen der Argumentation, ob § 138 BGB auf den Verzicht Anwendung findet, wenn der Eigentümer auf sein Eigentum verzichtet, um sich öffentlichrechtlicher Pflichten zu entziehen, wurde aufgezeigt, dass in 13 Bundesländern in den entsprechenden Gefahrenabwehrgesetzen Regeln zu einem entsprechenden Zustandsstörer enthalten sind. In diesen Bundesländern bleibt grundsätzlich der Eigentümer, auch wenn er das Eigentum aufgegeben hat,

602 Vgl. hierzu ausführlich: Oberfinanzdirektion Magdeburg, 19.02.2003, S. 3106-14-St 275 V, FMNR136810003 mit dem Hinweis, dass die Zurechnungsfortschreibung und eine Neuveranlagung des Grundsteuermessebetrages auf »Ohne Eigentümer (Eigentumsverzicht nach § 928 BGB)« vorzunehmen ist. Die entsprechenden Bescheide sind dem bisherigen Eigentümer bekannt zu geben, ebenso ist den zuständigen Gemeinden die Gemeindeausfertigung der Grundsteuermessbetragsveranlagung zu übersenden.

603 BFH, Urteil vom 01.04.1981 (II R 87/78), BFHE 133, S. 97; a. A.: RFH, Urteil vom 27.11.1928 (II A 521/28), RFHE 24, S. 234–236; Stürner, in: Soergel, Bürgerliches Gesetzbuch, Band 14, Sachenrecht 1, §§ 854–984, 13. Auflage 2002, § 928 Rn. 4.

polizeirechtlich verantwortlich.[604] Die Rechtsprechung zeigt hier allerdings zwischenzeitlich Grenzen der rechtlichen Inanspruchnahme auf.[605] Darüber hinaus ist zu berücksichtigen, dass mit der Aufgabe des Eigentums auch eine etwaige mit dem Grundeigentum verbundene Mitgliedschaft in einem Wasserverband endet. Etwaige Straßenbaubeiträge, die in der Phase zwischen Verzicht und Aneignung bestehen, begründen keine Leistungspflicht des Aneignungsberechtigten.[606]

3. Insolvenzrecht

Im Rahmen von Insolvenzverfahren, insbesondere im Bereich von Unternehmensinsolvenzen aus dem Industriebereich, kommt es zur Problematik »Deponiegrundstücke«. Insoweit erfasst diese Grundstücke zunächst der Insolvenzbeschlag. Der Insolvenzverwalter wird hier zunächst ermitteln, inwieweit eine solche Deponie oder ein entsprechendes Grundstück wirtschaftlich »wertvoll« ist, d. h. den Verkehrswert feststellen. Im Hinblick auf eine Deponie eignet sich hierfür insbesondere der bereits vorgenommene Verfüllungsgrad, der sich in der Regel aus der Bilanz ermitteln lässt. Für den Fall, dass der Insolvenzverwalter zu dem Ergebnis kommt, dass die Deponie bereits erheblich verfüllt ist oder ggf. die Gefahrenklassen nicht eingehalten worden sind, wird er gleichwohl keine Aufgabe des Eigentums vornehmen. Hier läuft er Gefahr, dass eine solche Erklärung möglicherweise gemäß § 138 BGB unwirksam ist. Er wird das Grundstück mit einer schlichten – formfreien – Erklärung aus dem Insolvenzbeschlag freigeben,[607] mit der Folge, dass der Insolvenzvermerk im Grundbuch zu löschen ist. Für den Fall, dass der Insolvenzverwalter eine solche

604 In den Sicherheitsgesetzen folgender Bundesländer findet sich eine entsprechende Regelung: Freistaat Bayern (Art. 8 Abs. 3 BayPAG); Land Berlin (§ 14 Abs. 4 ASOG Bln); Land Brandenburg (§ 6 Abs. 3 BbgPolG); Freie Hansestadt Bremen (§ 6 Abs. 6 BremPolG); Freie und Hansestadt Hamburg (§ 9 Abs. 1 S. 2 HamSOG); Land Hessen (§ 7 Abs. 3 HSOG); Land Mecklenburg-Vorpommern (§ 70 Abs. 3 SOG M–V); Land Niedersachsen (§ 7 Abs. 3 Nds. SOG); Land Nordrhein-Westfalen (§ 5 Abs. 3 NRWPolG); Land Rheinland-Pfalz (§ 5 Abs. 3 RhPfPOG); Saarland (§ 5 Abs. 3 SPolG); Land Sachsen-Anhalt (§ 8 Abs. 3 SOG LSA); Freistaat Thüringen (§ 8 Abs. 3 TH-PAG), auf Bundesebene ist § 4 Bundesbodenschutzgesetz zu berücksichtigen; in folgenden Bundesländern findet sich keine Regelung: Baden-Württemberg (§ 7 PolG BW); Freistaat Sachsen (§ 5 SächsPolG); Land Schleswig-Holstein (§ 232 LVwG).

605 z.B.: OVG Münster, Beschluss vom 03.03.2010 (5 B 66/10), NJW 2010, S. 1988–1989.

606 VG Weimar, Beschluss vom 08.06.2012 (3 E 441/12 We); Benning, in: Herberger/Martinek/Rüßmann/Weth, JurisPK-BGB, 7. Auflage 2014, § 928 BGB Rn. 21.

607 Vgl. Gerhard Pape, Die Immobilie in der Krise, AnwBl 2008, S. 494–500 (498); wobei von Teilen der Literatur vertreten wird, dass eine Freigabe bei juristischen Personen nicht zulässig ist.

Prüfung nicht vornimmt und im Rahmen einer Fortführung die Deponie weiter verfüllt, ist er verwaltungsrechtlich Handlungsstörer.[608] Sollte der Insolvenzverwalter eine Prüfung nicht vornehmen oder eine Aufgabe des Eigentums nach § 928 Abs. 2 BGB vornehmen, die in der Folge als unwirksam angesehen würde, so kommen Schadensersatzansprüche gegen ihn in Betracht. Hat allerdings der Insolvenzverwalter den Vermögensgegenstand aus dem Insolvenzbeschlag freigegeben, so ist die Verfügungsbefugnis wieder beim Schuldner. Dieser kann – unter Berücksichtigung der im Rahmen dieser Untersuchung insbesondere zu § 138 BGB herausgearbeiteten Ergebnisse – sein Eigentum am Grundstück gemäß § 928 BGB aufgeben.

V. Resümee

Die Annahme, dass in der Phase zwischen dem wirksamen Verzicht und der Aneignung das Eigentum fortbesteht und sich das Aneignungsrecht des Fiskus, welches ein dingliches Recht eigener Art ist, in diesem Zusammenhang hierauf bezieht, fügt sich in das Gesamtsystem. Bei der Ausübung des Verzichtsrechts handelt es sich um eine Verfügung, durch welche der Fiskus im Falle eines aufgegebenen Grundstücks originäres Eigentum am Grundstück erwirbt. Dieses Eigentum ist identisch mit dem Eigentum des ursprünglichen Eigentümers. Hieran zeigt sich auch, dass ein Unterschied zwischen einem herrenlosen Grundstück im engeren Sinne (also eigentumslos) und einem aufgegebenen Grundstück besteht. Der § 928 BGB ist insoweit eine Spezialnorm, dies spiegelt sich auch in seinem Verhältnis zu § 875 BGB wider.

608 Vereinzelt wird bei nicht erfolgter Freigabe auch eine persönliche Haftung des Verwalters aus § 61 InsO angenommen (hierzu: OLG Düsseldorf, Beschluss vom 28.04.2006 (I-3 Wx 299/05), ZInsO 2007, S. 154–157.

Gesamtresümee

Die vorliegende Untersuchung zur Aufgabe von Eigentum an Grundstücken gliedert sich in fünf Kapitel, von denen sowohl im Umfang als auch in der Bedeutung der Schwerpunkt auf das zweite, dritte und vierte Kapitel gelegt wurde. Das erste Kapitel arbeitet die historische Entwicklung der Aufgabe von Eigentum an Grundstücken – beginnend im römischen Recht – auf. Im Anschluss hieran widmet sich dieser Teil der historischen Aufarbeitung der Aufgabe von Eigentum im heutigen Gebiet der Bundesrepublik Deutschland. Im zweiten Kapitel wird die Aufgabe des Grundstückseigentums untersucht, wobei der Schwerpunkt auf die Rechtsobjekte und die Eigentumsarten gelegt wird. Das dritte Kapitel setzt die Untersuchung der Aufgabe des Grundstückseigentums fort. Hier konzentriert sich die Untersuchung auf den Verzicht, das grundbuchrechtliche Verfahren und auf die Rechtsfolgen der Aufgabe des Eigentums. Im vierten Kapitel wird im Anschluss hieran die Phase nach Aufgabe des Eigentums und vor Aneignung durch den Fiskus analysiert. Im fünften und letzten Teil der Ausarbeitung werden der Tatbestand des § 928 Abs. 2 BGB und dessen Rechtsfolgen untersucht, ebenso werden in diesem Zusammenhang die Konkurrenzen und Bezüge zu anderen Rechtsgebieten dargestellt. Die einzelnen Teile lassen sich wie folgt zusammenfassen:

Im ersten Teil der Arbeit wird im Rahmen der historischen Aufarbeitung herausgearbeitet, dass das römische Recht die Aufgabe von Eigentum als einseitiges Rechtsgeschäft kennt. Dort wird im Rahmen der Dereliktion nicht zwischen Fahrnis und Liegenschaft unterschieden und eine Besitzaufgabe ist – anders als heute – erforderlich. In der frühklassischen Zeit bis zum Ende der hochklassischen Zeit bestehen unterschiedliche Auffassungen zwischen den rivalisierenden Rechtsschulen, wann die Rechtsfolgen der Aufgabe von Eigentum bei res nec mancipi eintreten. Die Rechtsschule der Prokulianer fordert für die Wirksamkeit der Aufgabe die Aneignung durch einen Dritten, die Sabinianer sind der Auffassung, dass es einer solcher für die Wirksamkeit der Dereliktion nicht bedarf. Letztlich hat sich im römischen Recht die Ansicht der Sabinianer durchgesetzt, wobei im Rahmen der Untersuchung herausgearbeitet wird, dass – wahrscheinlich beginnend mit Julian – sich diese Ansicht sowohl auf res mancipi als auch auf res nec mancipi bezog. Abschließend wird das Meinungsspektrum des Eigentumserwerbs an einer solchen derelinquierten Sache aufgezeigt, wobei die »usucapio« und die »occupatio« näher untersucht werden. Durch diesen Teil der Ausarbeitung wird deutlich, dass die heutige Aufgabe von Eigentum an Grundstücken römisch-rechtliche Elemente beinhaltet.

Der historische Überblick über die Entwicklung der Dereliktion auf dem Territorium der heutigen Bundesrepublik Deutschland zeigt, dass in den Anfängen – aufgrund der Quellenlage – keine Aussagen zur Dereliktion getroffen werden können. In der weiteren Darstellung der historischen Entwicklung wird herausgearbeitet, dass sich im Mittelalter ein Bodenregal zu Gunsten des Königs herausbildet, so dass eine Eigentumsaufgabe an einem Grundstück – ein dauerhaftes Verlassen des Grundstücks muss auch hier möglich gewesen sein – zu einem Erwerb des Königs ipso iure geführt hat. Anhand von sicherheitsrechtlichen Vorschriften ab dem 13. Jahrhundert wird aufgezeigt, dass die Dereliktion zu jener Zeit nicht kodifiziert sein dürfte, so dass es zu dieser Zeit wohl letztlich nur auf ein dauerhaftes Verlassen des Grundstücks ankam, auf ein Willensmoment wird hier – jedenfalls in den untersuchten Quellen – nicht abgestellt. Ausgehend von der Rezeption des römischen Rechtes durch die Juristen im 13. Jahrhundert findet sich das Erfordernis des Willens auch bei der Dereliktion wieder; ab Ende des 15. Jahrhunderts gelten das römische Recht und die dort verankerten Grundsätze subsidiär. Anhand der Kodifikationen des 18. Jahrhunderts wird der Einfluss des römischen Rechts herausgearbeitet, wobei sich abzeichnet, dass zunehmend eine formgebundene- bzw. (amts)empfangsbedürfte Erklärung erforderlich wird. Eine freie Okkupation ist in aller Regel nicht (mehr) möglich, denn vermehrt treten Regeln auf, die bei einer Dereliktion zu einem Aneignungsrecht des Staates oder zum unmittelbaren Erwerb durch den Staat führen. Das Kapitel schließt mit der Darstellung und Analyse des Gesetzgebungsverfahrens des heutigen § 928 BGB und zeigt, dass im Rahmen des Gesetzgebungsverfahrens die sich bis dahin vollzogene Entwicklung der Aufgabe von Eigentum an Grundstücken wiederfindet.

Im zweiten Kapitel wird zunächst untersucht, auf welche Rechtsobjekte § 928 Abs. 1 BGB anwendbar ist. Hier wird zunächst analyisert, was unter dem Begriff »Grundstück« subsumiert werden kann. Ebenso werden die grundstücksgleichen Rechte näher beleuchtet, wobei herausgearbeitet wird, dass der Ansicht, die das Wohnungseigentum (WEG) als grundstücksgleiches Recht einordnet, an dieser Stelle nicht der Vorzug zu geben ist, sondern dass es sich um eine Sonderform des Miteigentums handelt. In diesem Zusammenhang wird die Anwendbarkeit des § 928 Abs. 1 BGB auf die verschiedenen Eigentumsformen untersucht, wobei der Schwerpunkt darauf gelegt wird, dass das Eigentum am

Grundstück ein Rechtsverhältnis darstellt. In diesem Zusammenhang wird ebenfalls der Frage nachgegangen, ob Miteigentum an einem Grundstück in den Anwendungsbereich des § 928 Abs. 1 BGB fällt. Hierbei wird im Ergebnis – nachdem die Argumentation des Bundesgerichtshofes kritisch hinterfragt wurde – der Ansicht des Bundesgerichtshofes gefolgt, dass eine Dereliktion des Miteigentums gemäß § 928 Abs. 1 BGB nicht möglich ist. Es gelingt, die Argumentation zu sublimieren, da aufgezeigt wird, dass es sich bei Miteigentum um eine Bruchteilsgemeinschaft handelt, die dinglichen Character hat und so die Ablehnung der Anwendbarkeit des § 928 Abs. 1 BGB auf Miteigentum aus systematischen Gründen konsistent begründbar ist. Will gleichwohl einer der Miteigentümer sein Miteigentum aufgeben, so ist zunächst die Bruchteilsgemeinschaft aufzulösen.

Im dritten Kapitel werden die weiteren Tatbestandsmerkmale des § 928 Abs. 1 BGB, nämlich der Verzicht und seine Komponenten – die Verzichtserklärung und die Eintragung des Verzichts –, untersucht. Ausgehend von der Definition des Eigentums als Rechtsverhältnis zwischen dem Rechtssubjekt und Rechtsobjekt wird die Verzichtserklärung als Willenserklärung herausgearbeitet, welche darauf gerichtet ist, dieses Rechtsverhältnis zu beenden. In Bezug auf den Verzicht und dessen Wirksamkeit – wenn er erfolgt, um sich öffentlichen Verpflichtungen zu entziehen – wird nachgewiesen, dass eine Argumentation, die sich auf § 138 BGB bzw. § 134 BGB stützt, zwar rechtspolitisch wünschenswert sein mag, aber keinen Rückhalt im Gesetz findet. Im Anschluss wird auf den Berechtigten der Verzichtserklärung und auf mögliche Verfügungsbeschränkungen, des Weiteren auf die Eintragung und deren Voraussetzungen eingegangen. Das Kapitel schließt mit der Untersuchung der Rechtsfolgen, die eintreten, wenn Mängel des Rechtsgeschäfts oder bei der Eintragung vorliegen.

Im vierten Kapitel wird die Phase nach Aufgabe des Eigentums und vor Aneignung durch den Fiskus untersucht, wobei insbesondere das rechtliche Schicksal des Eigentums Gegenstand der Untersuchung ist. Nachdem zunächst das hierzu vertretene Meinungsspektrum dargestellt wird, wird – losgelöst vom § 928 BGB – herausgearbeitet, dass subjektlose subjektive Rechte grundsätzlich denkbar sind. Auf der Basis dieses Zwischenergebnisses wird dann in der konkreten Auslegung und Anwendung des § 928 BGB untersucht, ob hier weitere Argumente für den Fortbestand oder für das Erlöschen des Eigentums sprechen. Hier werden die einzelnen Argumente herausgearbeitet und im Resümee festgestellt, dass viele Argumente – insbesondere systematische – dafür sprechen, einen Fortbestand des Eigentums ohne Subjekt in der konkreten Anwendung des § 928 BGB anzunehmen. Darüber hinaus werden die Rechtsfolgen von Zahlungen im Zusammenhang mit Grundpfandrechten untersucht, wobei die Untersuchung zeigt, dass der Fiskus als ein Dritter im Sinne des § 268 BGB einzustufen ist. Ebenso wird die Vertreterstellung in den §§ 58,

787 ZPO bzw. § 1141 BGB untersucht. Im Ergebnis wird gezeigt, dass gegen die Ansicht, die den Vertreter als Vertreter des zukünftigen Eigentümers im Rahmen der §§ 58, 787 ZPO ansieht, erhebliche Bedenken bestehen. Ebenso wird aufgezeigt, dass sich die Stellung dieses Vertreters in den §§ 58, 787 ZPO als Partei kraft Amtes oder als »Organ« besser erfassen lässt. Der Vertreter gemäß § 1141 BGB vertritt dann diesen.

Das fünfte und zugleich letzte Kapitel der Arbeit widmet sich dem Tatbestand des § 928 Abs. 2 BGB, insbesondere der Aneignung nach vorheriger Aufgabe des Eigentums gemäß § 928 Abs. 1 BGB. Die Ausübung des Aneignungsrechtes durch den Aneignungsberechtigten hat zur Folge, dass ihm ein bisher noch nicht zustehendes Recht (nach hier vertretener Ansicht das subjektlose Eigentum am aufgegebenen Grundstück) zugeordnet wird. Es wird herausgearbeitet, wie das Aneignungsrecht – als dingliches Recht eigener Art – übertragen wird und wie auf dieses verzichtet werden kann. Des Weiteren werden die Voraussetzungen der Aneignung sowie die Aneignung selbst untersucht. Sodann werden die Rechtsfolgen der Aneignung dargestellt, wobei herausgearbeitet wird, an welchen Stellen die Annahme des subjektlosen subjektiven Eigentums im Rahmen des § 928 BGB zu einer konsistenteren Begründung oder zu einem unterschiedlichen Ergebnis führt. Im Abschluss werden noch die Konkurrenzen – insbesondere das Verhältnis von § 928 BGB zu § 875 BGB – und die Berührungspunkte zu anderen Rechtsgebieten wie dem Handelsrecht, Steuerrecht, Verwaltungsrecht und Insolvenzrecht dargestellt.

Die Gesamtbetrachtung des § 928 BGB mit seinen historischen Wurzeln zeigt deutlich, wie tief die Aufgabe des Eigentums an Grundstücken in unserem Rechtsverständnis verankert ist und so eine feste »Institution« darstellt. Der damit einhergehende Wunsch der Praxis nach einer beständigen und gleichbleibenden Rechtslage hat sich bisher erfüllt. Für die Zukunft bleibt zu hoffen, dass der Gesetzgeber auch weiterhin Zurückhaltung bewahrt.

Literaturverzeichnis

Achilles, Alexander/Spahn, Peter/Gebhard, Ferdinand: Protokolle der Kommission für die zweite Lesung des Entwurfs des Bürgerlichen Gesetzbuches, Band III, Berlin 1899.

Ankum, Hans: Das Verlassen von Liegenschaften, Zeitschrift der Savigny-Stiftung für Rechtsgeschichte, Romanistische Abteilung (SZ) 114 (1997), S. 402–422.

Ankum, Hans: Pomp. D. 41, 7, 5 pr.: Die occupatio einer res mancipi derelicta und der Ausdruck in bonis alicuius esse in den klassischen römischen Rechtsquellen, Zeitschrift der Savigny-Stiftung für Rechtsgeschichte, Romanistische Abteilung (SZ) 103 (1986), S. 248–274.

Arnesberg, Karl Ludwig Arndts von: Lehrbuch der Pandekten, 9. Auflage, Stuttgart 1877.

Bamberger, Heinz Georg/Roth, Herbert: Kommentar zum Bürgerlichen Gesetzbuch, Band 1, §§ 1–610, 3. Auflage, München 2012.

Bamberger, Heinz Georg/Roth, Herbert: Kommentar zum Bürgerlichen Gesetzbuch, Band 2, §§ 611–1296 AGG ErbbauRG WEG, 3. Auflage, München 2012.

Baumbach, Adolf/Albers, Jan/Hartmann, Peter: Zivilprozessordnung: mit Gerichtsverfassungsgesetz und anderen Nebengesetzen, 74. Auflage, München 2016.

Baumgarten, Arthur: Die Wissenschaft vom Recht und ihre Methode, II–III (Kasuistik und zusammenfassende Darstellung), Tübingen 1922.

Baur, Jürgen F./Stürner, Rolf: Sachenrecht, 18. Auflage, München 2009.

Becker, Rainer: Die Fiducie von Québec und der trust, Ein Vergleich mit verschiedenen Modellen fiduziarischer Rechtsfiguren im civil law, Tübingen 2007.

Behrends, Okko: Wie haben wir uns die römischen Juristen vorzustellen, Zeitschrift der Savigny-Stiftung für Rechtsgeschichte, Romanistische Abteilung (SZ) 128 (2011), S. 83–129.

Bendix, Ludwig: Der sog. Verzicht auf das Eigentum an Grundstücken nach bürgerlichem Recht, in: Archiv für Bürgerliches Recht (ArchBürgR), Band 32 (1908), S. 140–265.

Bengel, Manfred/Simmerding, Franz: Grundbuch, Grundstück, Grenze: Handbuch zur Grundbuchordnung unter Berücksichtigung katasterrechtlicher Fragen, 5. Auflage, Neuwied 2000.

Benkelberg, Erich: Die Aufgabe des Eigentums an einem Grundstücke, Göttingen 1927.

Berger, Adolf: In tema di derelizione, Bullettino dell'instituto di diritto romano (BIDR) 32 (1922), S. 168–170.

Bierling, Ernst Rudolph: Zur Kritik der juristischen Grundbegriffe, 2. Teil, Gotha 1883, Neudruck Aalen 1965.

Binder, Julius: Das Problem der juristischen Persönlichkeit, Leipzig 1907.

Blomeyer, Arwed: Der unbestimmte Gläubiger, in: Festschrift für Ernst Rabel, Band 1, Tübingen 1954, S. 307–331.

Böhlau, Hugo: Rechtssubject und Personenrolle, Weimar 1871.

Böhringer, Walter: Besonderheiten des Liegenschaftsrechts in den neuen Bundesländern, Neuwied 1993.

Bonfante, Pietro: La derelizione di res mancipi nel diritto classico, in Scritti giuridici vari, II, Torino 1918, S. 337–341.

Bötticher, Eduard: Erbe und Gemeinschuldner als gewillkürte Prozessstandschafter des Nachlass- und des Konkursverwalters, Juristische Zeitung (JZ) 1963, S. 582–586.

Brinz, Alois von: Lehrbuch der Pandekten, 1. Band, 2. Auflage, Erlangen 1873.

Brinz, Alois von: Lehrbuch der Pandekten, 3. Band, 2. Abteilung, Erlangen 1889.

Bruns, Karl Georg: in Franz von Holtzendorffs Enzyklopädie der Rechtswissenschaft in systematischer Bearbeitung, Band I, Leipzig 1870.

Buchda, Gerhard: Geschichte und Kritik der deutschen Gesamthandlehre, Marburg 1936.

Büttner, Hermann: Identität und Kontinuität bei der Gründung juristischer Personen, Schriften zum deutschen und europäischen Zivil-, Handels- und Prozessrecht, Band 44, Bielefeld 1967.

Cohn, Ernst: Das rechtsgeschäftliche Handeln für denjenigen, den es angeht, in dogmatischer und rechtsvergleichender Darstellung, Marburg 1931.

Crome, Carl: System des Deutschen Bürgerlichen Rechts, Erster Band, Einleitung und Allgemeiner Teil, Tübingen und Leipzig 1900.

Cuénod, Albert: Usucapio pro derelicto, Etude de droit romain classique, Lausanne 1934.

Czyhlarz, Karl von: Die Eigentumserwerbsarten des Pandektentitels de aquirendo rerum dominio, in: Glück, Christian Friedrich, Ausführliche Erläuterung der Pandecten nach Hellfeld, Kommentar Band 41, 42, Erlangen 1887.

Danzer, Max: Das Bayerische Landrecht (Codex Maximilianeus Bavaricus civilis) vom Jahre 1756, II. Teil, München 1894.

Degenhart, Christoph: Staatsrecht I (Staatsorganisationsrecht), 31. Auflage, Heidelberg 2015.

Deilmann, Adalbert: Die Dereliktion, Orthen 1936.

Demelius, Gustav: Die Rechtsfiktion in ihrer geschichtlichen und dogmatischen Bedeutung, Weimar 1858.

Demharter, Johann: Grundbuchordnung: mit dem Text der Grundbuchverfügung und weiterer Vorschriften, 29. Auflage, München 2014.

Dernburg, Heinrich: Das bürgerliche Recht des Deutschen Reichs und Preußens, Dritter Band, 3. Auflage, Halle an der Saale 1904.

Dernburg, Heinrich: Pandekten, 7. Auflage, Berlin 1902.

Dölle, Hans: Bemerkungen zur Blankozession. Ein Beitrag zur Lehre von den subjektlosen Rechten, in: Festschrift für Martin Wolff, Tübingen 1952, S. 23–32.

Dölle, Hans: Neutrales Handeln im Privatrecht, in: Festschrift für Fritz Schulz, 2. Band, Weimar 1951, S. 268–288.

Dreier, Horst: Grundgesetz, Band 1, Art. 1–19, 3. Auflage, Tübingen 2013.

Drosdowski, Günther, in: Duden, 2. erweiterte Auflage, Mannheim 1993, Band 2, Bin–Far.

Dubischar, Roland: Kommentar zum Bürgerlichen Gesetzbuch, Band 4, Sachenrecht 3, Neuwied 1983.

Endemann, Friedrich: Lehrbuch des Bürgerlichen Rechts. Einführung in das Studium des Bürgerlichen Gesetzbuchs, 8. und 9. Auflage, Band I Einleitung Allgemeiner Teil, Recht der Schuldverhältnisse, Berlin 1903.

Engländer, Konrad: Die regelmäßige Rechtsgemeinschaft, Teil 1, Grundlegung, Berlin 1914.

Enneccerus, Ludwig/Nipperdey, Hans Carl: Allgemeiner Teil des bürgerlichen Rechts. Ein Lehrbuch. Erster Halbband: Allgemeine Lehren, Personen, Rechtsobjekte, Tübingen 1952.

Erman: Bürgerliches Gesetzbuch – Band II: Handkommentar mit AGG, EGBGB (Auszug), ErbbauRG, HausratsVO, LPartG, ProdHaftG, UKlaG, VAHRG und WEG, 13. Auflage, Köln 2011.

Erman: Bürgerliches Gesetzbuch – Band II: Handkommentar mit AGG, EGBGB (Auszug), ErbbauRG, HausratsVO, LPartG, ProdHaftG, UKlaG, VAHRG und WEG, 14. Auflage, Köln 2014.

Esser, Josef: Wert und Bedeutung der Rechtsfiktionen, Frankfurt am Main 1940.

Fabricius, Fritz: Relativität der Rechtsfähigkeit, München 1963.

Farke, Wolfgang: Grundbuch und Kataster, Vermessung Brandenburg 2002, S. 20–39.

Fink, Arthur: Die rechtliche Natur der Aufgabe des Eigentums nach heutigem bürgerlichem Recht, Bromberg 1904.

Fischer, Hans Albrecht: Fiktionen und Bilder in der Rechtswissenschaft, in: Archiv für civilistische Praxis (AcP) 117 (1918), S. 143-192.

Fischer, Hans Albrecht: Subjekt und Vermögen, Sonderabdruck aus der Festschrift für E. Rosenthal, Jena 1923.

Fuchs, Richard: Das gesetzliche Pfandrecht an bedingt übereigneten Sachen, in: Archiv für Bürgerliches Recht (ArchBürgR), Band 34 (1910), S. 368–438.

Gierke, Otto von: Deutsches Privatrecht, Band 1, Allgemeiner Teil und Personenrecht, 2. Auflage, Leipzig 1936.

Gierke, Otto von: Deutsches Privatrecht, Band 2, Sachenrecht, Leipzig 1905.

Gies, Karl: Die Aufgabe des Eigentums an einem Grundstücke, Berlin 1913.

Götz, Volkmar: Allgemeines Polizei- und Ordnungsrecht, 15. Auflage, München 2013.

Grote, Hans: Die Eigentumsaufgabe bei Grundstücken (§ 928 BGB), Breslau 1927.

Guhlke, Hans: Die Aneignung herrenloser Grundstücke nach § 928 Absatz 2 BGB, Greifswald 1912.

Harders, Enno J.: Der Begriff der Seewasserstraße und Anlandungen in der Ostsee, Juristische Ausbildung (JURA) 1991, S. 63–68.

Hellwig, Konrad: Wesen und subjektive Begrenzung der Rechtskraft, Leipzig 1901.

Hellwig, Konrad: Lehrbuch des deutschen Zivilprozessrechts in 3 Bänden, Band II, Leipzig 1907.

Hellwig, Konrad: System des deutschen Zivilprozessrechts, 1. Teil, Leipzig 1912.

Hellwig, Konrad: Anspruch und Klagerecht. Beiträge zum bürgerlichen und zum Prozessrecht. Neudruck der Ausgabe Leipzig 1924, Aalen 1967.

Henssler, Martin: Keine entsprechende Anwendung des BGB § 928 Abs. 1 auf einen Verzicht auf Miteigentumsanteil, Besprechung des Urteils des BGH vom 7.6.1991 (V ZR 175/90), Juristische Rundschau (JR) 1992, S. 152–154.

Herberger, Maximilian/Martinek, Michael/Rüßmann, Helmut/Weth, Stephan: Juris Praxiskommentar BGB, 7. Auflage, Saarbrücken 2014.

Hirsch, Hans Christoph: Die Übertragung der Rechtsausübung, 1. Teil, Berlin 1910.
Hohner, Georg: Subjektlose Rechte unter besonderer Berücksichtigung der Blankozession, Bielefeld 1969.
Hölder, Eduard: Natürliche und juristische Personen, Neudruck der Ausgabe Leipzig 1905, Aalen 1964.
Hübner, Heinz: Allgemeiner Teil des Bürgerlichen Gesetzbuches 2. Auflage, Berlin 1996.
Hugo, Gustav (Hrsg.): Ulpianus, Domitius, Fragmenta libri Regularum singularis uti videtur, vulgo, tituli ex corpore Ulpiani, Mylius 1814.
Jhering, Rudolf von: Passive Wirkungen der Rechte, in: Jherings Jahrbücher, 10. Band, 1871, S. 387–586.
Jörs, Paul/Kunkel, Wolfgang/Wenger, Leopold: Römisches Privatrecht, 3. Auflage, Heidelberg 1949.
Kanzleiter, Rainer: Aufgabe des Miteigentumsanteils an einem Grundstück durch Verzicht nach § 928 BGB?, Neue Juristische Wochenschrift (NJW) 1996, S. 905–907.
Kaser, Max/Knütel, Rolf: Römisches Privatrecht, 20. Auflage, München 2014.
Kaser, Max: Das legatum sinendi modo in der Geschichte des römischen Vermächtnisrechts, Zeitschrift der Savigny-Stiftung für Rechtsgeschichte, Romanistische Abteilung (SZ), Band 67 (1950), S. 320–359.
Kaser, Max: In bonis esse, Zeitschrift der Savigny-Stiftung für Rechtsgeschichte, Romanistische Abteilung (SZ), Band 78 (1961), S. 173–220.
Keidel, Theodor/Kuntze, Joachim/Budde, Lutz: FamFG – Kommentar zum Gesetz über das Verfahren in Familiensachen und die Angelegenheiten der freiwilligen Gerichtsbarkeit, 18. Auflage, München 2014.
Keller, Ulrich/Munzig, Jörg: KEHE Grundbuchrecht, 7. Auflage, Bonn 2015.
Kipp, Theodor/Coing, Helmut: Erbrecht, 12. Auflage Tübingen 1965.
Knemeyer, Franz-Ludwig: Polizei- und Ordnungsrecht, 11. Auflage, München 2007.
Knütel, Rolf/Kupisch, Berthold/Lohsse, Sebastian/Rüfner, Thomas: Corpus Iuris Civilis – Die Institutionen, 4. Auflage, Heidelberg 2013.
Kocourek, Albert: Jural Relations, 2nd Edition, Indianapolis 1928.
Koeppen, Carl Friedrich Albert: De natura hereditatis nondum aditae, Berlin 1850.
Koeppen, Carl Friedrich Albert: Die Erbschaft: Eine civilistische Abhandlung, Berlin 1856.
Kranichfeld, Volrad Wilhelm: Die Aufgabe des Eigentums an Grundstücken und deren Folgen, Leipzig 1908.
Kroeschell, Karl/Cordes, Albrecht/Nehlsen-von Stryk, Karin: Deutsche Rechtsgeschichte, 2. Band, 9. Auflage, Köln 2008.
Krückmann, Paul: Einführung in das Recht, Tübingen 1912.
Krüger, Wolfgang/Rauscher, Thomas: Münchener Kommentar zur Zivilprozessordnung, Band 2, §§ 355–1024, 4. Auflage, München 2012.
Krüger, Wolfgang/Rauscher, Thomas: Münchener Kommentar zur Zivilprozessordnung, Band 1, §§ 1–354, 4. Auflage, München 2013.
Kuntze, Joachim/Ertl, Rudolf/Herrmann, Hans/Eickmann, Dieter: Grundbuchrecht: Kommentar zur Grundbuchordnung und Grundbuchverfügung einschließlich Wohnungseigentumsgrundbuchverfügung, 6. Auflage, Berlin 2006.
Kuntze, Johannes Emil: Die Obligation und die Singularsuccession des römischen und heutigen Rechts, Leipzig 1856.

Kuntze, Johannes Emil: Die Lehre von den Inhaberpapieren oder Obligationen au porteur, rechtsgeschichtlich, dogmatisch und mit Berücksichtigung der deutschen Partikularrechte, Leipzig 1857.

Kuntze, Johannes Emil: Rezension von Koeppens »Die Erbschaft« in Schletters Jahrbücher der deutschen Rechtswissenschaft, Band III, 1857, S. 259–263.

Lange, Heinrich: BGB Allgemeiner Teil, 8. Auflage, München 1966.

Langheineken, Paul: Anspruch und Einrede nach dem Deutschen Bürgerlichen Gesetzbuch, Leipzig 1903.

Lehmann, Heinrich/Hübner, Heinz: Allgemeiner Teil des Bürgerlichen Gesetzbuches, 15. Auflage, Berlin 1966.

Lenhard, Alfred: Die Eigentumsaufgabe von Grundstücken, die Eigentümerhypothek (Eigentümergrundschuld), ihr Verhältnis zueinander, Archiv für Bürgerliches Recht (ArchBürgR), Band 35 (1910), S. 369–403.

Lübtow, Ulrich von: Die Struktur der Pfandrechte und Reallasten, in: Hans C. Nipperdey (Hrsg.), Festschrift für Heinrich Lehmann, Das Deutsche Privatrecht in der Mitte des 20. Jahrhunderts, Band 1, Berlin 1956, S. 328–387.

Lübtow, Ulrich von: Das Grundpfandrecht am Vorbehaltseigentum - BGHZ 35, 85, Juristische Schulung (JuS) 1963, S. 171–177.

Luther, Christoph: Postmortaler Schutz nichtvermögenswerter Persönlichkeitsrechte, Göttingen 2009.

Maunz, Theodor/Dürig, Günter/Herzog, Roman: Grundgesetz, Band II, Loseblattsammlung 74. Ergänzungslieferung (Stand Mai), München 2015.

Meder, Stephan/Czelk, Andrea: Grundwissen Sachenrecht, 2. Auflage, Tübingen 2008.

Meder, Stephan: Ius non scriptum - Traditionen privater Rechtsetzung, 2. Auflage, Tübingen 2009.

Meder, Stephan: Rechtsgeschichte - Eine Einführung, 5. Auflage, Köln u.a. 2014.

Mehlich, Ulrich: Flucht aus der Altlastenhaftung durch Eigentumsaufgabe?, Baden-Württembergische Verwaltungspraxis (BWVPr) 1992, S. 154–155.

Meikel, Georg: Grundbuchrecht, Band 2, §§ 17–44, 10. Auflage, Neuwied 2008.

Meyer-Collings, Joachim-Johannes: Derelictio: die Dereliktion im römischen Recht bis zum Corpus Juris Civilis, Erlangen 1932.

Motive zu dem Entwurfe eines Bürgerlichen Gesetzbuches für das Deutsche Reich, Band III, Sachenrecht (amtliche Ausgabe), Berlin 1888.

Mugdan, Benno: Die gesamten Materialien zum Bürgerlichen Gesetzbuch für das Deutsche Reich, Band III, Berlin 1899.

Müller, Klaus: Sachenrecht, 4. Auflage, Köln 1997.

Münchener Kommentar zum Bürgerlichen Gesetzbuch, Band 11, Einführungsgesetz zum Bürgerlichen Gesetzbuch, Art. 1–24, 6. Auflage, München 2015.

Münchener Kommentar zum Bürgerlichen Gesetzbuch, Band 1, Allgemeiner Teil, §§ 1–240, 7. Auflage, München 2015.

Münchener Kommentar zum Bürgerlichen Gesetzbuch, Band 2, Schuldrecht, §§ 241–432, 7. Auflage, München 2016.

Münchener Kommentar zum Bürgerlichen Gesetzbuch, Band 6, Sachenrecht, §§ 854–1296, 6. Auflage, München 2013.

Münchener Kommentar zur Insolvenzordnung, Band 1, §§ 1–79, 3. Auflage, München 2013.

Münchener Kommentar zur Insolvenzordnung, Band 2, §§ 80–216, 3. Auflage, München 2013.
Münchener Kommentar zur Zivilprozessordnung, Band 2, §§ 355–1024, 4. Auflage, München 2012.
Münchener Kommentar zur Zivilprozessordnung, Band 1, §§ 1–354, 4. Auflage, München 2013.
Musielak, Hans-Joachim: Kommentar zur Zivilprozessordnung: mit Gerichtsverfassungsgesetz, 12. Auflage, München 2015.
Neuner, Carl: Wesen und Art der Privatrechtsverhältnisse. Eine civilistische Ausführung, nebst einem Anhang, dem Grundriss zu einem neuen Systeme für die Darstellung des Pandektenrechts enthaltend, Kiel 1866.
Nörr, Dieter: Exempla per se non valent, Zeitschrift der Savigny-Stiftung für Rechtsgeschichte, Romanistische Abteilung (SZ) 126 (2009), S. 1–54.
Oertmann, Paul: Die Rechtsbedingung, Leipzig 1924.
Otto, Karl Eduard/Schilling, Bruno/Sintenis, Karl Friedrich Ferdinand: Das Corpus Juris Civilis in's Deutsche übersetzt, 4. Band, Leipzig 1832 (Neudruck Aalen 1984).
Paintner, Edith: Polizeirecht – Störerhaftung und Dereliktion, Juristische Arbeitsblätter (JA) 1990, S. 133–136.
Palandt, Otto (Begr.): Bürgerliches Gesetzbuch, 52. Auflage, München 1993.
Palandt, Otto (Begr.): Bürgerliches Gesetzbuch, 75. Auflage, München 2016.
Pape, Gerhard: Die Immobilie in der Krise, Anwaltsblatt (AnwBl) 2008, S. 494–500.
Pawlowski, Hans-Martin: Allgemeiner Teil des BGB – Grundlehren des bürgerlichen Rechts, 7. Auflage, Heidelberg 2003.
Pieroth, Bodo/Schlink, Bernhard/Kingreen, Thorsten/Poscher, Ralf: Grundrechte, 31. Auflage, Heidelberg 2015.
Pischel, Gerhard: Dereliktion und Haftung des Zustandsstörers, Verwaltungsblätter für Baden-Württemberg (VBlBW) 1999, S. 166–168.
Planck, Gottlieb: Plancks Kommentar zum Bürgerlichen Gesetzbuch: nebst Einführungsgesetz, III. Band, 1. Teil, 5. Auflage, Leipzig 1933–1938.
Prütting, Hanns/Wegen, Gerhard/Weinreich, Gerd: BGB Kommentar, 10. Auflage, Köln 2015.
Prütting, Hanns: Sachenrecht, 35. Auflage, München 2014.
Puchta, Georg Friedrich: Cursus der Institutionen, Band 2, Leipzig 1842 (Nachdruck 1997).
Randa, Anton: Das Zweckvermögen, die juristische Person usw., in: Siebenhaars Archiv für deutsches Handelsrecht und Wechselrecht, Band 15 (1866), S. 1–36.
Randa, Anton: Die nichtkaufmännischen sogenannten Collectivgesellschaften, in: Siebenhaars Archiv für deutsches Handelsrecht und Wechselrecht, Band 15 (1866), S. 337–404.
Regelsberger, Ferdinand: Pandekten, Band 1, Leipzig 1893.
Reichard, Ingo: Der Verzicht auf einen Miteigentumsanteil, in: Gesetz-Recht-Rechtsgeschichte, herausgegeben von Baumann, Wolfgang/Dickhuth-Harrach, Hans-Jürgen/Marotzke, Wolfgang, Festschrift für Gerhard Otte, München 2005, S. 265–284.
Reichsgerichtsrätekommentar (RGRK): Das Bürgerliche Gesetzbuch mit besonderer Berücksichtigung der Rechtsprechung des Reichsgerichts und des Bundesgerichtshofes, Band III, 1. Teil, §§ 854–1011, 12. Auflage, Berlin 1979.

Reinicke, Dietrich/Tiedtke, Klaus: Kaufrecht, 8. Auflage, Köln 2009.
Romano, Silvio: Studi sulla derelizione nel diritto romano, Padova 1933, S. 76–84.
Roth, Jan: Aufgabe von Miteigentumsanteilen und Wohnungseigentum gem. § 928 BGB, Zeitschrift für das gesamte Insolvenzrecht (ZInsO) 2007, S. 757–760.
Roth, Paul von: Bayrisches Civilrecht, Band III, Tübingen 1871.
Sachs, Michael/Battis, Ulrich/Dittmann, Armin: Grundgesetz, 7. Auflage, München 2014.
Savigny, Friedrich Carl von: System des heutigen Römischen Rechts, Band 1, Berlin 1840.
Schenke, Wolf-Rüdiger: Polizei- und Ordnungsrecht, 8. Auflage, Heidelberg 2013.
Schmalz, Dieter: Methodenlehre, 4. Auflage, Baden-Baden 1998.
Schmidt, Karsten: Besprechung der Entscheidung des KG Berlin vom 12.11.1987 (U 1465/87), NJW 1989, S. 42; Juristische Schulung (JuS) 1989, S. 574.
Schmidt, Walter: Die Eigentumsaufgabe nach bürgerlichem Recht, Breslau 1906.
Schmidt-Jortzig, Edzard: Beendigung polizeirechtlicher Zustandverantwortlichkeit durch Dereliktion?, in: Achterberg, Norbert/Scupin, Ulrich, Recht und Staat im sozialen Wandel, Festschrift für Hans Ulrich Scupin zum 80. Geburtstag, Berlin 1983, S. 819–829.
Schoch, Friedrich: Besonderes Verwaltungsrecht, 15. Auflage, Berlin 2013.
Schröder, Richard: Lehrbuch der deutschen Rechtsgeschichte, 5. Auflage, Leipzig 1907.
Schuhmann, Roland: Eine textkritische Anmerkung zu Tacitus, Germania c. 1,1 und ihre Bedeutung für die Datierung der Schrift, in: Glotta 80 (2004), S. 251–261.
Schultze, Alfred: Treuhänder im geltenden bürgerlichen Recht, in: Jherings Jahrbücher 43 (1901), S. 1–104.
Schulze, Fritz: Die Aufgabe des Grundeigentums (§ 928 BGB): Mit besonderer Rücksicht auf Preußen, Berlin 1909.
Schulze-Osterloh, Joachim: Das Prinzip der gesamthänderischen Bindung, München 1972.
Schwarz, Gustav: Kritisches über Rechtssubjekt und Rechtszweck, Archiv für Bürgerliches Recht (ArchBürgR), Band 35 (1910), S. 10–90.
Seckel, Emil: Die Gestaltungsrechte des Bürgerlichen Rechts, in: Festgabe für Richard Koch, Berlin 1903, S. 205–253.
Semeka, Gregor: Das Wartrecht, Archiv für Bürgerliches Recht (ArchBürgR), Band 35 (1910), S. 121–190.
Siebenhaar, Eduard: Commentar zu dem bürgerlichen Gesetzbuche für das Königreich Sachsen und zu der damit in Verbindung stehenden Publicationsverordnung vom 2. Januar 1863, Band X, Leipzig 1865.
Sliwiok-Born, Daniel: Die Flucht aus dem Privateigentum am Beispiel der Grundstücksdereliktion, Neue Juristische Wochenschrift (NJW) 2014, S. 1047–1052.
Soergel, Hans Theodor: Bürgerliches Gesetzbuch, Band 2, Allgemeiner Teil 2, §§ 104–240, 13. Auflage, Stuttgart 1999.
Soergel, Hans Theodor: Bürgerliches Gesetzbuch, Band 14, Sachenrecht 1, §§ 854–984, 13. Auflage, Stuttgart 2002.
Solidoro Maruotti, Laura: Studi sull'abbandono degli immobili nel diritto romano, Storici, giuristi, imperatori, Jovene, Neapel 1989.
Somló, Felix: Juristische Grundlehre, 2. Auflage, Leipzig 1927.
Stammler, Rudolf: Theorie der Rechtswissenschaft, Halle an der Saale, 1911.

Staub, Hermann/Canaris, Claus-Wilhelm: Handelsgesetzbuch – Großkommentar, Band 1 Einleitung, §§ 1–47b, 5. Auflage, Berlin 2009, Band 2 §§ 48–104, 5. Auflage, Berlin 2008.

Staudingers Kommentar zum Bürgerlichen Gesetzbuch – 3. Buch, Sachenrecht, §§ 925–984, Anhang zu §§ 929ff.: Sonderformen der Übereignung (Eigentum 2), Neubearbeitung, Berlin 2011.

Staudingers Kommentar zum Bürgerlichen Gesetzbuch – 3. Buch, Sachenrecht, §§ 883–902 (Allgemeines Liegenschaftsrecht 2) Neubearbeitung, Berlin 2014.

Staudingers Kommentar zum Bürgerlichen Gesetzbuch, Einführungsgesetz zum Bürgerlichen Gesetzbuch, Art. 1, 2, 50–218 EGBGB (Inkrafttreten, Verhältnis zu anderen Vorschriften) Neubearbeitung, Berlin 2013.

Stein, Friedrich/Jonas, Martin/Berger, Christian: Kommentar zur Zivilprozessordnung, Band 7, §§ 704–827, 22. Auflage, Tübingen 2002.

Stein, Friedrich/Jonas, Martin/Berger, Christian: Kommentar zur Zivilprozessordnung, Band 2, §§ 41–127a, 22. Auflage, Tübingen 2004.

Steiner, Udo (Hrsg.): Besonderes Verwaltungsrecht, 8. Auflage, Heidelberg 2006.

Stöckle, Claudia/Röckeisen, Susana: Auswirkungen der Dereliktion auf die Zustandshaftung, Neue Justiz (NJ) 1993, S. 67–69.

Stowasser, Josef M./Petschenig, Michael/Skutsch, Franz: Lateinisch-deutsches Schulwörterbuch, Neubearbeitung, Wien 2013.

Stüler, Carl: Die Aufgabe des Eigentums an Grundstücken und ihre Wirkungen, Heiligenstadt 1907.

Süß, Theodor: Durchgangs-Herrenlosigkeit, Archiv für civilistische Praxis (AcP) 151 (1950/1951), S. 1–32.

Thal, Alfred: Die Vereinigung von Recht und Verbindlichkeit beim Pfandrecht an Forderungen, in: Leonhard, Rudolf (Hrsg.), Studien zur Erläuterungen des bürgerlichen Rechts, 15. Heft, Breslau 1905.

Thomas, Heinz/Putzo, Hans: Zivilprozessordnung: mit Gerichtsverfassungsgesetz, den Einführungsgesetzen und europarechtlichen Vorschriften – Kommentar, 36. Auflage, München 2015.

Triebel, Franz / Güthe, Georg: Güthes Grundbuchordnung für das Deutsche Reich und die preußischen Ausführungsbestimmungen, 6. Auflage, Berlin 1936.

Tuhr, Andreas von: Der Allgemeine Teil des Deutschen Bürgerlichen Rechts, 1. Band, Leipzig 1910.

Unger, Joseph: Das österreichische Erbrecht, 4. Auflage, Leipzig 1894.

Unnerstall, Herwig: Rechte zukünftiger Generationen, Würzburg 1999.

Vacca, Letizia: »Derelictio« e acquisto delle »res pro derelicto habitae«, Giuffré, Milano 1984.

Vecchio, Giorgio del: Lehrbuch der Rechtsphilosophie, in: Archiv für Rechts- und Wirtschaftsphilosophie, Beiheft 34 für die Mitglieder der Internationalen Vereinigung für Rechtsphilosophie, Berlin 1937.

Voci, Pasquale: Modi di acquisto della proprietá, Milano 1952, S. 233–236.

Weimar, Wilhelm: Die Schadenersatzpflicht bei Schäden durch herrenlose Sachen, Versicherungspraxis (VersPr) 1953, S. 170–171.

Wesel, Uwe: Geschichte des Rechts in Europa, München 2010.

Westermann, Harm Peter: Sachenrecht, 8. Auflage, Heidelberg 2011.

Wieck, Bruno: Die Prozesspflegschaft für herrenlos gewordene Grundstücke und die damit zusammenhängenden Fragen, Göttingen 1932.

Wieczorek, Bernhard/Schütze, Rolf. A: Zivilprozessordnung und Nebengesetze, Band 1, 2: §§ 50–127a; 3. Auflage, Berlin 1994.

Wieczorek, Bernhard: Zivilprozessordnung und Nebengesetze, 1. Band, §§ 1–252, 2. Auflage, Berlin 1976.

Wieling, Hans Josef: Sachenrecht, Sachen, Besitz und Rechte an beweglichen Sachen, Band 1, 2. Auflage, Berlin 2006.

Wieling, Hans: Anmerkung zu Letizia Vacca: »Derelictio« e acquisto delle »res pro derelicto habitae«, Giuffré, Milano 1984, XII u 179 S., Zeitschrift der Savigny-Stiftung für Rechtsgeschichte, Romanistische Abteilung (SZ) 103 (1986), S. 556–561

Wilhelm, Jan: Sachenrecht, 4. Auflage, Berlin 2010.

Windscheid, Bernhard/Kipp, Theodor: Lehrbuch des Pandektenrechts, Band I, 9. Auflage, Frankfurt am Main 1906.

Windscheid, Bernhard: Die ruhende Erbschaft und die vermögensrechtliche Persönlichkeit, Kritische Überschau der deutschen Gesetzgebung und Rechtswissenschaft, Band I, 1853, S. 181–207.

Windscheid, Bernhard: Die actio des römischen Zivilrechts vom Standpunkte des heutigen Rechts, Düsseldorf 1856.

Windscheid, Bernhard: Zur Lehre von der Correalobligation, Kritische Überschau der deutschen Gesetzgebung und Rechtswissenschaft, Band VI, 1859, S. 219–237.

Winter, Erich: Die Aufgabe des Eigentums an Grundstücken, Borna-Leipzig 1909.

Wolf, Ernst/Naujoks, Hans: Anfang und Ende der Rechtsfähigkeit des Menschen, , Band 11 der Frankfurter Wissenschaftlichen Beiträge, Frankfurt am Main 1955.

Wolf, Manfred/Neuner, Jörg: Allgemeiner Teil des Bürgerlichen Rechts, 10. Auflage, München 2012.

Wolff, Hans Julius: Organschaft und juristische Person, 1. Band, Juristische Person und Staatsperson, Berlin 1933.

Wolff, Martin/Raiser, Ludwig: Sachenrecht, 10. Bearbeitung, Tübingen 1957.

Wolff, Martin: Lehrbuch des Bürgerlichen Rechts, 3. Band, Das Sachenrecht, 9. Auflage, Marburg 1932.

Zauber, Carl: Der Verzicht auf das Eigentum an Grundstücken, seine Voraussetzungen und Folgen, Borna-Leipzig 1911.

Zitelmann, Ernst: Begriff und Wesen der sogenannten juristischen Personen, Leipzig 1873.

Zöller, Richard: Zivilprozessordnung – mit Gerichtsverfassungsgesetz, und den Einführungsgesetzen, mit Internationalem Zivilprozessrecht, EG-Verordnungen, Kostenanmerkungen – Kommentar, 31. Auflage, Köln 2016.

Beiträge zu Grundfragen des Rechts

Herausgegeben von Stephan Meder

Die drei Grundfragen des Rechts, die vor gut zweihundert Jahren der Rechtsgelehrte Gustav Hugo formulierte – »Was ist Rechtens?«, »Wie ist es Rechtens geworden?« und »Ist es vernünftig, daß es so sey?« – stellen sich bis heute. Die Frage nach dem geltenden Recht zielt heute nicht nur auf dessen Prinzipien und Regeln, sondern auch auf das Verhältnis von Gesetz und Recht, juristischer Geltung und sozialer Wirklichkeit. Die Frage nach der Geschichte des Rechts betrifft auch das sich wandelnde Verhältnis zwischen den Rechtsquellen sowie das Verhältnis von Tradition und Gegenwartsbezug der Rechtsinhalte. Die Frage nach den richtigen Inhalten des Rechts bezieht sich heute vor allem auf das rechtliche Verhältnis zwischen der größtmöglichen Freiheit des Einzelnen und dem notwendigen Mindestmaß sozialer Gleichheit und Gemeinwohlbindung des Rechts. So sind die Grundfragen des Rechts niemals von lediglich theoretischer Bedeutung, sondern haben einen unmittelbar praktischen Bezug zur Rechtsentstehung, Rechtsauslegung und Rechtsanwendung. Antworten auf diese Fragen versuchen aus unterschiedlichen Perspektiven die Beiträge dieser Reihe zu geben.

Bei Fragen zur Produktsicherheit wenden Sie sich bitte an:
If you have any questions regarding product safety, please contact:

Brill Deutschland GmbH
Robert-Bosch-Breite 10
37079 Göttingen
info@v-r.de